ビジネス極意シリーズ

パワポで極める
1枚企画書

竹島 愼一郎
Shinichiro Takeshima

ASCII

■ご注意
・本書の一部または全部を無断転載することは禁止されています。
・本書の内容に関しては将来予告なしに変更することがあります。
・運用した結果の影響については責任を負いかねます。

■商標
・Microsoft、Windows、Microsoft Officeのロゴおよび PowerPointは、米国Microsoft Corporationの米国その他の国における登録商標です。
・その他記載されている会社名、製品名、各社の商標は登録商標です。
・本文には、TM、®マークは明記しておりません。
・本書のスライド画面で使用している会社名、各種データ、氏名などは架空のものです。

はじめに

「企画書は1枚でキメる。」

............「1枚企画書」のすすめ............

仕事がら企画書は数え切れないほど書いてきましたが、ここ数年、"勝負企画"は1枚で行なっています。そうする理由はいくつかありますが、主につぎの3つが挙げられます。

1. 全体像を提示できる

企画とは論理の積み上げによって作られます。ところが企画書は、どう考えたかというプロセス（思考の道筋や苦労）を見せるものではなく、あくまで完成品を提示する場です。完成品とは「見てすぐわかる」ものを指します。

1枚にするのは、全体像をそれのみで見せるためです。テキスト入りの図形をフローでつなげてあるのを見れば、どう考えたかをストレートに訴えることができます。図1を見ると、2つの相対することを1つに結合することで、2つの案が3つで実現されるのであろう、と誰でもすぐに理解できます。

たとえていうなら、企画書とはルートマップです。現在位置があり、目的地がどこかわかって、それを1枚で把握することができるのが「1枚企画書」です。

図1

2. 関連性を見せられる

たとえば3つのグラフを順に見せて、それぞれについていえることを指摘し、1つの提言を行なうとします。これをパワーポイントで書くと、だいたい7枚くらいを要してしまいます。

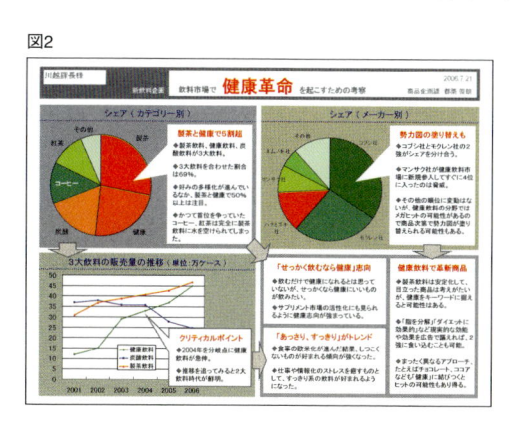

図2

しかし同じ内容は図2のように1枚でも表すことができます。こうすると、3つのグラフを同時に比較して見てもらえ、1番目と3番目のグラフが相互に関連し合っていることもフローで見せることができます。

企画書とは1枚単位で切り替わる単純な流れではなく、巧妙な小説のように、伏線をいくつも張って、相互の関連性を印象づけながらクライマックスへと導くものです。それを可能にするのが「1枚企画書」です。

iii

3. インパクトがある

　実際に1枚で完結した企画書を見せると、クライアントの誰しもが、ちょっとした驚きの表情を浮かべます。そしてきまって「何のソフトで作ったのですか」と聞いてきます。とくに図1のような縦型はこれまでワープロの独壇場だっただけに、その豊かなビジュアル性とも相俟って、新鮮に映るようです。
　実はその時点で、プレゼンの何％かは成功しています。極言すると、企画書の第一印象とは「脅し」なのです。

　「企画書は1枚で」というのは別段、新しい考えではありません。
　しかし本書で提案しようとしているのは、従来のものとはまったく異なるメソッドを持ったものです。図3の「本書の読み方」にあるように、理論のレクチャー編から実践のケーススタディ編へと読み進むとそのことを理解していただけるでしょう。
　でも、もしあなたが、明日までに企画書を提出しなければならないとしたら、直接ケーススタディ編から適当なものを探し出し、あてはめて考えることをお勧めします。その際にも、どうしてそうなるのかという理論的なことはレクチャー編を参照してください。

　日々の企画活動に、座右の指南書として、本書を縦横無尽に活用していただければ、著者としても幸甚の至りです。
　本書を世に出すにあたって、多大なるご尽力とアドバイスをいただいたアスキー書籍編集部の佐藤英一担当編集長、ならびに大西望代担当編集者に心よりお礼を申し上げます。

2006年4月
竹島　愼一郎

図3「本書の読み方」フロー図

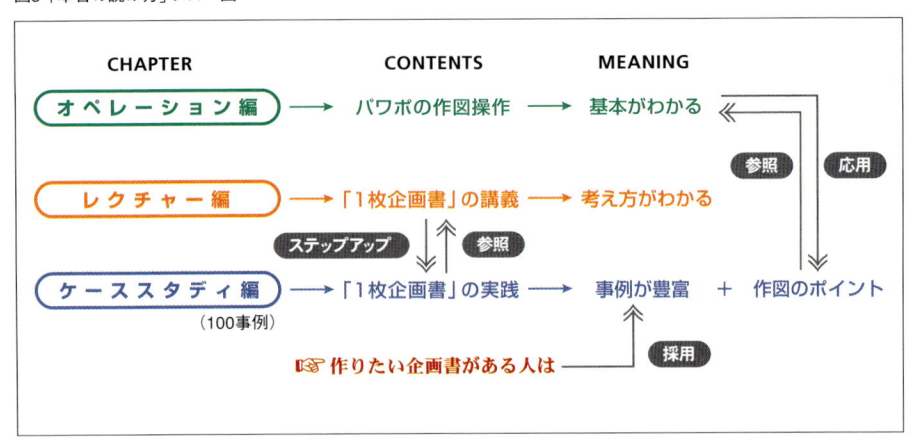

CHAPTER	CONTENTS	MEANING
オペレーション編	パワポの作図操作	基本がわかる
レクチャー編	「1枚企画書」の講義	考え方がわかる
ケーススタディ編（100事例）	「1枚企画書」の実践	事例が豊富 ＋ 作図のポイント

☞ 作りたい企画書がある人は

この本の構成

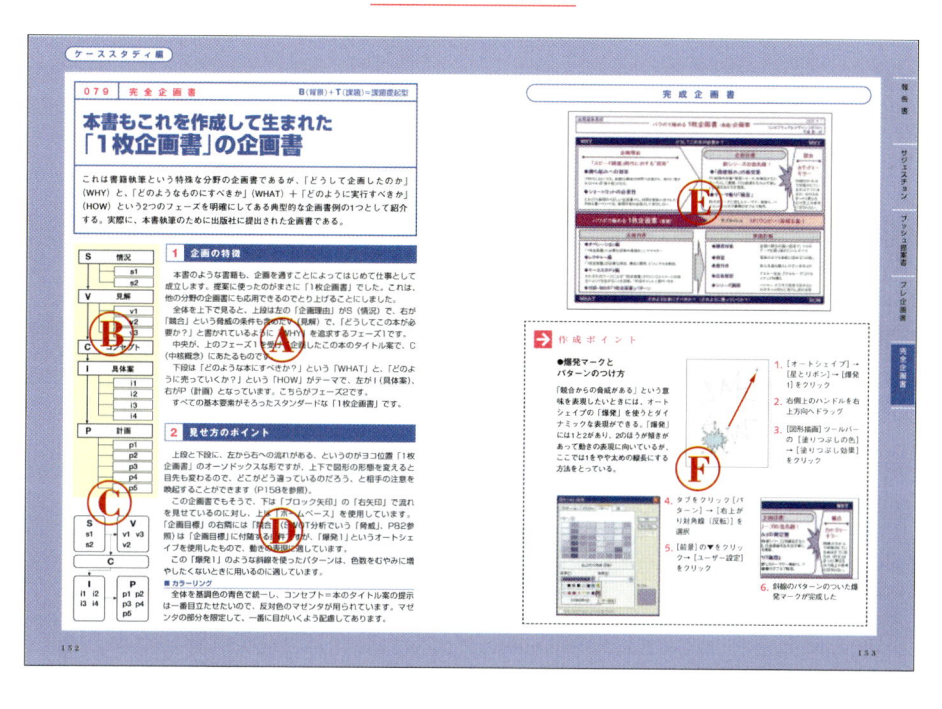

Ⓑ ロジックフロー図
Ⓐから、ロジックの中核にあるものをピックアップしたロジックフロー図である。「論理的に考える」とは、ふつう頭の中でこういうフローの形で理解している。

Ⓐ 企画の特徴
その企画がどういった背景から生まれたものか、それをどのように捉えて企画として構築すればいいのかを解説してある。理論的なことについてはレクチャー編を要参照。

Ⓔ 完成企画書
ⒶからⒹまでのプロセスを経て、できあがった企画書。近い内容のものがあれば参照し、同じ企画書パターンを利用したいときにはWebサイトからダウンロードが可能。

Ⓒ ダイアグラム（概略図）
Ⓑのロジックフロー図をどう1枚の平面の中で整理し、構図としてまとめればいいかを表したものである。発想するには巻末の「600例の企画書パターン」を参考にする。

Ⓓ 見せ方のポイント
Ⓒのダイアグラムの成り立ちを解説するとともに、相手にとって理解しやすいイメージにどう落とし込むかを解説した。「カラーリング」では色彩の選び方について説明。

Ⓕ 作成ポイント
「完成企画書」中の1つのポイントをとりあげ、作成の方法を解説。パワーポイントの基本的な作図の操作法に関しては、事前にオペレーション編でマスターすること。

CONTENTS

はじめに……iii
この本の構成……v
目次……vi

〔オペレーション編〕
PowerPoint基本作図法……001

準 備
「1枚企画書」作成のための準備　002

操 作
図形の基本的な操作方法　004
移動・複製は左手の使い方が決め手　006
きれいなテキストの入れ方　008

完 成
写真やイラストの入れ方　010

〔レクチャー編〕
「1枚企画書」講座……013

論理・展開
「1枚企画書」とはどのようなものか　014
コンセプト発想で作る「1枚企画書」　016
「1枚企画書」は"起承結"＋"具計"　018
「1枚企画書」は構造重視の企画書　020
「1枚企画書」の構図(2つのフェーズ)　022

ビジュアル
視線の自然な動きとフローパターン　024
タテ位置「1枚企画書」を選ぶ理由と効果　026
イメージ思考で描くラフスケッチ　028
「3秒ルール」と「ゾウとアリの法則」　030
図解入り「1枚企画書」の秘訣　032
「ブロック型」の考え方と使用法　034

活用法
「企画素・素案」と5つのバリエーション　036
「1枚企画書」の種類　038

> ケーススタディ編

「1枚企画書」100事例……039

報告書

001 クライアントとの打ち合わせで得られた **修正点の共有化報告書** 040
002 営業先での問題解決を目指す **判断と考察リポート** 041
003 スケジュールプランを兼ねた **イベント出展報告書** 042
004 写真入りで展示会などの感想を記す **イベント見学リポート** 043
005 問題点の把握と解決を目指す **イベント反省リポート** 044
006 苦情内容に建設的な提案で応える **クレーム処理報告書** 045
007 制作会社などに希望を伝えるための **Webサイトリポート** 046
008 競合店の詳細な分析に活かす **総合評価リポート** 047
009 物件の将来的な可能性を予想する **商圏リサーチ** 048
010 写真入りでリサーチ結果をまとめた **町の現状リポート** 049
011 考えた質問事項を検討してもらう **アンケート調査検討書** 050
012 訪れた土地についてまとめる **社内旅行観光リポート** 051
013 写真と解説を雑誌風に整理した **海外視察リポート** 052
014 クリエイティブな議論に使いたい **デザイン議事録** 053
015 蓄積したノウハウを活かす **営業の知恵袋** 054
016 ターゲットの深層心理を探る **グループインタビュー立案書** 055

サジェスチョン

017 ひらめいた商品の概要をまとめる **アイデア提案フォーマット** 056
018 メールソフトの性能向上を目指した **新型ソフトの企画書** 058
019 ちょっとした旅行をサポートする **ポータルサイト提案書** 060
020 複数のトレンドから発想した **リラックス商品企画書** 062
021 旅行での気づきから発想した **インテリア提案企画書** 064
022 雨の日の外出を音楽と過ごせる **複合アイデア傘の企画書** 065
023 ゆったり休んで旅行ができる **新型チケット提案書** 066
024 独身サラリーマンの食を応援する **レトルト新商品企画書** 067
025 従来よりずっと楽で観やすい **リラックス座席の提案書** 068
026 特色ある店作りを提案する **新型ショップ企画書** 069
027 バリアフリーに活かしてもらう **ソフトの特徴企画書** 070
028 男女の出会いをサポートする **ケータイ新商品企画書** 071

プッシュ提案書

029 潜在ニーズの掘り起こしから生まれた **飽和市場の新商品企画書** 072
030 受講後、社内で広めるための **セミナー有効利用企画書** 074
031 これから伸びるマーケットに特化した **主婦のWebサイト企画書** 076
032 会議の無駄を省き、アイデアを生む **メール仮想会議企画書** 078
033 探している商品まで導いてくれる **新誘導システムの企画書** 080

- 034 「SWOT分析」を中心に据えた **制服市場参入の企画書**　082
- 035 柔軟な発想とアイデアが生まれる **新評価システムの企画書**　084
- 036 時代遅れになった商品の **新しい売り方提案書**　086
- 037 現代独身女性の心の悩みを解消する **新型ショップ出店企画書**　088
- 038 社内共通の弱点を克服するための **勉強会の提案企画書**　090
- 039 家族が家でむつまじく暮らせる **提案型家具の企画書**　092
- 040 映画のポスターを模して作った **地域活性化の提案書**　094
- 041 柔軟な組織環境を目指した **フリーアドレス制提案書**　095
- 042 統括する人が観察して提案する **店舗見直し企画書**　096
- 043 現場発想の理念を全社で実践するための **アドバイザー招聘企画書**　097
- 044 競合他社の動向を比較し分析する **ピラミッド図解入り企画書**　098
- 045 旧サービスとの違いを明確にする **概念図による企画書**　099
- 046 競合商品との相対的な位置を確認する **イメージ調査企画書**　100
- 047 現在の位置どりや将来の方向性がわかる **ポジショニング企画書**　101
- 048 洋服とコーディネートができる **新発想傘の企画書**　102
- 049 職場を自発的で創造的な環境に変える **社内改革の企画書**　103
- 050 明確な目的を定めて成果を求める **社員旅行企画書**　104
- 051 性別と年代層で見直しを図る **ターゲット変更企画書**　105
- 052 市場性と市場占有率から探る **近い将来の新商品企画書**　106
- 053 「マーケティングの4P」を使った **飲料市場開拓の企画書**　107

プレ企画書

- 054 一個人からターゲットを広げていく **ランジェリーの企画書**　108
- 055 競合との比較で競争優位性を見出す **ポジショニング企画書**　110
- 056 激辛・エスニックブームに放つ **スナック商品企画書**　112
- 057 支持された雑誌の継承を目指す **ブランド拡大戦略企画書**　114
- 058 東京の中心に世界中から集客する **テーマパーク発案企画書**　116
- 059 定性・定量調査を組み合わせた **リサーチの提案企画書**　118
- 060 おもてなしの心を大切にした **高級料理店の企画書**　120
- 061 沈滞する街を若者の力で盛り上げる **地方活性化の企画書**　122
- 062 子どもの思考力・読解力を伸ばす **学習ソフトの提案企画書**　124
- 063 現代人の健康をケアする目的の **アンテナショップ企画書**　126
- 064 自宅でリゾート気分が満喫できる **高付加価値住宅の企画書**　128
- 065 ニーズとシーズの融合から生まれた **新発想商品の企画書**　130
- 066 不景気の業界での生き残りを賭けた **ホテル改革の企画書**　132
- 067 アイデア重視と起業の促進を図る **組織改革の提案企画書**　134
- 068 企業の社会貢献を宣言した **ミッション遂行型企画書**　136
- 069 他社の動向を見据えて立てる **ブランド改良企画書**　138
- 070 女性が待ち合わせ場所に利用する **ワンショットバー企画書**　140
- 071 会員制クラブで商品開発等を行なう **テストマーケティング企画書**　142
- 072 雑誌特集企画を立案するための **海外視察リポート企画書**　144

- 073 新しいセクションを創設した **組織図比較企画書** 145
- 074 マーケットのニーズを反映した **男性の料理スクール企画書** 146
- 075 売り上げが低迷している **宅配店の改革企画書** 147
- 076 都会における同窓会ニーズに応える **パーティースペース企画書** 148
- 077 音楽配信サービスをシステム化した **ビジネスモデル企画書** 149

完全企画書

- 078 葬儀の相談件数を増やすための **販促ツールの企画書** 150
- 079 本書もこれを作成して生まれた **「1枚企画書」の企画書** 152
- 080 ラーメンチェーン店を見直す **ブログマーケティング企画書** 154
- 081 町を舞台としたコンクールで活性化を図る **町起こしイベント企画書** 156
- 082 老舗のイメージを脱却するための **ブランド改革企画書** 158
- 083 アジアの屋台を一堂に集めた **フードテーマパークの企画書** 160
- 084 ブロックに分けて紹介する **複合商品のアイデア企画書** 162
- 085 現場の生の声を聴取してできた **テーマ旅行企画書** 164
- 086 「安全、安心、安い」をコンセプトにした **新規出店の企画書** 166
- 087 親の仕事を見学して社会勉強をする **社内イベント企画書** 168
- 088 新機軸を打ち立てるスケジュール入り **結婚披露宴の企画書** 169
- 089 役人への社会不満を背景に生まれた **育成ゲームソフト企画書** 170
- 090 効果的な広告を組み合わせて利用する **メディアミックス戦略企画書** 171
- 091 既存の事業領域の見直しを図る **ドメインの再定義企画書** 172
- 092 社内ネット化でコストを削減する **社内報の改革企画書** 173
- 093 自由な発想を手帳活用で伸ばす **講演会の開催企画書** 174
- 094 1枚でも、複数枚に発展しても使える **コンセプトマップ企画書** 175
- 095 リサーチの結果をグラフ化した **ポイント指摘企画書** 176
- 096 グラフに色をつけて重要点を指摘した **リサーチ分析企画書** 177
- 097 複数枚の企画書の中心になる **ネーミング案企画書** 178
- 098 具体的な提案をイメージで伝える **イラスト解説企画書** 179
- 099 4つの生活シーンを提案する **「田の字型」企画書** 180
- 100 イラスト入りでリアルに表した **CM&キャンペーン企画書** 181

付録

600例の企画書パターン ……183
- ●ヨコ位置企画書　184
- ●タテ位置企画書　187
- ●ヨコ位置フロー　188
- ●タテ位置フロー　198
- ●図解入り企画書　205

「600例の企画書パターン」のダウンロードと使い方　211
ダウンロードの方法と加工の仕方　212

オペレーション編

OPERATION
PowerPoint
基本作図法

オペレーション編

01 準備

「1枚企画書」作成のための準備

本書のテーマである「1枚企画書」は広い意味での図解企画書である。パワーポイントで図解を描くには図形の操作ができるよう準備を整えておく必要がある。また「1枚企画書」はスライドではなく紙にプリントアウトすることが大前提なので、従来の提出ドキュメントの標準である"タテ位置"の企画書も積極的に活用する。

▶▶▶ポイント

パワーポイントの標準設定では、起動すると右側に[作業の開始]作業ウィンドウが表示される。図解企画では細かな作業が必要なので、画面を広く使えるよう、これを非表示にしておく。同時に中央のスライドは、テキストを入れるプレースフォルダを消去して、白紙の状態にする。

1 スライドを広く使う

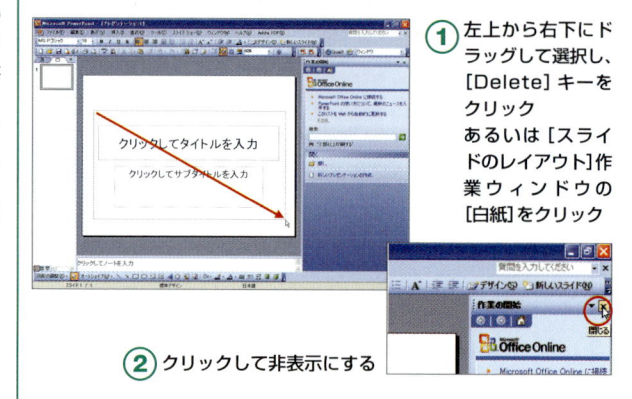

① 左上から右下にドラッグして選択し、[Delete]キーをクリック
あるいは[スライドのレイアウト]作業ウィンドウの[白紙]をクリック

② クリックして非表示にする

▶▶▶ポイント

「1枚企画書」のような図解企画書を作成するには、図形の操作がしやすいよう、かならず「図形描画」ツールバーをパワーポイントの画面の下に表示させておく。2003のバージョンからは標準設定で最初から表示されるようになっているが、それ以前では右の方法を実行して表示させる。

2 図形描画の準備をする

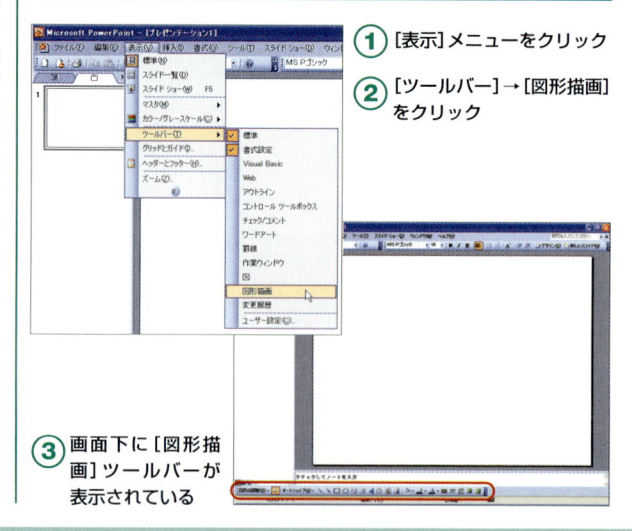

① [表示]メニューをクリック

② [ツールバー]→[図形描画]をクリック

③ 画面下に[図形描画]ツールバーが表示されている

▶▶▶ **ポイント**

パワーポイントで図形を操作するとき、標準設定ではスライド上にはグリッドが設定されている。グリッドとは画面に設定された碁盤目上の格子で、図形やテキストの作成、移動、サイズ変更をするとき、もっとも近い端か中心に強制的に揃えられる機能である。自由に図形を操作するにはかえって不便となるので、作業前にグリッドの設定を解除しておく。

3 自由に図形が動かせるようにする

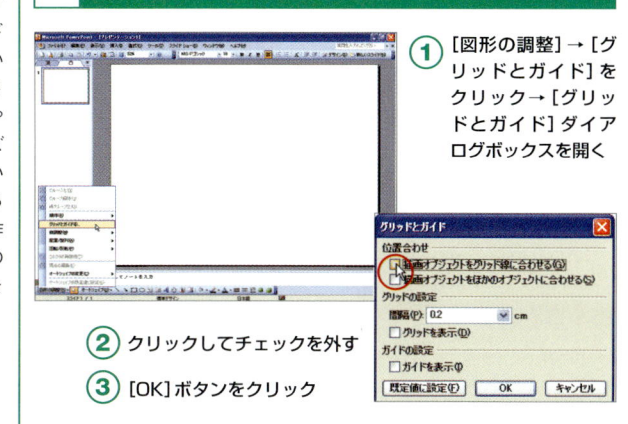

① [図形の調整]→[グリッドとガイド]をクリック→[グリッドとガイド]ダイアログボックスを開く

② クリックしてチェックを外す

③ [OK]ボタンをクリック

▶▶▶ **ポイント**

パワーポイントはスライドによるプレゼンが前提となっているので"ヨコ位置"が標準だが、ワープロソフトのようにタテに書きつらねていくことも可能。「1枚企画書」でも"タテ位置"を積極的に活用する。使用例はP39からの「ケーススタディ編」で詳しく紹介する。

4 "タテ位置"表示にする

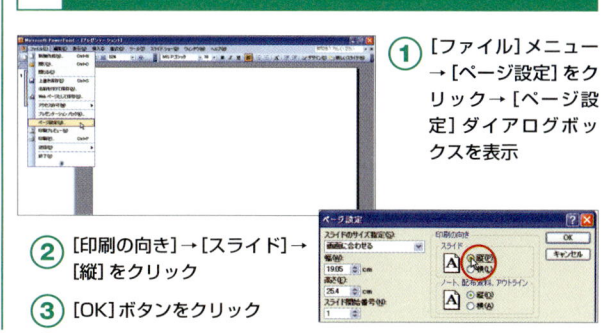

① [ファイル]メニュー→[ページ設定]をクリック→[ページ設定]ダイアログボックスを表示

② [印刷の向き]→[スライド]→[縦]をクリック

③ [OK]ボタンをクリック

Technique | 微妙な操作は拡大表示で

標準の"ヨコ位置"に比べ、"タテ位置"にすると画面が小さくなり、細かなテキスト入力や微妙な図形の移動がしづらくなる。そういうときは画面を拡大するといい。微妙な揃えにもこれが使える。

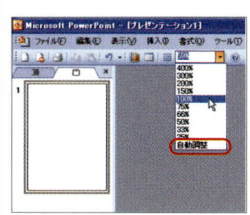

1. [ズーム]ボタンの▼をクリック
2. [100%]を選択する

3. 画面が拡大して作業がしやすくなった

4. [自動調整]をクリックするともとのサイズに戻る（左図）

少しだけ上下や左右へ図形やテキストを移動させたい場合、[図形の調整]の[微調整]を利用する。

オペレーション編

02　操作
図形の基本的な操作方法

「1枚企画書」は図解企画書なので、主役の図形の成形次第で見栄えの良し悪しが決まってくる。また、図形どうしの上下左右をきれいに揃えることも全体のイメージに大きく影響する。ここでは矢印の成形の仕方や、左右対称の図形の作り方などについて解説する。あわせて、すべての図形を中央揃えにするテクニックも紹介する。

▶▶▶ **ポイント**

「右矢印吹き出し」は、矢印部分を成形すると本体部分は完成図（P12）にあるような正方形ではなくなる。そこで、まずダミーの正方形を描き、その左上端にぴったり合うように「右矢印吹き出し」を描いて、本体部分を正方形とぴったりに合わせる（右図）。そのあとで、矢印部分の先の長さを調整する。

1　補助の図形を描いて合わせる

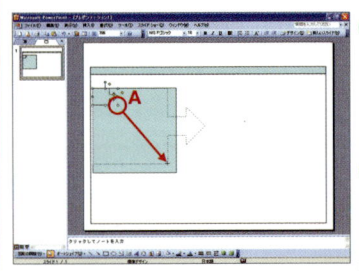

① [図形描画]ツールバー→[四角形]ボタンをクリックし、[Shift]キーを押しながらドラッグして正方形を作成する

② [オートシェイプ]→[ブロック矢印]→[右矢印吹き出し]をクリック

③ Aのサイズ調整ハンドルをポイントし、[Shift]キーを押しながら右下へドラッグ（上図）

④ Bをポイントし、[Shift]キーを押しながら左側にドラッグ（右図）

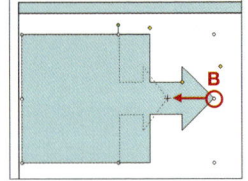

▶▶▶ **ポイント**

矢印部分の調整を行う。そのときいったんは正方形の形はくずれるが、最終的に本体部分が正方形の形になるよう、ダミーの正方形を見据えつつ、矢印の成形を行なう。最後に、ダミーの正方形の外枠と一致するように本体部分の右端を右に移動させる（矢印の成形は、矢印のみの図形でも同じ操作で行える）。

2　矢印部分の調整と全体の成形

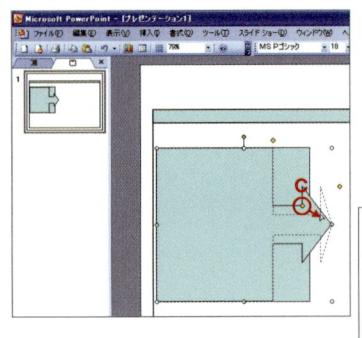

① Cのサイズ調整ハンドルをポイントし、ドラッグして矢印を成形

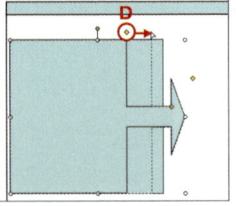

② Dをポイントして右側にドラッグ

▶▶▶ ポイント

同じ図形で左右が反転しているものを複製するには、いったん同じものの複製を作ってから（この操作については次節で詳説）、「左右反転」という操作を行う。あるいは緑色の回転ハンドルをドラッグして180度回転させても同じ操作が可能。右図は右側に複製を作っているところ。

3 左右で向き合った図形は反転させる

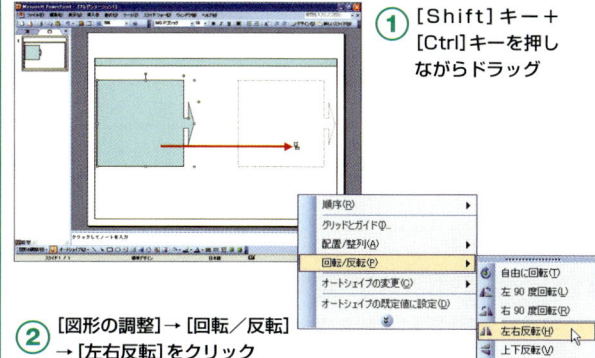

① [Shift]キー＋[Ctrl]キーを押しながらドラッグ

② [図形の調整]→[回転／反転]→[左右反転]をクリック

▶▶▶ ポイント

きれいな図解を作成するには、横に並んだ図形を正確に横一線に並べる必要がある。横一線に並べたい図形をすべて選択した状態にしてから整列させる。縦に整列させる場合も同様の操作で行う。中央揃えのほか、図形どうしの上あるいは下に揃えることも可能。

4 横に並んだ図形を整列させる

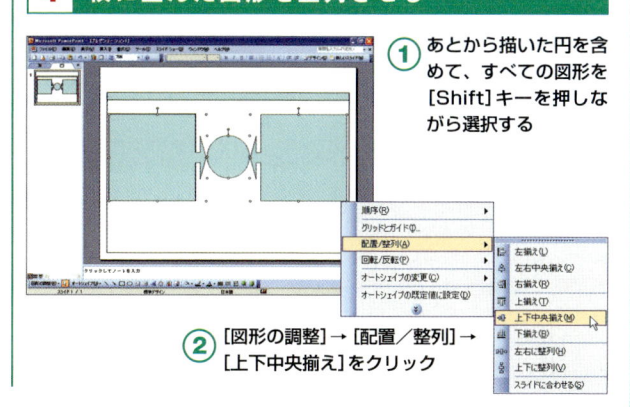

① あとから描いた円を含めて、すべての図形を[Shift]キーを押しながら選択する

② [図形の調整]→[配置／整列]→[上下中央揃え]をクリック

Technique｜すべての図形をセンターに揃える

図解はいくつかの図形を組み合わせて作られるが、それらをスライドの中央に揃えるには、横に並んでいる図形をグループ化してからすべてを中央に揃える。こうすると図解はきれいに左右対称となる。

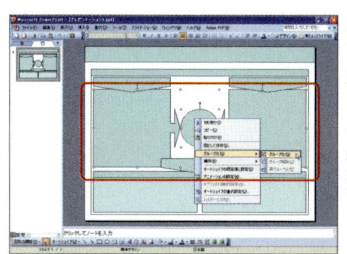

1. 横に並んだ図形をグループ化する（左図）
2. 左右いっぱいを使ってダミーの四角形を描く（スライドの一番上）
3. [Ctrl]キー＋[A]キーを押してすべての図形を選択
4. 上の操作4と同様の作業で、[左右中央揃え]をクリック 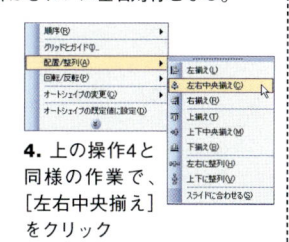

左右いっぱいに描いた四角形はどちらの側にも移動しないので、かならずすべての図形は中央に揃う。

005

オペレーション編

03　操作

移動・複製は左手の使い方が決め手

「1枚企画書」では、左右の図形が対称に並んだシンメトリックな図解が多くなる。水平や垂直の位置に図形の複製を作るには、左手を使ったショートカットキーの使い方がポイントとなる。[編集]メニューでも同じ操作が可能だが、図解に習熟しようというのであれば、これを自由自在に使いこなせるようになるまで練習したい。

▶▶▶ **ポイント**

異なる図形で横幅が同じになるようにしたいときには、[オートシェイプの書式設定]ダイアログボックスの[サイズ]タブにある[サイズと角度]の[幅]ボックスに同じ数値を入力する。この例のように、90度回転させて横に寝かした図形は、[幅]ボックスの数値を[高さ]ボックスに入力する。数値はコピー&ペーストすると早く簡単に処理できる。右図は、[ホームベース]という図形を、右矢印吹き出しの四角形の部分の左右幅と正確に揃えるため、P4でダミーで描いた四角形を利用しているところ。最後に前節を参考に、2つの図形に関して「左右中央揃え」を行なう。

1　幅の同じ図形を作成する

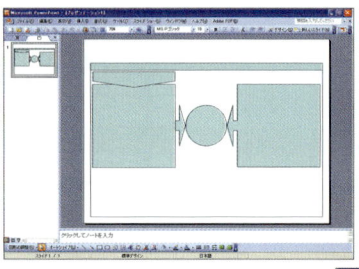

① [右矢印吹き出し]を選択して右クリック→[順序]→[最背面へ移動]をクリック

② [ホームベース]を描いて、右90度回転させ、四角形をもとにだいたい同じ横幅に成形する

③ 四角形をダブルクリック

④ [サイズ]タブをクリックして[サイズと角度]→[幅]ボックスの数値をコピー(右図)

⑤ ホームベースの[高さ]ボックスにペースト

▶▶▶ **ポイント**

複製したい図形が水平・垂直方向にある場合は、水平・垂直に移動させて複製を作る。それ以外の場所に図形の複製を作りたい場合は水平・垂直方向への移動は行なわず、複製だけを作る。いずれも左手によるショートカットキーをうまく操作することがポイントとなる。

2　同じ図形の複製を作る

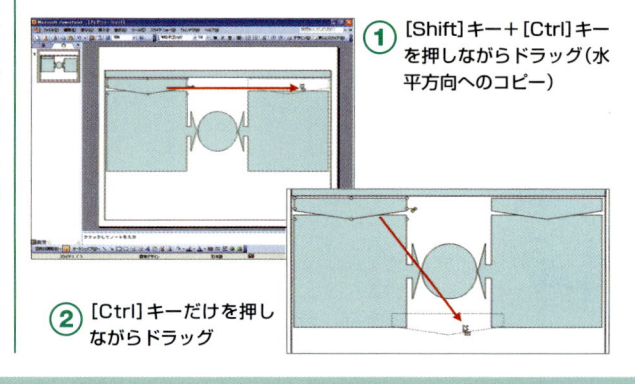

① [Shift]キー+[Ctrl]キーを押しながらドラッグ(水平方向へのコピー)

② [Ctrl]キーだけを押しながらドラッグ

▶▶▶ ポイント

スライド上に、描きたい図形と同じ横幅（または高さ）の図形がある場合、新たに図形を描く必要はない。こういうときは、いったん同じ図形の複製を作ってから、変更したい上下の高さ（あるいは左右の幅）を調整する。ここでは図形の上の辺を揃える必要があるので、2つの図形を選択状態にしてから「上揃え」の処理をしている。

▶▶▶ ポイント

あとから作った図形ほど上に作成される。これを下の層に持っていくには「最背面へ移動」という操作を行なう。図は操作を終えたところ。複数の図形をいっしょに移動させるには、それらをすべて選択状態にしてから「最背面へ移動」を実行する。なお、上か下かの「順序」を決めるには、「最背面へ移動」の操作方法を覚えておくだけで十分である。

3 見出しスペースを作る

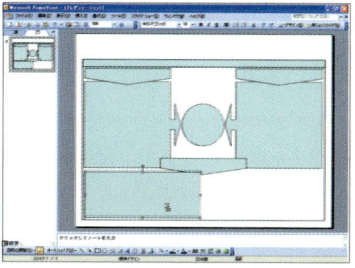

① [Shift]キー＋[Ctrl]キーを押しながらほんのわずか上にドラッグ

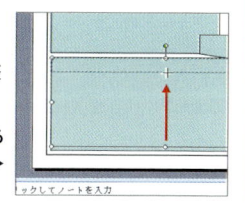

② 複製した四角形の中央下のサイズ調整ハンドルを上にドラッグ

③ 2つの図形を[Shift]キーを押しながらクリックして選択し、[図形の調整]→[配置／整列]→[上揃え]をクリック

4 図形の上層と下層の順序を入れ替える

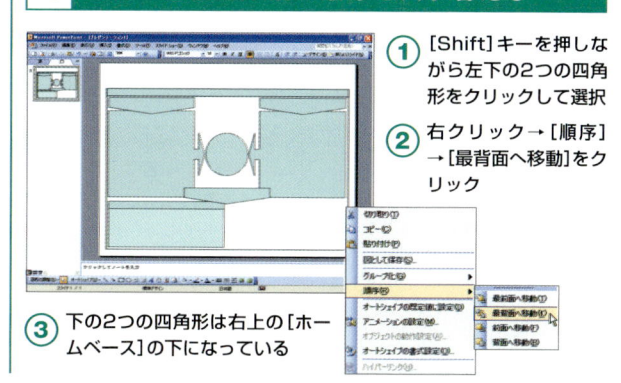

① [Shift]キーを押しながら左下の2つの四角形をクリックして選択

② 右クリック→[順序]→[最背面へ移動]をクリック

③ 下の2つの四角形は右上の[ホームベース]の下になっている

Technique｜左手を使ったショートカットキー

「1枚企画書」では、水平垂直方向への移動、複製、複数の図形の選択や整列といった操作を多用するが、これらはすべて左手を使ったショートカットキーで行う。取り消しも同様にキーで実行できる。

- 同じ図形を複製する ────→ [Ctrl]キーを押しながらドラッグ
- 水平・垂直方向への移動 ──→ [Shift]キーを押しながらドラッグ
- 水平・垂直方向で複製 ───→ [Shift]キー＋[Ctrl]キーを押しながらドラッグ
- 複数の図形を選択 ─────→ [Shift]キーを押しながらクリック
  （この操作を行ってから「左右中央揃え」や「上下に整列」や、複数の図形の複製などの操作を行う）
- 直前の操作を取り消し ───→ [Ctrl]キー＋[Z]キーを押す
- コピー（複製） ──────→ [Ctrl]キー＋[C]キー
- ペースト（貼り付け） ───→ [Ctrl]キー＋[V]キー

複数の図形を選択したいときには、その図形が含まれる範囲を斜めにドラッグしても同じ操作が可能。

オペレーション編

04　操作

きれいなテキストの入れ方

きれいな図解で大きなウエイトを占めるのが、図形とテキストのバランスである。「1枚企画書」はデザイン性を重視するので、通常、テキストは図形の中に「入れる（含める）」ではなく、図形の上に「乗せる」という作業で進める。乗せると、レイアウトの自由度が増すほか、"透かし文字"のテクニックも使えるようになる。

▶▶▶ポイント

テキストを図形の中に追加する＝「入った（含めた）」形にすることもできるが、自由度が低くなる（右ページ下のコラムを参照）。そこで本書では、図形以外の適当な場所でクリックして、スライド上にテキストボックスを設けてから、これを図形の上に持っていく「乗せる」作業を採用している。

1　図形に文字を「乗せる」

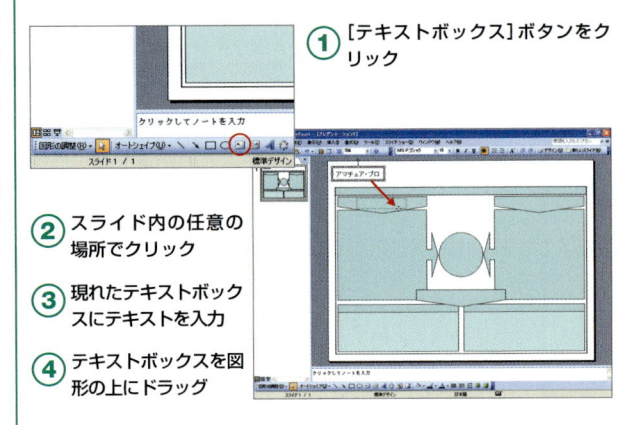

① [テキストボックス]ボタンをクリック
② スライド内の任意の場所でクリック
③ 現れたテキストボックスにテキストを入力
④ テキストボックスを図形の上にドラッグ

▶▶▶ポイント

垂直・水平方向に、同じサイズ、同じフォントのテキストを書くには、コピー＆ペーストの操作を行って複製を作ってから、テキストの内容を書き換えるのが効率的。垂直方向にコピーした場合は、文頭を揃える手間が省ける。このときすべてをセンターに揃えるには「左右中央揃え」を実行する。

2　垂直の位置に同じテキストを書く

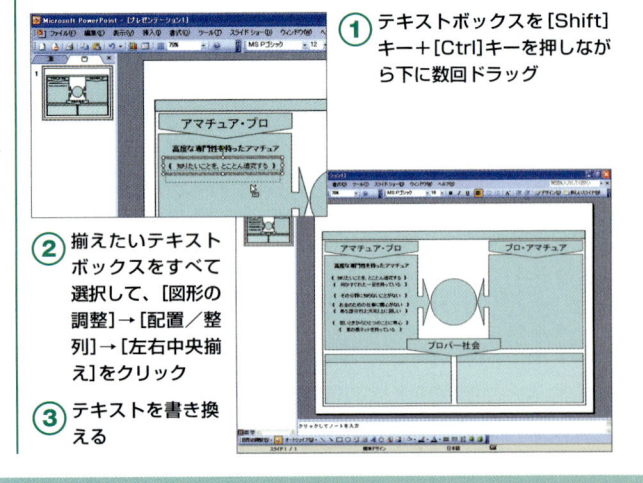

① テキストボックスを[Shift]キー＋[Ctrl]キーを押しながら下に数回ドラッグ
② 揃えたいテキストボックスをすべて選択して、[図形の調整]→[配置／整列]→[左右中央揃え]をクリック
③ テキストを書き換える

▶▶▶ **ポイント**

等間隔に並べたいテキストをすべて選択して「上下に整列」という操作を行うと、一番上と一番下の位置はそのままで、中に含まれるすべてのテキストが等間隔に配置される。同じ操作は図形にも適用できる。水平方向のテキストや図形の場合は「左右に整列」という操作を行なう。右図は整列させたあとの図。

3 上下を等間隔に並べる

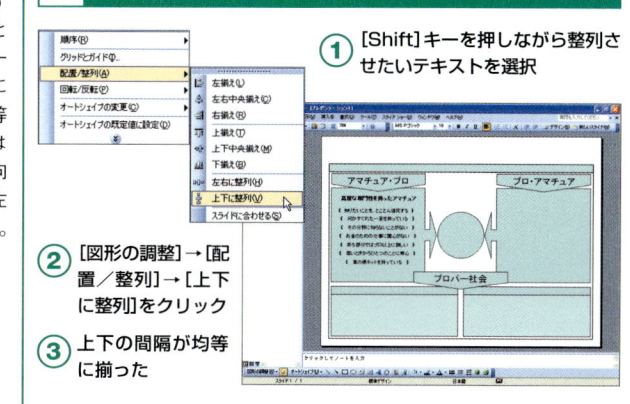

① [Shift]キーを押しながら整列させたいテキストを選択

② [図形の調整]→[配置/整列]→[上下に整列]をクリック

③ 上下の間隔が均等に揃った

▶▶▶ **ポイント**

"透かし文字"(下記のコラムを参照)を作るには、まずテキストの色を白に変えてから、上に乗せるテキストと下に敷く図形の間に挿入する。操作は、透かし文字のテキストボックスを選択状態にして、「背面へ移動」を実行する。

4 "透かし文字"を白で入れる

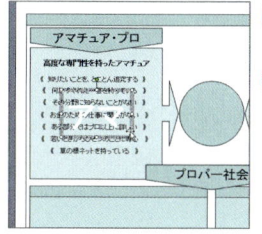

① テキストボックスを新たに作成し、テキストを入力

② [図形描画]ツールバー→[フォントの色]ボタンの▼をクリック→[背景色に合わせる]をクリック

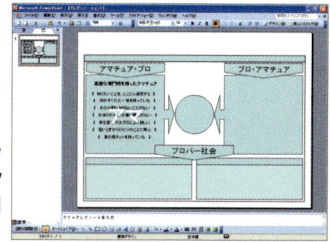

③ 上になったのテキストボックスを選択して右クリック→[順序]→[背面へ移動]をクリック

Technique |「図形に乗せる」という概念

図形内にテキストを「入れる(含める)」と左のように"透かし文字"の設定もできず、テキストの上下の間隔も自由にならない。一方、右のように上に「乗せる」と、どのようなレイアウトも可能。

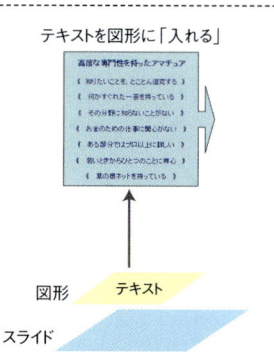

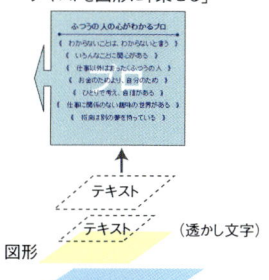

テキストを図形に「入れる」

テキストを図形に「乗せる」

(透かし文字)

オペレーション編

05　完成

写真やイラストの入れ方

「1枚企画書」を完成するには、写真を入れたり、グラデーションをつけたり、イラストを挿入したり、といった作業が必要になる。ポイントは、テキストが隠れたり、目立たなくなったりしないことと、的確なアピールができるイラストや写真を適宜選ぶことである。技巧を凝らしすぎて、ポイントがずれないよう注意したい。

▶▶▶ ポイント

写真の一部をカットしたり、縦や横幅を切って短くすることをトリミングという。撮った写真はそのまま使うと無駄な部分が出てくることが多いが、それを補正する機能である。右図は写真の下の部分をカットしているところ。図形の角を丸くカットするトリミングの方法についてはP61を参照。

1 写真をトリミングする

① デジカメで撮った写真をスライド上にドラッグ＆ドロップ
② ハンドルをドラッグしてサイズを調整する
③ [図] ツールバー→[トリミング]ボタンをクリック
④ 中央下のサイズ調整ハンドルを上へドラッグ

▶▶▶ ポイント

写真の上に図形を置いたとき、写真がまったく隠れてしまうことがある。そんなときには、上の図形の「透過性」を操作して、バックの写真のじゃまにならないようにする（ここでの透過性は「50%」）。ちなみにバックの写真がそれほど写らなくてもいい場合は、右図の下の四角形のように透過性は「80%」程度にする。

2 「透過性」の設定をする

① [右矢印吹き出し]をダブルクリック
② [色と線]タブをクリック
③ [塗りつぶし]→[透過性]のボタンをスライドさせ「50%」にする
④ 背景の写真がよく見えるようになった

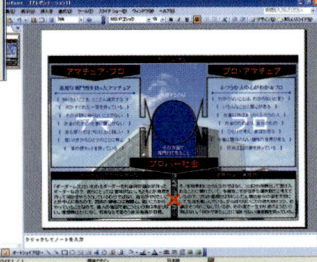

▶▶▶ポイント

「1枚企画書」では2色か3色程度の限られた色数できれいに見せるのが原則であるが、何らかの意図か、アクセントをつけたいときには色の階調を変えるグラデーションを採用するといい。ここでは写真の空のイメージを借りるためにグラデーションを用いている。

3 グラデーションをつける

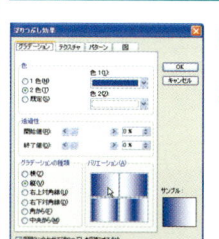

① [図形描画]ツールバー→[塗りつぶしの色]ボタンの▼をクリック
② [塗りつぶし効果]をクリック
③ [グラデーション]タブをクリックして上図のような設定にする 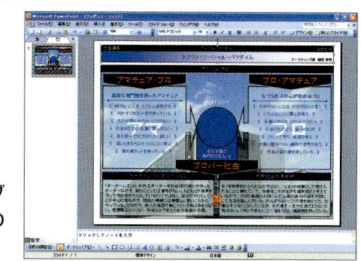

▶▶▶ポイント

テキストを目立たせるには、大きくする、太字にする、暖色（赤色、オレンジ、マゼンタなど）のインパクトのある色を使う、濃い色の図形上で白抜きにする、といった方法が考えられる。目立つことに加え、何らかの表情をつけたいときには、ワードアートというデザインされた既成のテキストを用いることも検討したい。

4 ワードアートを利用する

① [ワードアートの挿入]ボタンをクリックして適当なものを選択する（下図左）
② [ワードアートテキストの編集]ダイアログボックスでテキストを入力
③ [ワードアート]ツールバー→[ワードアートの書式設定]ボタンをクリック  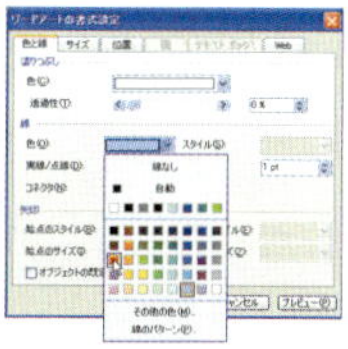
④ 右図のような設定で色を変更する

▶▶▶ポイント

「1枚企画書」では、情報密度とともにメッセージ性を重視するので、イラストの利用を推奨している。シンボリックな絵がほしいと思ったら、適当だと思われるものをいくつか選択し、そのあとで最良のものを選別する。クリップアートは作業ウィンドウ枠を左にスライドさせて、多くのイラストが見られるようにするのが秘訣（右図）。色は全体の配色にしたがって変えることも必要となる。

5 クリップアートを利用する

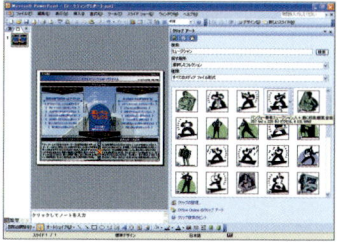

① [図形描画]ツールバー→[クリップアートの挿入]ボタンをクリック
② [検索文字列]に適当なキーワードを入力→[検索]ボタンをクリック
③ 適当なクリップアートをクリック
④ [図]ツールバー→[図の色変更]ボタンをクリック
⑤ [新しい色]の▼をクリックして適当な色を選択（完成図はP12）

準備

操作

完成

011

> オペレーション編

Technique｜キーになる2色を最初に決める

色彩の美しさは、2色で形成される。2色には同系色が選ばれることが多いが、色相環で反対色（Opposite Color）の補色がなることもある。そのほかでは、他の色をなじませるための補助色も重要。

1. **基調色**（Key Color） …… 中心となる色、キーカラー
2. **同系色**（Similar Color） …… 基調色に近い系統の色
3. **強調色**（Accent Color） …… もっともインパクトをつけたい部分の色
4. **補色**（Complementary Color） …… 互いに相手を引き立たせる反対色
5. **補助色**（Assist Color） …… 他の色をなじませるために用いる色

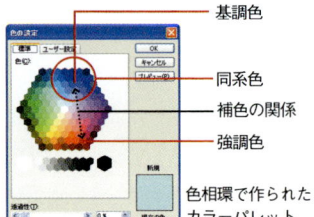

Technique｜2色と3色による配色の方法

色は相性の良さで選択する。相性の良い2色で構成されるものをダブルバランス、同様に、相性の良い3色が揃ってはじめて何らかの主張をするものをトリプルコンビネーションと呼ぶことにする。

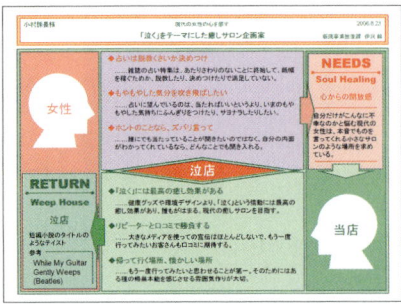

ダブルバランス 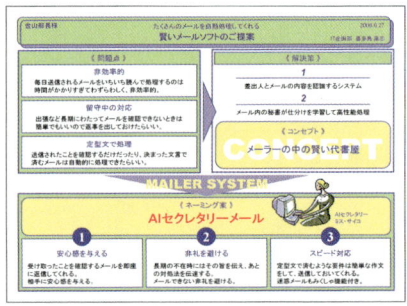　　　　　トリプルコンビネーション

レクチャー編

LECTURE
「1枚企画書」講座

レクチャー編

01　論理・展開

「1枚企画書」とはどのようなものか

パワーポイントのスライドにテキストを入力していき、数枚になったところで左側を［アウトライン］タブに切り替えると、アウトライン（骨子）が表示される。企画とは本来、横の論理と縦の展開からなるこうしたアウトラインの視点がないといけない。そうした視点から構図をまとめ上げるのが本書の「1枚企画書」である。

- 紙にプリントアウトするのが「1枚企画書」
- 横の「論理」と縦の「展開」から考える
- 企画書をビジュアル面から構想する

1　「1枚企画書」とは何か

　昨今、パワーポイントを企画書作成のメインソフトとして使う人が増えています。企画書と聞いてまず思い浮かぶのがパワーポイントだといっても過言ではないでしょう。
　パワーポイントは1枚に箇条書きを列挙でき、数枚書くことで、電子紙芝居のようなスライドを作成することができます。しかしこのソフトは基本的に、企画書作成用に作られたものではありません。
　スライドでは見栄えよくできていながら、紙にプリントアウトしてみるとスカスカに見え、面白みのないものになってしまった、という経験は多くの人がしていることでしょう。
　右図の❷はそうして作られた複数枚の企画書です。それに対して、プロが作る企画書は❸のようなものを指します。
　複数枚からなる箇条書き型の企画書と同じ内容でありながら、情報がコンパクトに整理され、1枚の中できれいにレイアウトされているのがわかるでしょう。これが本書が提案する「1枚企画書」です。

2　論理と展開を構図にまとめる

　しかし企画に不慣れな多くのビジネスパーソンは、❸のエリアへと進むことはかなり難しいと感じるはずです。
　その理由は、企画書とは「論理」と「展開」のあるものだということを理解できていない点にあります。
　本来、複数枚の企画書は❶のようなアウトライン（骨子）を持っていなければなりません。わかりやすくいうと、❹にあるように、横の「論理」（1枚の中での理詰めの説明）と縦の「展開」（全体での論理的な流れ）で書き表すことができます。これがロジックです。
　しかしロジックに長けた人が❸のような「1枚企画書」をスラスラ作成できるかというと、そうでもありません。ロジックが勝ちすぎると、イメージを描き出すことはかえって難しくなるからです。
　「1枚企画書」を作成するには、ちょっとしたコツがいります。
　本書は、「論理」と「展開」を1枚の紙面に「構図」化して、ビジュアル性豊かな企画書の形にまとめ上げる秘訣について解説したものです。まずはその理論から説明していくことにしましょう。

箇条書きと「1枚企画書」

本書で提案する「1枚企画書」は、複数枚からなる箇条書き型の企画書と同じ内容を持ちながら、たくさんの情報量がコンパクトに集約され、1枚の中できれいにレイアウトされたものをいう。単に1枚で仕上げるというものではなく、作成するには「論理」と「展開」よりなるロジックを「構図」としてまとめるという赤線で示された思考法が必要となる。そのコツとテクニックを以下に続くレクチャーで見ていくことにする。

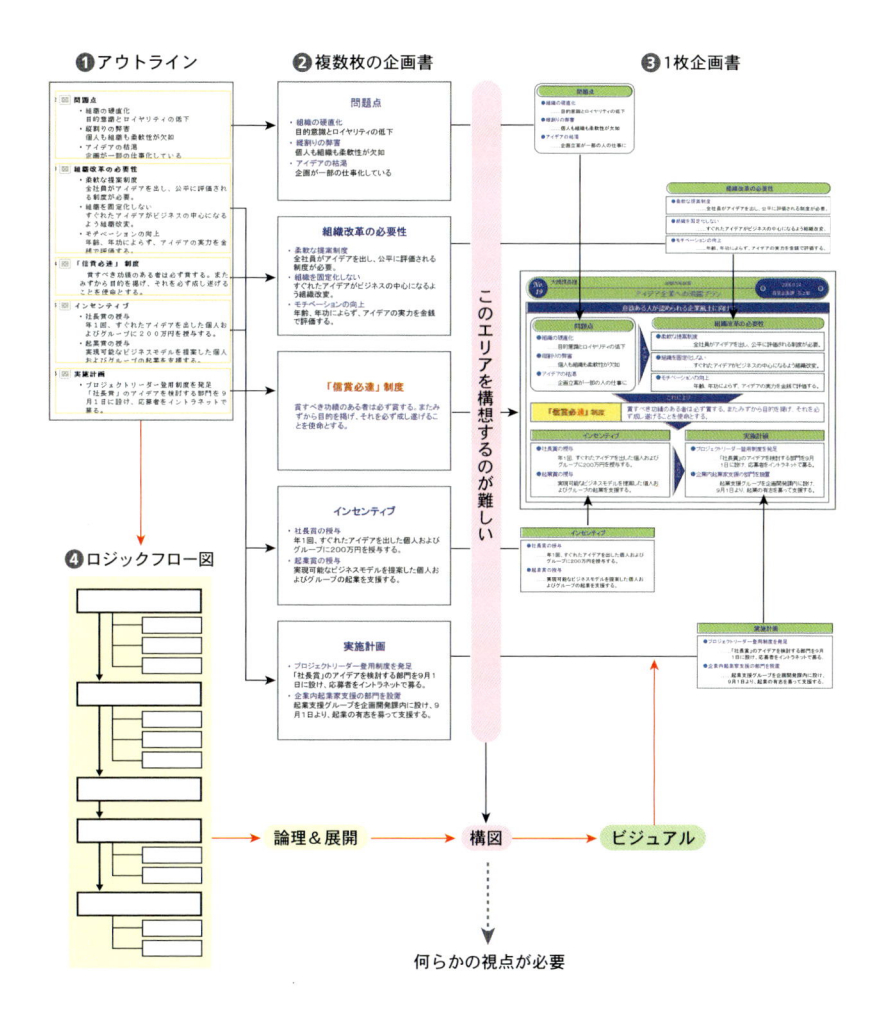

❶ アウトライン　❷ 複数枚の企画書　❸ 1枚企画書

❹ ロジックフロー図

論理＆展開 → 構図 → ビジュアル

このエリアを構想するのが難しい

何らかの視点が必要

論理・展開 ビジュアル 活用法

レクチャー編

02　論理・展開

コンセプト発想で作る「1枚企画書」

「企画主旨」「企画内容」……と項目名にしたがって作成する方法は、定型例文をまねて書けばよかったワープロ文書時代の発想である。スピード企画時代の現在、必要とされるのは、依頼者の「問い（かけ）」にストレートに答えるものである。「1枚企画書」は答え＝コンセプトを中心に全体を構築する点に大きな特徴がある。

- 企画は「問い（かけ）」に対する「答え」
- 「答え」＝コンセプトを最初に決める
- コンセプトをワンワードで言い切る

1　企画書の中心はコンセプト

　企画書というと右図の左側のように項目名が先に決まっていて、4段や5段といった構成でまとめればいいもの、と思うかもしれません。しかしこれは、これまでのワープロ文書型の企画書の発想です。
　企画というのは、依頼者からの「問い（かけ）」にどう答えるかが問われます。どう答えるかは、どうその質問を受けとめ、どのように考え、どう結論づけたか、という理論づけがないといけません。
　ということは、企画書というのは項目名で成り立っているのではなく、（「問い（かけ）」に対する）「答え」をたった1つに定め、その「答え」が出てくる必然性と具体案を提示しなければならないのです。「答え」が決まらないとそうした形も決まってきません。
　右側が答えを1つに定めるコンセプト発想の思考法です。「問い」に対する「答え」が、その企画の中心になっています。コンセプトが決まることで、たとえば「情況」にあたるものは「現状の把握」というように前後の関係性による名称が決まってきます。

2　コンセプトの8大パワー

　企画書はコンセプトによって動き出します。
　コンセプトは「問い」に対するストレートな「答え」です。それは企画の中心であり、ひと言で訴えるパワーがあり（訴求力）、企画を突き動かす力を持っています（原動力）。またコンセプトは実行に移す力を持ち（推進力）、構成員の心を集約する力があります（求心力）。顧客に対しては商品の魅力をわかりやすく伝えられ（伝達力）、広く深く理解してもらえ（拡散・浸透力）、訴求効果の持続性もアップします（持続力）。そして時間が経って忘れかけたときでも、企画した地点に舞い戻って確認することができます（遡及力）。これを可能にするのは、長々と説明した文章や、曖昧な表現ではありません。
　コンセプト発想とは、「答え」となる概念をギリギリまで凝縮させたワンワードになるまで考え抜くことを意味します。
　このコンセプトを考え抜くプロセスで、すでに企画書全体の概要はでき上がっています。「1枚企画書」がたった1枚でも十分なパワーを持つのは、このコンセプトを中心に組み立てられているからです。

「文書発想」と「コンセプト発想」の違い

企画書に必要な項目は最初から決まっている、というのがワープロソフトで作る文書型企画書の発想であるが、文書は上から下へと直線的に「流れて」しまうので、依頼者の「問い」に対する「答え」は埋もれがちになる。それに対して右側のコンセプト発想は、「問い」に対するストレートな「答え」であるコンセプトを中心に据え、立体的に企画を練ることで、前後に意味（その企画書の個々の項目名）を与えていく方法である。

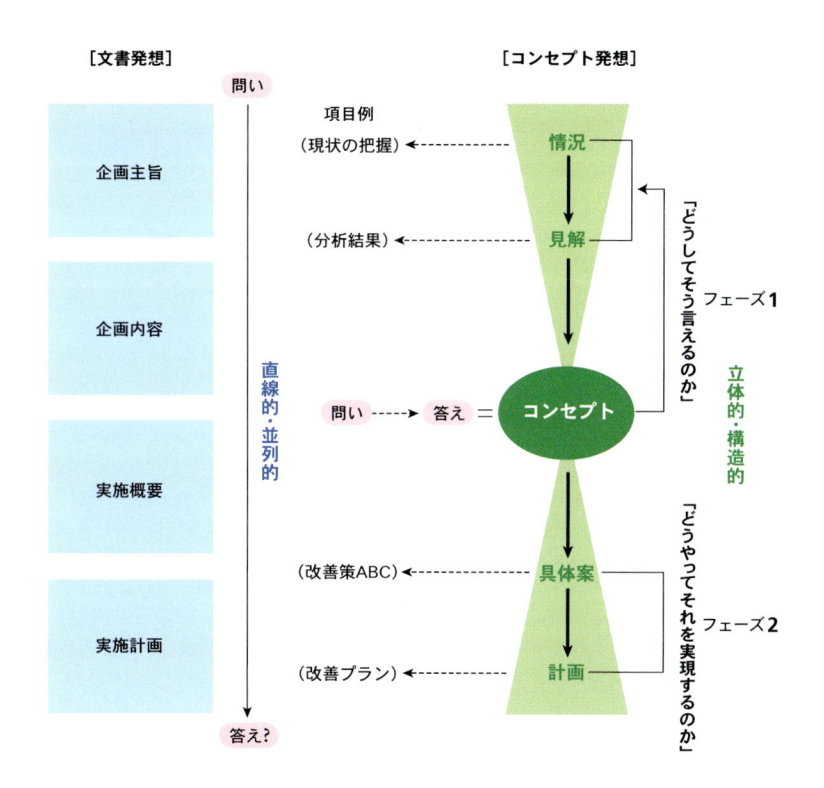

[文書発想]

問い
- 企画主旨
- 企画内容
- 実施概要
- 実施計画

直線的・並列的

答え?

[コンセプト発想]

項目例
- （現状の把握）← 情況
- （分析結果）← 見解

フェーズ1「どうしてそう言えるのか」

問い ---- 答え ＝ コンセプト

立体的・構造的

- （改善策ABC）← 具体案
- （改善プラン）← 計画

フェーズ2「どうやってそれを実現するのか」

論理・展開　ビジュアル活用法

レクチャー編

03 論理・展開
「1枚企画書」は"起承結"+"具計"

企画書には職種、業種、部署によってさまざまな種類のものが考えられ、それぞれ提案する条件も異なる。しかし大きなフレームワークで捉えると、企画書にはどれにも共通の枠組みがあることがわかる。全体構成は"起承結"に加えて"具"と"計"が続く。「起承」にあたる「情況」と「見解」は対で、3種類のタイプが考えられる。

- 「1枚企画書」のフレームワーク
- "起承結"+"具計"で大枠を考える
- 「気づき発想」と「課題提起」

1 「SVCIP理論」の各要素

「1枚企画書」のフレームワーク（骨子）は以下の5つの要素からなります。構成は"起承結"、つまり話を起こして、それを承け、結論を述べ、それに続けて"具計"、具体的に言って、計画を定めます。

1. 起……**S**cene（情況）
2. 承……**V**iew（見解）
3. 結……**C**oncept（中核概念）
4. 具……**I**dea（具体案）
5. 計……**P**lan（計画）

企画には個々の「情況」（現象、情報、データ、社会情勢、市場の変化、人の意見など）がまずあり、それを立案するには、何らかの「見解」を示す必要があります。それを提案するときもっとも重要になるのが「中核概念」（多くは「コンセプト」）です。このコンセプトを明確にしてはじめて「具体案」が示され、実行の「計画」が立てられます。

"起承結"+"具計"で成り立つこの企画書理論を、アルファベットの頭文字をとって「SVCIP理論」と呼ぶことにします。

2 「情況」×「見解」の3つのタイプ

SVCIP理論のSとVはペアで3種類のタイプが考えられます。

1. P（問題）+S（解決）　＝問題解決型
2. F（気づき）+O（提案）＝気づき発想型
3. B（背景）+T（課題）　＝課題提起型

たとえば、「ちょっと面白いものを見つけたけど、これを企画にはできないだろうか」という企画の場合、それは《F（気づき）+O（提案）＝気づき発想型》ということになります。

これも、それぞれの名称は個々の企画内容によって決められます。

たとえば、《B（背景）+T（課題）＝課題提起型》だと、Bは「現状の把握」で、Tは「分析結果」といった名称が考えられます。

「ＳＶＣＩＰ」理論の概要

CIPはどの「1枚企画書」にも共通しているが、SとV、つまり Scene（情況）と View（見解）にあたるものには、図にあるように3つのタイプが考えられる。企画を考えるとき、それがどういうシチュエーションであるかを認識し、「問題」なら「解決」を求められている、というように柔軟に対応する。なお、エクストラストリームのEvaluation（評価）とOverview（展望・要約）については次節であらためて説明する。

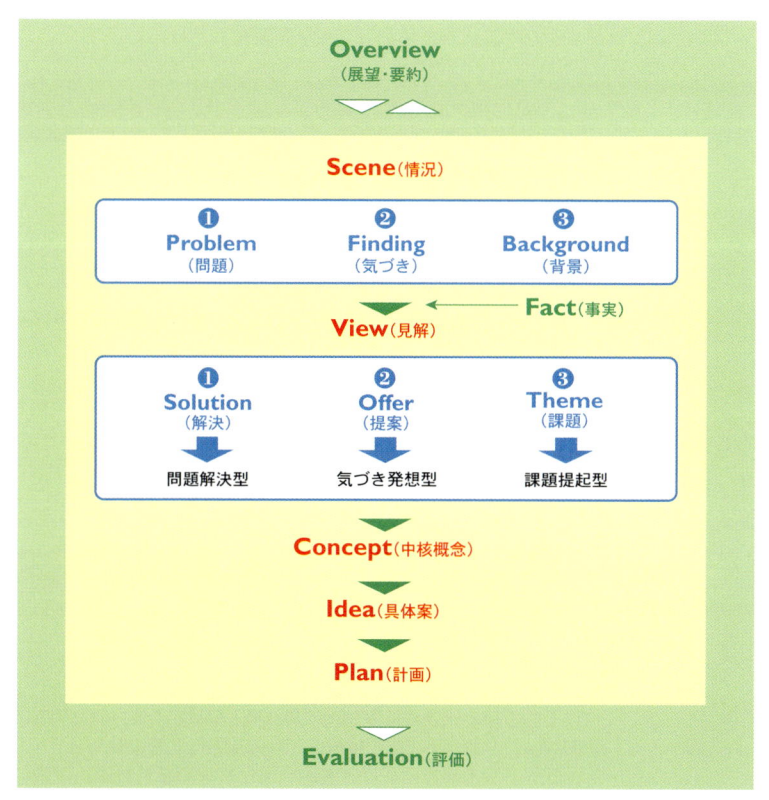

Overview（展望・要約）

Scene（情況）

- ❶ **Problem**（問題）
- ❷ **Finding**（気づき）
- ❸ **Background**（背景）

← **Fact**（事実）

View（見解）

- ❶ **Solution**（解決） → 問題解決型
- ❷ **Offer**（提案） → 気づき発想型
- ❸ **Theme**（課題） → 課題提起型

Concept（中核概念）

Idea（具体案）

Plan（計画）

Evaluation（評価）

- ■ **Main Stream**（主要）
- ■ **Extra Stream**（追加）
- ■ **Alternative**（選択項目）

論理・展開 ビジュアル 活用法

レクチャー編

04　論理・展開

「1枚企画書」は構造重視の企画書

「1枚企画書」のメインストリームは5つの要素からなるが、サブストリームというものを考え合わせると、前半と後半の2つに分割することができる。2つとは「仮説の立証」と「事実をもとに判断する」フェーズ1と、「戦略と戦術を決めて実行に移す」フェーズ2で、これを1枚で構図化したものが「1枚企画書」となる。

- フェーズ1の中心は「仮説」の「立証」
- フェーズ2の要はコンセプト
- 「戦略」と「戦術」で「実行プラン」を練る

1　「SVCIP理論」フェーズ1

　企画をするには視点が必要です。ものごとを（大袈裟にいえば世界を）どう見るかということです。視点は、その企画のマグマとなるScene（情況）をじっと見据えていなくてはなりません。

　情況を見て、「それはどういうことだろうか」と「推論」します。するとそこから、1つないしは複数の「仮説」が浮かんできます。「こうではないだろうか」と。この「仮説」が企画を深く掘り下げる原動力となります。しばらくして、ある確信のようなものが見つかり、仮説は「立証」されます。立証された仮説は「事実」と呼ばれます。

　この「事実」をもとに「判断」を下したものが、視点の主眼である企画者のView（見解）となります。

　企画の前提条件を提示するには、この「事実」と「判断」を明確に区別し、そのように企画書に書き込まなければなりません。

2　「SVCIP理論」フェーズ2

　フェーズ2の要になるのはConcept（中核概念）です。

　これはP16で説明したように、依頼者の「問い（かけ）」に対する簡潔明瞭かつストレートでダイレクトな「答え」です。

　それを具体化するにはIdea（具体案）が必要です。具体的なアイデアのないコンセプトの提示は概念だけの空論にすぎません。

　アイデアを考えるには「戦略」思考が求められます。「戦略」とは手持ちの資源（人的、物的、情報など）を総合し、その局面で最大限の効果を挙げるための運用方針のことをいいます。

　そしてそのアイデアはPlan（計画）に移してはじめて完全な企画になります。この計画を立てるには「戦術」というものが必要になりますが、「戦術」とは、決定した「戦略」をもとに、企画目的を達成するための実行プランの方針のことを指していいます。

　これにEvaluation（評価）が加わることもあります。その企画が何を目指し、現時点でどう捉えているか（自己評価）ということで、具体的には「企画目標」や「今後の展望」といった名称になります。

　全体を総括する必要があればOverview（要約）で示します。見た目では、その企画の「展望」という位置づけになります。

「１枚企画書」の構造

中央の縦一列がメインストリームのSVCIP＋OEである。中心は「問い（かけ）」に対する直接的な「答え」にあたるコンセプトである。コンセプトを発案するにいたった根拠が「推論」→「仮説」→「立証」→「事実」→「判断」で（フェーズ１）、コンセプトを実現可能にするのが「戦略」→「具体案」→「戦術」→「計画」→「実行」である（フェーズ２）。こうした流れを踏まえて次節のような「１枚企画書」が作成される。

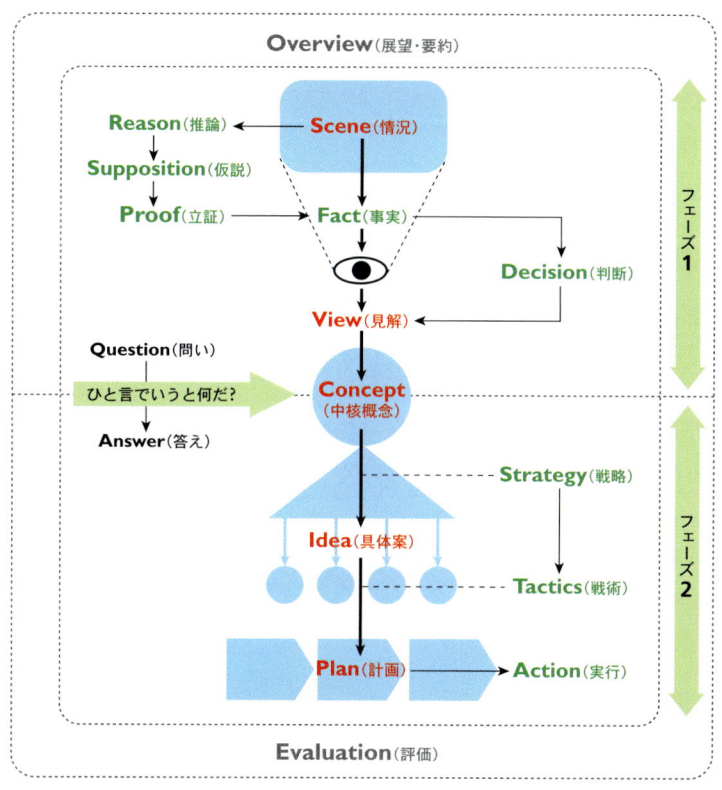

Overview（展望・要約）

- **Reason**（推論）
- **Supposition**（仮説）
- **Proof**（立証）
- **Scene**（情況）
- **Fact**（事実）
- **Decision**（判断）
- **View**（見解）
- **Question**（問い） ひと言でいうと何だ？
- **Answer**（答え）
- **Concept**（中核概念）
- **Strategy**（戦略）
- **Idea**（具体案）
- **Tactics**（戦術）
- **Plan**（計画）
- **Action**（実行）

Evaluation（評価）

フェーズ１／フェーズ２

- ■ **Main Stream**（主要）
- ■ **Sub Stream**（サブ）

（欄外：論理・展開／ビジュアル／活用法）

> レクチャー編

05 論理・展開
「1枚企画書」の構図（2つのフェーズ）

「1枚企画書」は取り組もうとしている企画によって、紙面上での形は変わってくるが、基本形というものがある。紙面の構図を大きく2つに分けるのが前節でお話しした「フェーズ1」「フェーズ2」であるが、それぞれのパートで何について語るべきかを理解していれば、誰でも論理的かつ見栄えのいい企画書が作成できる。

■「概念」を「具体」化して「実現」する（フェーズ2）
■ コンセプトが明確だとアイデアがつぎつぎ生まれる
■「客観」的な「事実」に「判断」を下す（フェーズ1）

1 フェーズ1は理由説明

「フェーズ1」「フェーズ2」の紙面展開を実際の企画書内の役割から見ると以下のようになります。

1. フェーズ1……WHY（なぜそれを企画するにいたったのか）
2. フェーズ2……WHAT & HOW（何をどのように行うべきか）

フェーズ1は、Scene→Viewという「シーン」を「眺め見る」局面です。「現象」を認識し、「客観」的に見つめ、それに対して「判断」を下す場面と言い換えることができます。
　さらにかみ砕いていうと、データを分析することで、「現象」から不確かな要素をとり除き、出てきた「客観」的な「事実」のみに対して、自らの「判断」を下す局面である、ということができます。

2 フェーズ2は「答え」の本体

それに続くフェーズ2では、決定事項が述べられます。
　決定事項の最初は、コンセプトですが、コンセプトはわかりやすく簡潔に、ぎりぎりのところまで削って作られたコンセプトワードによって示されます。ここが企画書の要となります。もっとも見てもらいたい部分であり、一番目立たせなければならないポイントです。
　フェーズ2は、フェーズ1が「問い（かけ）」に対してどのように考えたかという前提だとすると、「答え」＝回答の本体です。
　具体案はコンセプトという「中核」から「派生」した個々の回答です。あるいはコンセプトという上位概念にぶら下がる下位の提案事項と言い換えることもできます。中核が明確であればあるほど、いろんなアイデア、的確な案がつぎつぎと生まれ出てきます。
　フェーズ2を全体で見ると、「概念」が決まり、それを「具体」的な案で示し、「実現」可能な計画を提示する局面である、ということができます。
　SVCIP（とOそれにE）は、自明であったり、省略可能であったり、そこまで求められていない場合、いくつかの要素が省かれることがあります（たとえば計画は企画が通ってから提示するというケースなど）。

「フェーズ1」と「フェーズ2」

これは、メインストリームの要素がすべて含まれた典型的な「1枚企画書」である。企画書の各部は、すべて「問い」に対するWHYであったり、WHATであったり、HOWであったりする、ということを念頭に置いて作成しなければならない。こうしたフレームワーク（骨子）を踏まえて作成してはじめて、「1枚企画書」は有機的に働き、見る人に対して説得力を持つ。これが、P15の図版の下で必要だと触れた視点である。

WHY
〈なぜ〉それを企画する（にいたったの）か

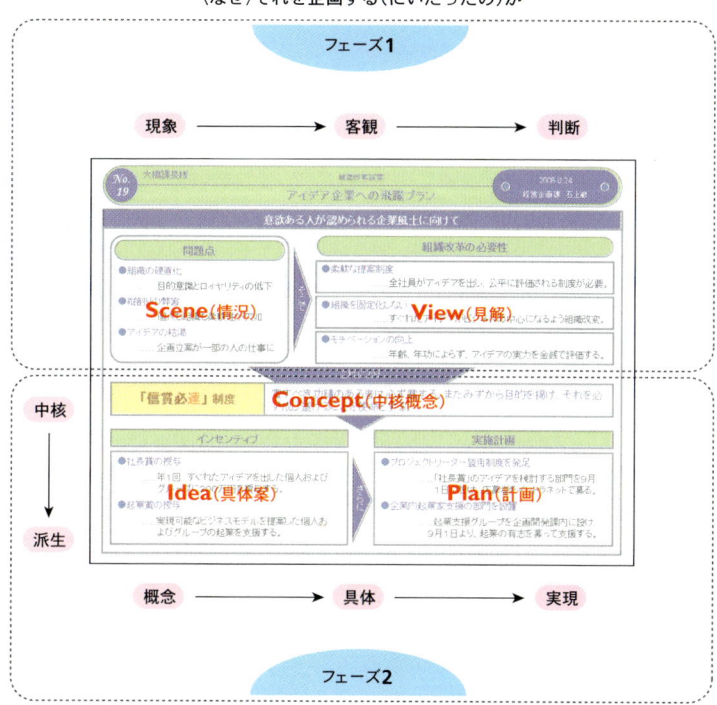

フェーズ1

現象 → 客観 → 判断

Scene（情況）
View（見解）

中核
↓
派生

Concept（中核概念）
Idea（具体案）
Plan（計画）

概念 → 具体 → 実現

フェーズ2

WHAT〈何を〉 **HOW**〈どのように〉行うべきか

※実際の企画書では、上の例のようにかならずしもすべての要素が揃うというわけではない。

レクチャー編

06 ビジュアル
視線の自然な動きとフローパターン

箇条書き型企画書だと何枚にもなる情報量でも、「1枚企画書」だとたった1枚に凝縮して示すことができる。ただし紙面上で上手にレイアウトされていないと、煩雑な印象を与えるだけに終わる。初心者の人が構図を考えるには、基本となるフローパターンを理解し、8つのバリエーションを上手に使い分けることが近道となる。

- 3つの視線の流れと「見えない力学」
- 「1枚企画書」はロジックとイメージの合体
- ものごと(の論理)を「絵的に考える」

1 「1枚企画書」の基本フロー

企画書を1枚で描こうというのが本書の提案ですが、初心者の人にとっては少々難しい作業に思えるかもしれません。

そこで実際に作成する前に、企画書の上には、つぎのような基本となる視線の流れがあることを押さえておくといいでしょう。

1. 上から下へ(I型フロー)
2. 左から右へ(一型フロー)
3. 上下2階層(二型フロー)

これらを右図では、「基本フロー」として緑色で示してあります。

基本は「I型フロー」と「一型フロー」ですが、ヨコ位置の企画書の場合、整理して内容を盛り込むと、上下二列にするのがもっともしっくりきます(二型フロー)。そしてすべてに共通するのが、左上から右下への流れです。これは実際にではなく、心理的な「見えない力学」として、企画書に限らずどの文書にも働いているものです。

2 8つのタイプのフロー

実際の「1枚企画書」にあてはめて考えると、大きく分けて四角で囲んだ8つのフローパターンが考えられます。

「1枚企画書」の作成の秘訣は、ここまで説明してきたSVCIP理論で各要素を決定していき、それを見やすいパターンにあてはめて構図を決めていくことにあります。すなわち、次の2つが重要となります。

1. SVCIP理論……ロジック
2. 8つのパターン……イメージ

ただこのように説明すると、ロジックがあって、それをイメージすると思われるかもしれませんが、実際には同時進行で行われます。ときにはパターンが決まって、あとでロジックをあてはめることもあります。

大切なことはどちらかに片寄らないということです。ひと言でいうと、ものごと(の論理)を「絵的に考える」ということです。

「見えない力学」と10個のフロー

「I型フロー」と「一型フロー」に同方向の流れが1つ加わるとそれぞれ「II型フロー」「二型フロー」、2つなら「III型フロー」「三型フロー」となる。「II型フロー」の中間に矢印が入って左列から右列へと展開するのが「H型フロー」で、横にすると「工型フロー」となり、これがもっとも頻繁に用いられる。「工」の縦棒の位置にはコンセプトがくることが多いが、ここに新たに横のフローが加わったものが「王型フロー」である。

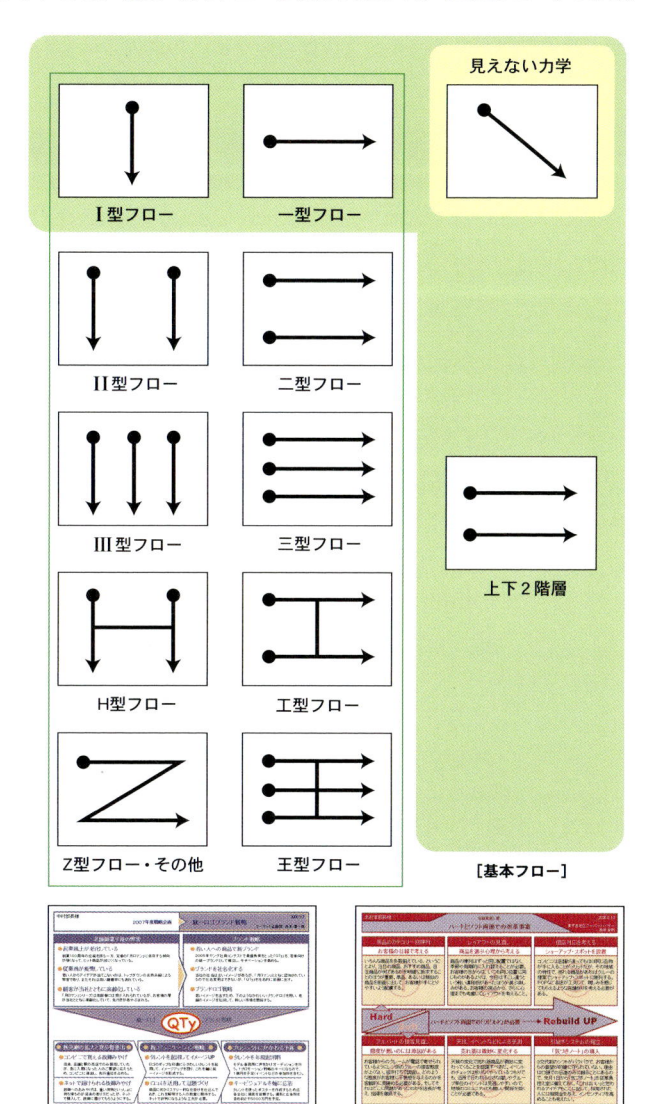

［基本フロー］

- I型フロー
- 一型フロー
- 見えない力学
- II型フロー
- 二型フロー
- III型フロー
- 三型フロー
- 上下2階層
- H型フロー
- 工型フロー
- Z型フロー・その他
- 王型フロー

工型フローの例　　二型フローの例

論理・展開　ビジュアル　活用法

025

レクチャー編

07　ビジュアル

タテ位置「1枚企画書」を選ぶ理由と効果

パワーポイントはスライドによるプレゼン資料作成を基本に設計されているので、ヨコ位置のソフトだと思っている人が多いが、ワープロソフトのようにタテ位置の「1枚企画書」も作成可能である。タテ位置は複雑な動きの表現には適していないが、単純なフローで、シンプルにアピールすることができる点に特徴がある。

- 「1枚企画書」を縦書きにする効果
- タテ位置は「I型フロー」が基本
- 単純なフローでシンプルに見せる

1　タテ位置のメリットとデメリット

　ワードなどのワープロソフトで企画書を書くとき、通常は縦長のタテ位置です。それに対して、パワーポイントでは横に寝かしたヨコ位置が基本ですが、意外に知られていないことに縦書きもできます。
　タテ位置のドキュメントを標準としている会社や部署、あるいは外部のクライアントに対しては、提出する文書はタテ位置です。ファイリング（文書整理）をA4縦書きで統一している会社もあります。
　そのような場合、ワープロの企画書が上がってくるのがふつうですが、ここでビジュアル性にすぐれた「1枚企画書」を提出すると、意外性があり、斬新で洗練された印象を与えることができます。
　従来のタテ位置企画書と、同じくタテ位置の「1枚企画書」を比較したのが右図です。さまざまなメリットがあることがわかります。

2　タテ位置といえば「I型フロー」

　前節で説明したように、ヨコ位置企画書の基本である上下2階層は左右にスペースがあるため、レイアウトの自由度も広く、いろんな形を考えることができます。一方、タテ位置は左右にゆとりがないため、上から下への「I型フロー」が基本となります。
　S（情況）とV（見解）というのは「AだからB」「AとBは対立項だ」というように互いに対比した関係になるのが基本なので、多くの「1枚企画書」のフェーズ1は「T型フロー」の形になります。
　タテ位置の場合、それより大切なことは、上から下へのシンプルなフローなので、上から順に、論理をいくつの要素で言い表していけばいいか、という視点です。
　たとえば右図で示した「1枚企画書」でいうと、「2つの情況から1つのコンセプトを導き出し、3つの具体案を計画と評価の2つで結論づける」ということを表そうとしているので、上の階層から順に「2-1-3-2」という数の展開を考えることになります。項目数だけをとり出したのが右図下の赤枠のものです。
　数で展開を考えるのは、P15の❹にあるアウトラインの考え方そのものなので、慣れるとヨコ位置より、このタテ位置のほうが簡単だと感じられるはずです。

タテ位置「1枚企画書」のメリット

図にあるように、従来型の定型文書と比較してみると、「1枚企画書」のメリットがいっそう際立つ。企画書というのは本来、提出して結果を待つというものではなく、相手と対面して提案するときにツールとして活用するものである。したがって従来必要とされた「ご挨拶」的な前置きや、読ませる工夫や、文章の技巧は必要なく、これらはすべて口頭で行なう。必要なことのみを簡潔かつ明快にまとめるのが「1枚企画書」である。

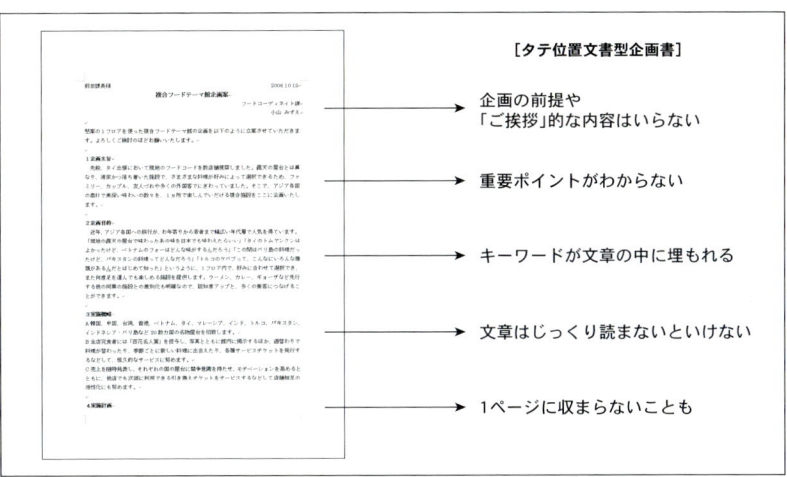

[タテ位置文書型企画書]
- 企画の前提や「ご挨拶」的な内容はいらない
- 重要ポイントがわからない
- キーワードが文章の中に埋もれる
- 文章はじっくり読まないといけない
- 1ページに収まらないことも

[タテ位置「1枚企画書」]
- まだるっこい前置きがない
- 論理の流れを目で追っていける
- 強調したいポイントが明確
- 各事項の関係性がよくわかる
- 図解の形から発想するのでかならず1ページ内に収まる

[基本フロー(左端)と階層別の項目数例]

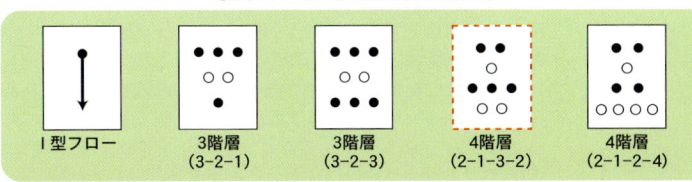

I型フロー ／ 3階層 (3-2-1) ／ 3階層 (3-2-3) ／ 4階層 (2-1-3-2) ／ 4階層 (2-1-2-4)

レクチャー編

08　ビジュアル

イメージ思考で描くラフスケッチ

「1枚企画書」をいきなりパソコンに向かって作成しようと思っても、素人だとなかなか描けない。こういうときに行ってほしいのがラフスケッチというものである。ラフスケッチとは、頭の中で考えていることをいったん白紙の紙に描き出して、構図を定めるものである。思考は「外在化」してはじめて気がつくことがある。

- 図解には「思考の外在化」が必要
- 「図脳」でダイアグラム（概略図）を考える
- 「600例の企画書パターン」利用法

1　ラフスケッチから形を考える

　漠然と考えていることを平面上に定着させるとき、グラフィックデザインではラフスケッチ（略してラフ）というものを描きます。
　ラフとはおおざっぱに描いた手書きの絵という意味ですが、これを描くのは、頭の中で考えていることをいったん外に出して、思考を客観的に認知するためです（思考の外在化）。考えていることはわかっているようで、実際にはそうでもありません。思考は形を与えてはじめて、意識的に捉え直すことができるものなのです。
　考えていることを「1枚企画書」にする4つのステップが以下です。

1. アウトライン形式でロジカルに考える（→Ⓐ）
2. ラフスケッチでイメージを描く（→Ⓑ）
3. ロジックをダイアグラム（概略図）に置き換える（→Ⓒ）
4. 「1枚企画書」を描く

　これを左脳思考と右脳思考という観点から図に表したのが右図です。中央に「図脳」とありますが、こうした高度な思考法が初心者にとっては難しいので、ラフというものを描くのです。

2　「Xの思考」ができるまで

　ロジックで考えたものがすぐに「1枚企画書」になれば（Ⓧ）いいのですが、慣れないうちはそうもいきません。その前に、作ろうとしている企画書の見取り図のようなものが必要となります。
　それが、完成図を見通すダイアグラム（概略図）というものです。このダイアグラムを柔軟に考えるためにラフがあります。
　ところでラフも一朝一夕にササッと描けるようになるわけではありません。プロも「Ⓧの思考」ができるようになるまで、たくさんの試行錯誤を繰り返しているものです。
　ただしこれには近道があります。それが本書の巻末にある600例の企画書パターンです。これは私が「1枚企画書」を作成するたびに蓄積したパターン集ですが、見ながら図解の発想をするのもいいですし、Webサイトからダウンロードして利用することもできます。

左脳・右脳思考とラフスケッチ

基本的な考え方は、企画（書）とは「ロジック」と「イメージ」を合体融合させた「デザイン」（語源は「下地を描く」）であるということ。ラフスケッチを行うのは、ロジックでは見えなかったイメージを描き出し、図解のもとになる「ダイアグラム」（概略図）を認知するためである。この「思考の外在化」の考え方は重要で、下図の黄色で示したロジックフロー図とダイアグラムは、続くケーススタディ編でも活用される。

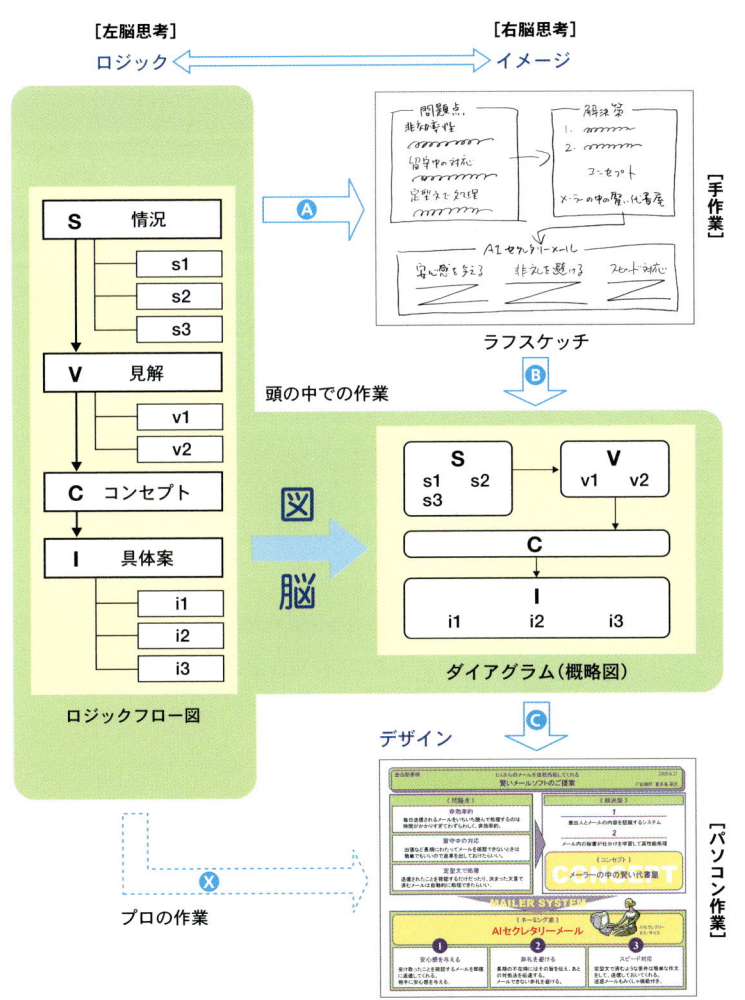

[左脳思考] ロジック ⇔ イメージ [右脳思考]

- ロジックフロー図
  - S 情況（s1, s2, s3）
  - V 見解（v1, v2）
  - C コンセプト
  - I 具体案（i1, i2, i3）

A → ラフスケッチ [手作業]

頭の中での作業

図脳

B → ダイアグラム（概略図）
  - S（s1 s2 s3） → V（v1 v2）
  - C
  - I（i1 i2 i3）

C → デザイン → 1枚企画書 [パソコン作業]

X プロの作業

論理・展開 / ビジュアル / 活用法

レクチャー編

09　ビジュアル

「3秒ルール」と「ゾウとアリの法則」

企画書は「問い」に対する明確な「答え」を求められるので、ほんのわずかな時間で判定できるものでなくてはいけない。イメージがあり、コンセプトが明確な「1枚企画書」はわずか3秒程度でも判定してもらえる。それを明確にするのが、見てもらいたい部分とそうではない部分にメリハリをつける「ゾウとアリの法則」である。

- すべてを総括する「要約」も"ゾウ"
- 「大きく見せて」から「じっくり読ませる」
- 企画書の判定はわずか3秒程度

1　「3秒ルール」で「見せる」

企画書というと「じっくり読んで検討するもの」と思われるかもしれませんが、「問い(かけ)」に対するストレートな「答え」ですから、企画を依頼した人の視点はダイレクトな「答え」に集中します。

答えの正否の判定は、時間にしてわずか3秒程度です。これを企画書の「3秒ルール」といいますが、「1枚企画書」はそれを可能にするものです。そうした「1枚企画書」に求められる条件は以下のとおりです。

1. 形を見ただけでロジックがわかる……デザイン
2. 結論が先に目に飛び込んでくる……コンセプト

企画というと、相手を説得するものだと思われるかもしれませんがそれは口頭での説明です。企画書では、説明調の表現は極力省いて、要点をコンパクトにまとめて「見せる」のが秘訣です。

2　「ゾウとアリの法則」の2段構え

「3秒ルール」にしたがった企画書を作成するには、2つのことを明確に分けて考え、そのように見せます。2つとは以下のとおりです。

1. ゾウ……大きく見せる
2. アリ……じっくり読ませる

つまり、3秒内で把握してほしい部分を「大きく見せる」、しかるのちにその他の部分を「じっくり読ませる」のです。後者の「じっくり読ませる」部分は主要な部分の解説や補足説明なので、別に3秒内でなくても構いません。

見せるゾウの部分の第一は「これだ」というコンセプトです。「問い」に対するストレートな「答え」です。それに続くものが「何についての」「何が」という大きな骨組みの2点です(右図)。

もしその企画書に「まとめると」にあたるO(展望・要約)があればこれもゾウに属します。図ではコンセプトの上位に位置していますが、コンセプトあっての「ゾウ(総)括」です。

「1枚企画書」のゾウ山&アリ塚

下に示した企画書を見て、重点的に訴えたい部分がすぐに目に飛び込んでくるのは、ピラミッド型の図で示したように、大きく2層に分けて作成されているからである。企画を構想するのも、企画書を作成するときも、このような「見られる視点」が必要となる。「アリ」はあくまでロジック＝論理の積み上げの部分なので、「1枚企画書」の構図では脇役に徹することとなる。"ゾウ山"と"アリ塚"をどう描き分けるかが重要となる。

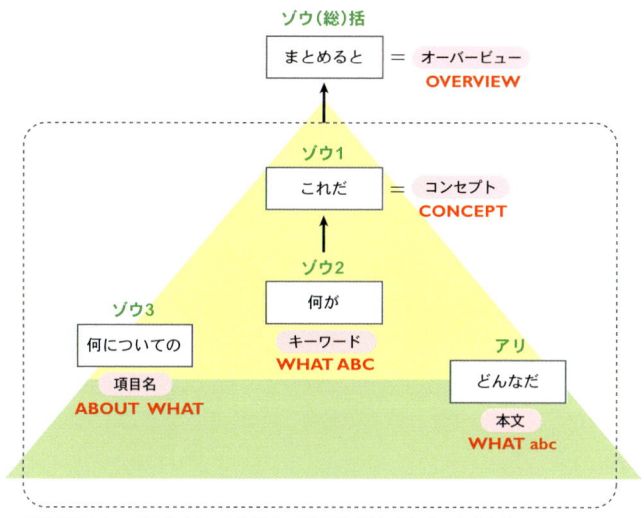

ゾウ（総括） まとめると ＝ オーバービュー OVERVIEW

ゾウ1 これだ ＝ コンセプト CONCEPT

ゾウ2 何が　キーワード WHAT ABC

ゾウ3 何についての　項目名 ABOUT WHAT

アリ どんなだ　本文 WHAT abc

※企画書によっては、「ゾウ2」と「ゾウ3」の重要性が入れ替わることもある。

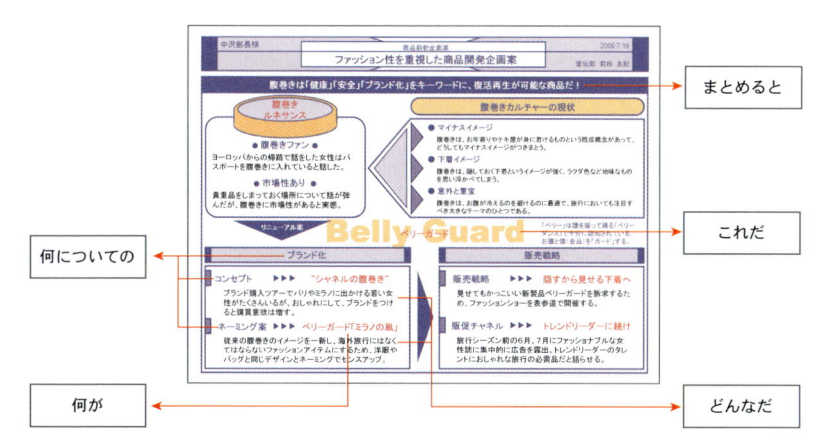

- まとめると
- 何についての
- これだ
- 何が
- どんなだ

論理・展開　ビジュアル　活用法

レクチャー編

10　ビジュアル
図解入り「1枚企画書」の秘訣

たとえばいま考えている企画案の中で「当社のブランド価値を他社と比較して位置づけたい」のであれば、その図解をメインに据えるのがふさわしい。見せ方は、本格的図解（この場合はポジショニングマップ）を上か下に大きく入れ、それについての解説を3点ほどに分けて述べる。こうした形を図解入り「1枚企画書」という。

- 本格的図解には12個のパターンがある
- 本格的図解はインパクトに特化している
- 解説文は上か下かでニュアンスの違いが出る

1　本格的図解とはどのようなものか

「1枚企画書」もそれ自体、図解企画書ですが、図解というと本格的図解というべきものが考えられます。それが右図の12個の図解パターンで作られるものですが、それぞれの概念については以下のとおりです。

1. 交差型・相関型……重なり合って関係／相互につながった関係
2. 外延型・回転型……外を囲んだ関係／外側を回転
3. 分離型・合流型……いくつかに派生／合わさってひとつに
4. 展開型・上昇型……横に展開／上に向かって上る
5. 階層型・区分型……上下に隔てられる／平面に分けられる
6. 対比型・行列型……対応関係にある／行と列の2視点で対比

本格的図解というのは、形のインパクトに特化していて、説明調ではないものをいいます。これを用いるのは、主に複数枚の企画書で、たとえば「コンセプト」など重要なページに限られます。

2　本格的図解＋解説文

本格的図解と違い、「1枚企画書」はそれだけで完結していなければなりません。つまり、前提条件や補足説明といった要素が盛り込まれ、1枚ですべてを言い尽くされていなければならないのです。

そこで「いいとこどり」です。

エッセンスが凝縮され、形に明確な主張がある本格的図解を導入し、解説文やコメントでそれを補足説明しよう、というのがここで紹介する"図解入り「1枚企画書」"の発想です。

解説文の基本は3つです。考えていることを3つで言い表す、というのは叙述の基本です（これを「ベーシックナンバー3」といいます）。

位置は上でも下でも構いませんが、上と下とでは若干主張は異なってきます。上にくるものほど優位性があるので、解説を図で説明するか（上）、図を解説文で補足するか（下）という違いが出ます。ただしこれはあくまでもニュアンスの違いです。

右図は階層型の本格的図解入りの「1枚企画書」ですが、本格的図解内に0（展望・要約）の要約文が入ることもあります（右図）。

本格的図解と図解入り「1枚企画書」

本格的図解はビジュアル優位で作成された「一発もの」なのでインパクトがある。そのメリットをとり込んで、1枚で完結した企画書にまとめ上げるというのが図解入り「1枚企画書」である。本書巻末には120例を掲載してあるが、すべてダウンロードして利用することができる。解説文の位置を変えたいときには、適当な配置のものを台紙代わりに使い、利用したい本格的図解を図解挿入位置にコピー&ペーストする（P212を参照）。

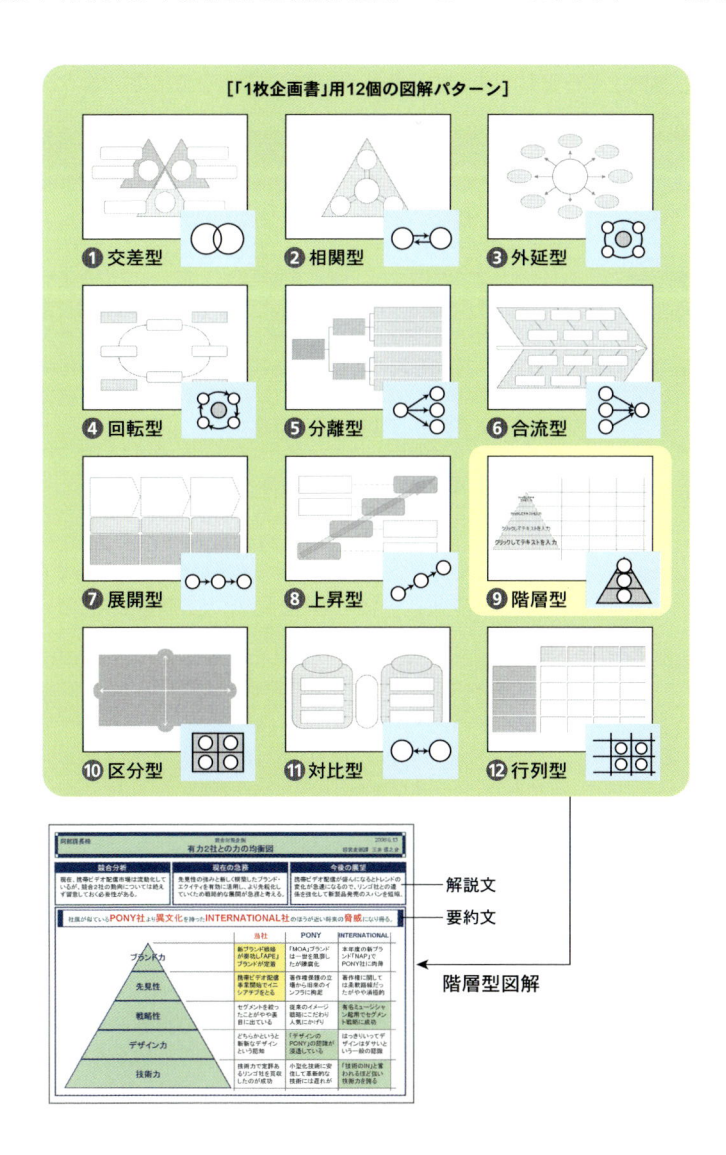

[「1枚企画書」用12個の図解パターン]

❶ 交差型
❷ 相関型
❸ 外延型
❹ 回転型
❺ 分離型
❻ 合流型
❼ 展開型
❽ 上昇型
❾ 階層型
❿ 区分型
⓫ 対比型
⓬ 行列型

解説文
要約文
階層型図解

論理・展開
ビジュアル
活用法

033

レクチャー編

11　ビジュアル
「ブロック型」の考え方と使用法

「1枚企画書」はフローで見せるのが基本であるが、構図が単純な場合には、画面をいくつかのブロックで区分する「ブロック型」というものも考えられる。ブロックの数は4分割と9分割が基本であるが、とくに後者はいくつものバリエーションが考えられる。整然とした図解の多くは「ブロック型」が原型となっている。

- ブロック型には4分割と9分割がある
- 4分割は4コママンガが基本
- 9分割は中心1と周縁8が基本

1　「ブロック型」という選択肢

　「1枚企画書」はフローで見せるのが基本です。ただし、フローの要素が単純で、「AはBである」と「CはDである」程度であれば、全体を4分割して4つのブロックで表したほうがシンプルで見やすくなります。こうした表現方法を「ブロック型」と呼ぶことにします。
　ブロック型の基本は4分割です。たとえば右図の ❶ のように左側の上下2つに写真を入れて、右側で解説をするようなものは4分割がもとになっています。この例のように、相互の関連性を明確に示したいのであれば、中間に矢印を描き入れます。
　このケースはフローのタイプでいうと「二型フロー」ですが、4分割の多くは図 ❷ のような「Z型フロー」になります。
　4分割のほかには9分割も考えられます。9分割の場合は、そのまま使うこともできますが、多くはいくつかのブロックを結合させて用いられます。レイアウトの原型として9分割があるといってもいいでしょう。このように、いろんなバリエーションが作れるというのもこのブロック型「1枚企画書」の特徴です。

2　「ブロック型」特有の使い方

　ブロック型の4分割の場合、4コママンガのようなストーリー展開で見せるのに向いています。
　この手法は広告業界のテレビCMの企画書に使われる絵コンテと呼ばれる手法に似ています。図 ❷ は絵コンテを応用したブロック型の例です（P67も参照）。
　4コマを番号順に「1枚企画書」にあてはめてみると、1はS（情況）、2がV（見解）、3はC（中核概念）とI（具体案）で、4がP（計画）になるのがふつうです。あるいは図 ❸ のように、C（中核概念）を上下の中間に入れることもあります。
　9分割の「ブロック型」の基本は、「中心があって、その周囲でそれに関するコメントをする」というものです。いろんなことに触れて、結論をたった1つの中心に集約させるという見せ方も可能です。
　ブロック型は、情報量も密度も高いのですが、フローのダイナミックさが犠牲にされるのと、コンセプトの訴求が弱くなるのが欠点です。

「ブロック型」の基本とバリエーション

ブロック型は4分割と9分割が基本である。ブロックの枠を広げたり、相互に結合したりしてバリエーションを作る。ブロック型がふさわしいのは、複数のグラフを盛り込みたいとき、「絵コンテ」形式で見せたいとき、写真をきれいにレイアウトしたいとき、多くの情報量を盛り込みたいとき、などである。整然とした印象を与える「1枚企画書」をよく見ると、4分割か9分割のブロック型がもとになっている場合が多い。

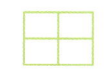

4ブロック基本形

9ブロック基本形

❶ 矢印で視線の流れを導く

❹ 3ヵ所のブロックを結合

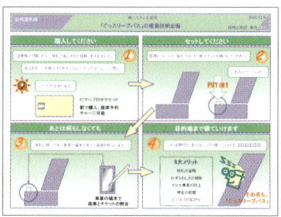

❷ Z型フローによる展開

❺ 4つのブロックを1つに結合

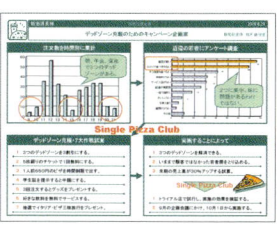

❸ 中央にコンセプト

❻ 9つのブロックを4つに

論理・展開
ビジュアル
活用法

035

レクチャー編

12　活用法
「企画素・素案」と5つのバリエーション

企画書では「企画素案」という名称がつけられることがよくある。外部のクライアントへのたたき台や、正式の企画案の前段階に提案されるものがそうである。これ以外に、内部で「企画として成立するか」との感触をつかむ「素・素案」も考えられる。アイデア発想を重視する本書では、これも企画書に含めて提案材料にする。

- 企画のカバーするレンジは広い
- 「ひらめき」や「思いつき」も企画書になる
- 「素・素案」の提案を習慣化する

1　「企画素案」と「企画素・素案」

　「企画書」というのは、完成された提案文書で、かつ提案するに足る体裁が施されたものを指します。一方、「企画」というと定義的には、それよりはるかに広いレンジをカバーするものをいいます。
　企画の段階を4つのステップに分けたのが、右図の左側です。
　通常、企画（書）と呼ばれているのは❸から❹の段階です。
　それに加えて、「企画として提案するにはちょっと足りないかもしれませんが」という謙譲の気持ちを添えて提案するのは❷から❸の段階で、この場合、企画書のタイトルにはよく「企画素案」と付けて提案されます。企画として検討していただけるかどうかを提案する"たたき台"も、「企画素案」という名前で呼ばれます。
　さらに企画のごく初期の段階では、ひらめきというものがあり、それがそのまま企画に発展することもあれば、たんなる思いつきに終わるケースもあります。そのような素材を企画に吸い上げて、積極的に提案しようというのが「企画素・素案」というものです。
　「1枚企画書」では、このタイプも企画書として重視します。

2　アイデアの芽を大切にする

　ちょっとした「ひらめき」や漠然とした「思いつき」は企画書にならないかというと、そうでもありません。こうした案が検討の材料にならないのは、単に文書化する習慣がないからにすぎません。
　「こう考えたんだけど」や「こういうイメージなんですが」ということは話頭にのぼっても、そこから踏み込んで、形として提案できないと、企画（書）という検討材料にはなり得ません。
　「1枚企画書」でぜひ提案したいのは素案の素案です。これは、企画になる前段階の思いつきですが、形を与えることによって、上司に相談したり、グループ内で検討したりができます。「素案」は主に外部のクライアントや正式な企画提案に用いられますが、「素・素案」は内部で、非公式なものとして用いられます。
　「素・素案」は、最後には企画に発展しないかもしれませんが、「これは何かに使える」「ヒントになる」「何かいい感じを含んでいる」という、企画にとって重要なアイデアの芽が隠されています。

「1枚企画書」がカバーするフィールド

通常、企画書というと中央の一番下にある「案」を指す。それに、たたき台としての「素案」が含まれることもある。しかし、左側の「思いつき」（ひらめき）がもとになった「素・素案」も企画の一部で、ここで考えたことを1枚の紙にスピーディにまとめ上げると、立派な企画に発展することもある。こうした潜在下に埋もれがちな想像力や創造性を顕在化し、活用しようというのも「1枚企画書」の大きな役割なのである。

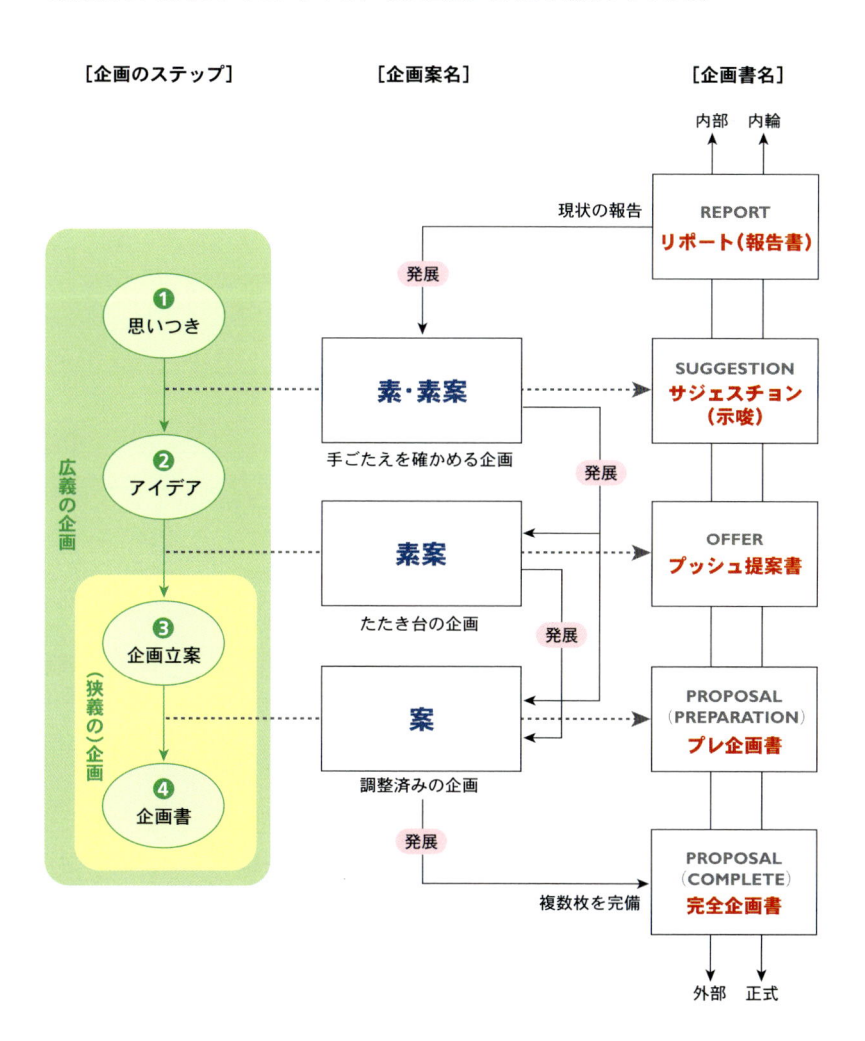

[企画のステップ]	[企画案名]	[企画書名]
❶ 思いつき	—	REPORT リポート（報告書） ／ 内部・内輪／現状の報告
❷ アイデア	素・素案（手ごたえを確かめる企画）	SUGGESTION サジェスチョン（示唆）
❸ 企画立案	素案（たたき台の企画）	OFFER プッシュ提案書
❹ 企画書	案（調整済みの企画）	PROPOSAL（PREPARATION）プレ企画書
		PROPOSAL（COMPLETE）完全企画書 ／ 外部・正式／複数枚を完備

広義の企画：❶〜❹
（狭義の）企画：❸〜❹

発展：素・素案 → 素案 → 案 → 完全企画書

論理・展開　ビジュアル　活用法

037

レクチャー編

[「1枚企画書」の種類]

名称	内容	ページ
REPORT リポート(報告書)	セミナーや講演会の感想や意見を述べたり、現場や研修先などで見たり観察したりしたことを報告するというもの。本来、企画書とは範疇が異なるが、企画のアイデアの萌芽があるという意味で企画書の前段階にあると捉える。企画には直接結びつかないかもしれないが大切なツール。	☞ P040 P055
SUGGESTION サジェスチョン(示唆)	思いついたアイデアを提示して「これは企画になるでしょうか」とうかがいを立てたり、「これはいいアイデアだと思います」と示唆するもの。リポートとの違いは、それを発案する前提条件として「企画を考えてほしい」という何らかのアクション(暗黙も含めて)があったものである。	☞ P056 P071
OFFER プッシュ提案書	「企画書の形にまとめてくれ」という正式の依頼があったわけではないが、これを企画として検討してほしいという明確な意思があって提案するもの。単なるアイデアから一歩踏み込んで、企画書としてプッシュするタイプである。これが完全企画書に発展することも十分考えられる。	☞ P072 P107
PROPOSAL **(PREPARATION)** プレ企画書	正式な企画依頼があったときに出される企画書であるが、依頼者とのコンセンサスがとれているかどうかを確かめる意味で、完全なものになる前に提案されるもの。これをもとに完全企画書になる場合もあるし、複数枚の企画書の1枚(コンセプトマップ)になる場合もある。	☞ P108 P149
PROPOSAL **(COMPLETE)** 完全企画書	正式な企画依頼に対する回答が示された企画書で、実行計画まですべてが網羅された完全版である。プレ企画書を経て、発展形として完成する場合もあるし、最初からこの形で行こうと作成が進められる場合もある。高度な企画力、判断力、情報処理能力と表現力が求められる。	☞ P150 P181

ケーススタディ編

CASE STUDY
「1枚企画書」
100事例

ケーススタディ編

001 報告書　　　P（問題）＋S（解決）＝問題解決型

クライアントとの打ち合わせで得られた修正点の共有化報告書

たとえばここで紹介するホームページ制作会社の例のように、外部のクライアントと打ち合わせをした際に、修正点をいくつか告げられたとする。それを社に持ち帰って上司やチーム内で情報の共有化をするとき、ぜひ活用したいのが、この修正点共有化フォーマットである。左にはクライアント欄、右には担当者判断欄を設ける。

1 見せ方のポイント

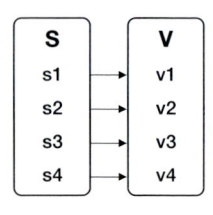

S	V
s1	v1
s2	v2
s3	v3
s4	v4

依頼されたいくつかの問題点について、担当者がこうすれば解決するであろうという修正案を挙げ、両方を対比して見られるようにしたのがこの修正点共有化フォーマットです。先方の「意見」と担当者個人の「判断」を明確に分けて報告している点に注目してください。

右側の担当者欄は四角形ですが、これを利用して左側のクライアント欄側に同サイズの四角形を持つ「右矢印吹き出し」を作り、バランスよく見せています（作成法はP4を参照）。

単調さを避けるため、上の見出しは角丸四角形にしてあります。

■ カラーリング

左から右への流れを自然に見せるには同系色を上手に使うのが秘訣です。ここでも黄色と薄緑色が同系色の関係になっています。

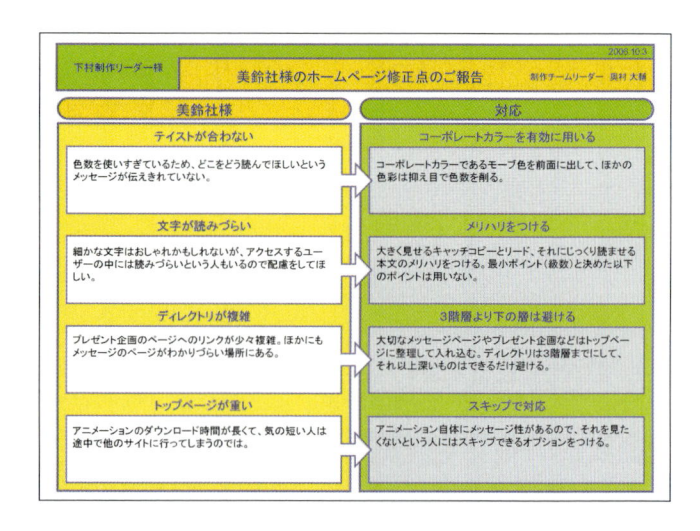

| 002 | 報告書 | P（問題）＋S（解決）＝問題解決型 |

営業先での問題解決を目指す
判断と考察リポート

クライアントに貼りついている営業担当者は、先方の言動を報告するとき、発言とそれに対する判断や考察を区別して示さなければならない。客観的な事実とそれにどう考えたかを分けて示すことで、主観的意見と見なされることを避けることができ、その後の適切な対応にもつながる。そのフォーマットがこのリポートである。

1 見せ方のポイント

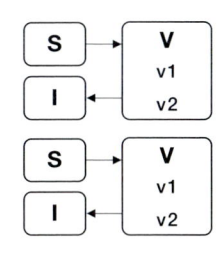

このフォーマットは、左右で、クライアント側と当社側とに分けられていますが、主眼は「問題」と「判断と考察」を明確に分けて示すことにあります。加えて、「問題」→「判断と考察」→「ソリューション（解決策）」をわかりやすい「コ」の字型のリターンの構図で見せています。ちなみに上下2つのクレームは異なることに関するものですが、同根の問題だと考えられるので併記しました。

配色を単純に左右で分けると単調に見えてしまうので、交互に色分けして見栄えをよくしました。

■ カラーリング

基調色は青色とマゼンタ（明るい赤紫色）と、その濃淡の同系色のピンクを使ってあります。両者でダブルバランスを形成しています。

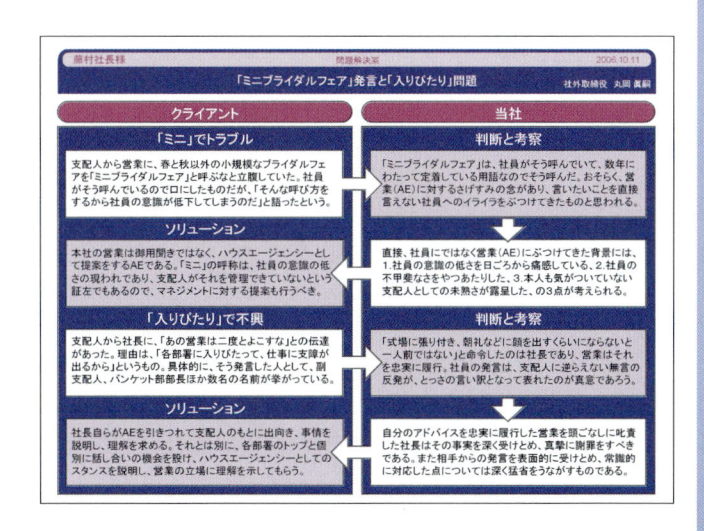

ケーススタディ編

003　報　告　書　　　　　　　　　　　P(問題)＋S(解決)＝問題解決型

スケジュールプランを兼ねた
イベント出展報告書

見本市や展示会への出展を前に、社内でその概要を説明する報告書である。構成は、「企画意図と目的」「企画内容」「事後計画」よりなる。単なるイベントへの出展企画ではなく、あくまでも目的を達成するための戦略企画なので、「何を」「どのようにして」運営して、売り上げアップにつなげるかをステップ構成で見せている。

1 見せ方のポイント

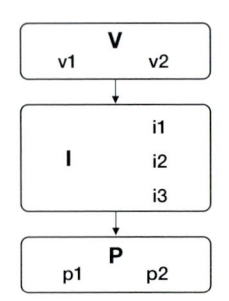

　企画書には色彩心理学というものがあります。扱っているテーマにしたがって、できるだけ少ない色数でシックに見せるのがコツである、というのがセオリーです。
　しかし派手なイメージを特徴とする商品や、この企画書のようにグラデーションを上手に使って、ストーリー展開やステップアップしていく様を表現する場合は例外で、いくつもの色数を使って構いません。
　このように、色の変化がきれいに並ぶフローで構成すると、意外と色数の多さにまで考えが及びません。

■ カラーリング
　多くの色が使われていますが、基調色は緑色系と青色系による同系色で、強調色としてオレンジ色が用いられています。

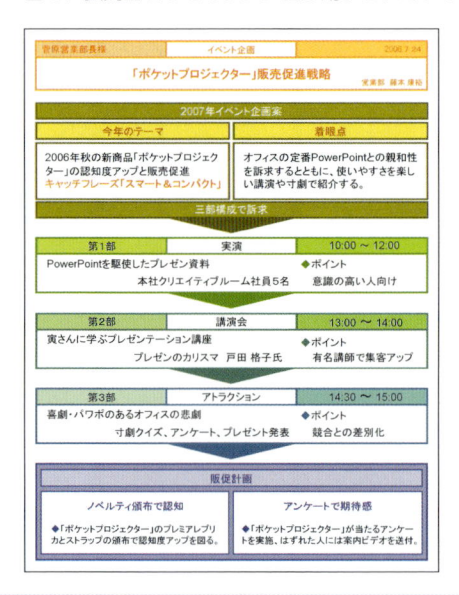

| 004 | 報告書 | F（気づき）＋O（提案）＝気づき発想型 |

写真入りで展示会などの感想を記す
イベント見学リポート

見本市や展示会というのは、多くは毎年同じ趣向で、代り映えのしないものだが、なかにはプレゼンテーションのヒントが満載されているものもある。これは、そうしたステージやブースをデジカメに収めてリポートしたものである。写真入りの報告書にすることで、参加していない第三者でも客観的に判断できる材料になっている。

1 見せ方のポイント

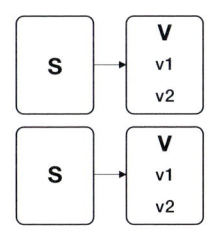

こうした形式で報告する機会は探せばあるものなので、フォーマットを1つ決めて、リポート作成を励行するといいでしょう。考えていることは形にすることでより明確に意識化されるものです。

デザイン的な工夫では、見出しの両端に円を入れ、コメント欄は枠線を二重にしました。中央の矢印は「右矢印」ではなく、右の四角形とサイズを合わせた「右矢印吹き出し」を使用しました。

写真は縦横の比率が枠の四角形とは合わなかったので、左側に寄せて右側を空け、そこに縦にテキストを入れてみました。

■ カラーリング

青と紫系統の色を基調色に、近似的な同系色として薄い緑色を用いました。本格的な企画書ではないので強調色は用いてありません。

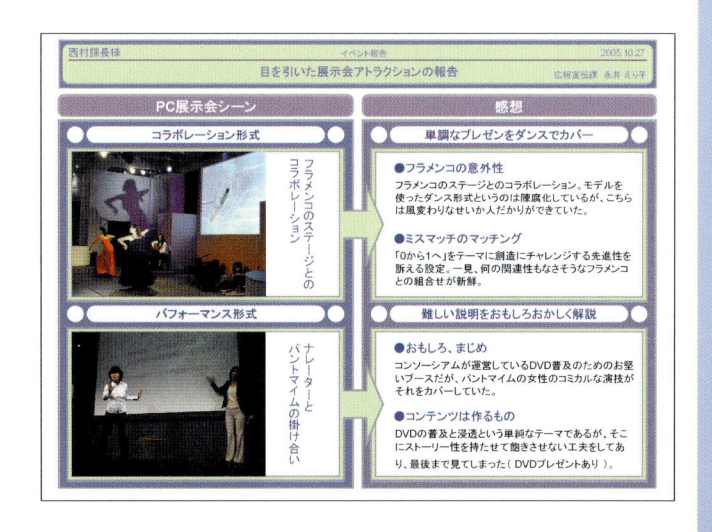

ケーススタディ編

005　報告書　　　P(問題)＋S(解決)＝問題解決型

問題点の把握と解決を目指す
イベント反省リポート

イベントを主催したり、参加したりしたあと、問題点をそのままにしておくとつぎにつながらない。そこで反省点を書き込み、その解決策を記入して報告する。それを蓄積しておくと、次回以降にも役立てることができる。参考になること、新しい企画につながることは意外にも、隠しておきたくなるような失敗体験のほうにある。

1 見せ方のポイント

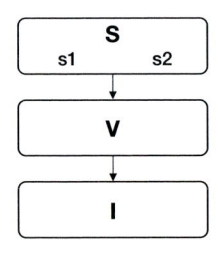

　このリポートが「イベント」に関するものであり、「問題点」はあったが、それを包み隠さず報告することで、つぎにつながる「解決法」を見つけることができた、ということが、縦のストーリーとしてわかるよう、大きく英文でテーマ名を描き入れました。
　本文のフォントサイズは12ポイントですが、左右いっぱいに書き入れると、読みづらくなってしまうので、左側に大きくスペースをとってそこに見出しを書き入れてあります。こちらに薄い色を敷くことで、逆に右側の白地が引き立って見えることになります。

■ カラーリング
　黄色とベージュの同系色によるダブルバランスです。黄色に白い英文は読みづらいのですが、ベージュが入るときれいに見えます。

006　報告書　　　　　　P（問題）＋S（解決）＝問題解決型

苦情内容に建設的な提案で応える
クレーム処理報告書

クレームはそれ自体問題には違いないが、それを放置しておかないで、社内の共有ナレッジ（知的資産）として蓄積し、後輩に生きた資料として残すことができれば建設的である。これは、クレームの処理を報告し、そこから新たな提案を生み出そうとしている例である。わかりやすく3段構成になっている点にも注目してほしい。

1 見せ方のポイント

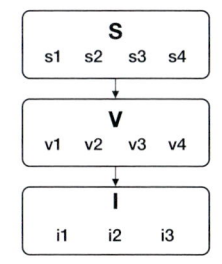

```
     S
s1  s2  s3  s4
     ↓
     V
v1  v2  v3  v4
     ↓
     I
i1   i2   i3
```

上段の「クレーム内容」に、中段の「それに対する処置」が対応する形になっています。そこで、このメインの2ブロックを同じ図形にして、対応して見てもらえるようにしました。

コメント欄は2行のものがだいたい4個入るようにしてあります。

ここで触れておきたいのは「内容は形に左右されやすい」ということです。あまりに広いスペースをとっておくと「それだけ埋めないといけない」と思って敬遠します。反対にスペースが狭いと「いろいろ言いたいが簡単に済ましておこう」と考えてしまうものです。

■ カラーリング

基調色の緑色と同系色の黄色を、適当な部分に配置してあります。文頭の記号に強調色のオレンジ色を使って単調さを回避しています。

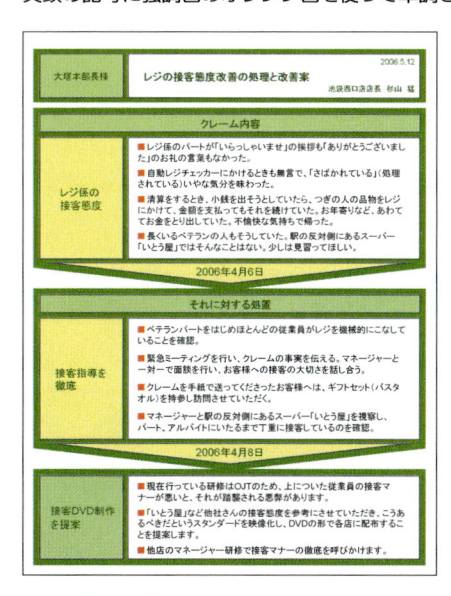

報告書／サジェスチョン／プッシュ提案書／プレ企画書／完全企画書

ケーススタディ編

007　報　告　書　　　B（背景）＋T（課題）＝課題提起型

制作会社などに希望を伝えるための
Webサイトリポート

自社のWebサイトを制作会社に依頼しようとするとき、どのような感じのものを想定していて、どう指示するかは、実際にある適当なサイトを利用するといい。これは、と思えるようなものがあれば、スクリーンショットをとり込んで、この報告書のようにコメントを書き加えておく。その他の用途でも利用可能な報告書である。

1　見せ方のポイント

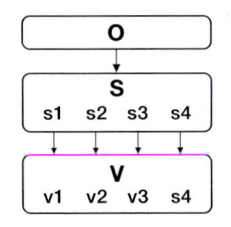

　　Webサイトのスクリーンショットを左上に持ってきて、右側と下に4点にわたってコメントを入れてみました。
　使用したオートシェイプは「線吹き出し3（枠付き）」というものですが、下の左側だけは、これを使って線を伸ばすと、引出線が左側の外に大きく飛び出してしまうので、四角形と直線を使用しました。
　コメント欄の中に入れるのは見出しとコメントですが、コメントは中間に矢印を入れて2つのセクションに分けました。ポイントを作ることによってメリハリがつくので入れたデザイン的な工夫です。

■ カラーリング
　基調色は、とり上げたサイトの基調色の青紫色をそのまま使いました。サイト自体がカラフルなので同系色の薄緑色だけを使用しました。

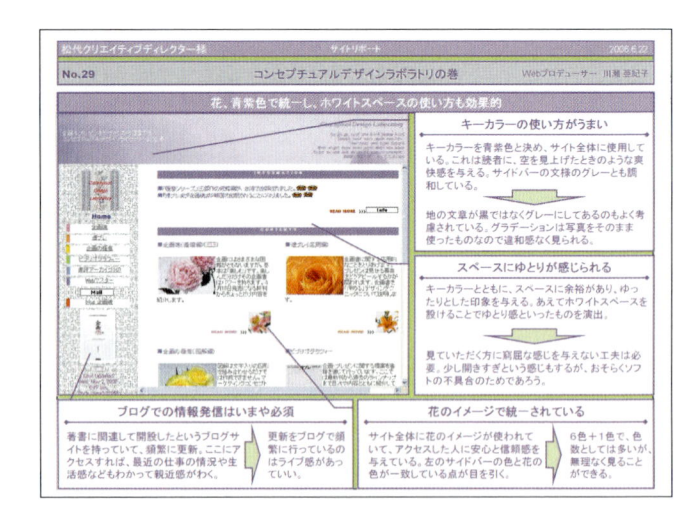

| 008 | 報告書 | B（背景）＋T（課題）＝課題提起型 |

競合店の詳細な分析に活かす
総合評価リポート

これはラーメンチェーンを経営する会社が、同じエリア内に新しく出店してきた店を視察して、味のほかに、清潔感や混雑ぶり、マナーや雰囲気など計9点をチェックして、競合対策のためにまとめたものである。リストの項目名を変えると、ファーストフードや中古車販売店など、さまざまな業種の店にも利用することができる。

1 見せ方のポイント

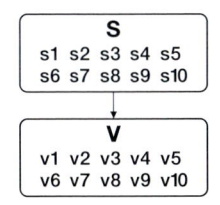

```
        S
   s1 s2 s3 s4 s5
   s6 s7 s8 s9 s10

        V
   v1 v2 v3 v4 v5
   v6 v7 v8 v9 v10
```

もっとも重要な味の分析に関しては、店のプロフィールとして一番上に詳しく書き入れてあります。

下の9個の項目は単純なセルではなく、カードのようなデザインにしました。左側のグレーのチェックボックスは、フォーマットでは1.「×」印、2.斜め線、3.空欄、の3段階の評価がすべて入っていますが、評価を下したときにそのうちの2つを選択して白に色を変えて消すという、一種のギミック（巧妙な仕掛け）になっています。

ラーメン店のリポートなので全体的にホットな色彩にしてあります。

■ カラーリング

基調色はベージュで、バックには反対色の濃紺を敷いてあります。強調色はオレンジに近い赤色で、ベージュはその補助色です。

ケーススタディ編

009　報告書　　　　　　　　B(背景)＋T(課題)＝課題提起型

物件の将来的な可能性を予想する
商圏リサーチ

ファーストフードのチェーン店が、これから出店すべき地域や店舗を定めるには、商圏リサーチを行なって、成功の確実性を探らなければならない。それを報告するには、現在どのくらいの人通りがあって、どの程度の潜在的な顧客が見込まれるかという概要を把握できるものが望ましい。最後に「合格」判を押して、採否が決まる。

1 見せ方のポイント

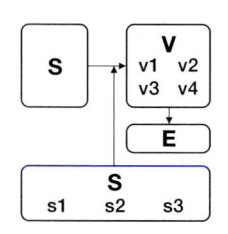

　上段左に「通行人の現状」という名称で、もっとも重要な時間別の通行人の人数をグラフに表し、客観的な事実を示してあります。
　それに加わる条件として「物件」「商圏」「競争優位性」の3つを同じフォーマットによる四角形で表し、上の流れと合流させています。
　これらを加味して、計3つの観点から評価して、最後に総合評価を下して採否を仰ぐというものです。結果は「合格」です。
　「合格」判は、楕円の図形の中を透明にして、上に和文書体で「合格」と入れてグループ化したあと、傾きをつけたものです。

■ カラーリング
　水色が基調色で、それに近い薄い青緑色が同系色です。右上の「合格」判と、下の可能性判別の星印には強調色の赤色が使われています。

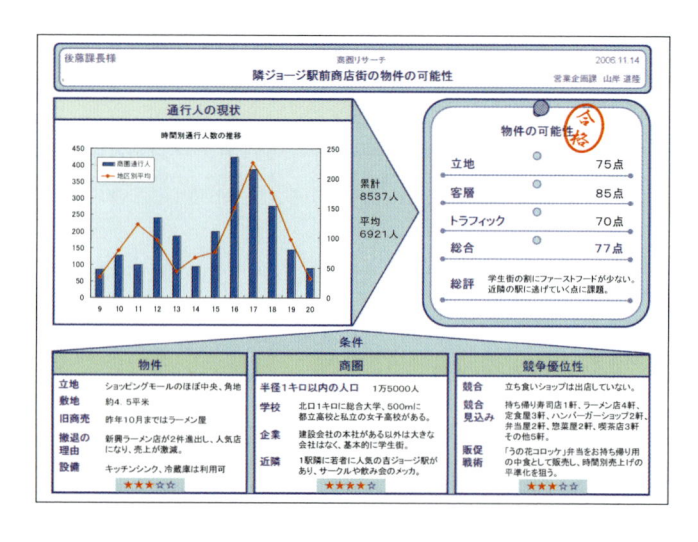

| 010 | 報告書 | B（背景）＋T（課題）＝課題提起型 |

写真入りでリサーチ結果をまとめた
町の現状リポート

そこに出店して商売が可能か、ということを調査する商圏リサーチではなく、何らかの目的（住宅建設等）で1つの町全体の現況を調べて報告することがある。このリポートは、駅の反対側にできた巨大ショッピングタウンの煽りを受けて、閑古鳥の鳴いているかつての大通りとアーケード通りの現在の様子を報告したものである。

1 見せ方のポイント

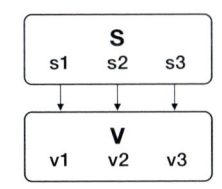

```
    S
 s1 s2 s3
  ↓ ↓ ↓
    V
 v1 v2 v3
```

いわゆる"シャッター通り"の写真を3点選んでレイアウトしました。見栄えの単調さを避けるために、写真の向きが左右交互になるものを選んである点に注目してください。

タイトルスペースを除いた企画内容の上下の高さは21センチなので、3等分して、見出しに使った帯の上下は1.42センチ、写真は5.58センチというように、計算しながら配置しました。

タイトルスペースは、全体のデザインを踏襲し、色がついた部分と白の部分とを逆にして、デザイン的にきれいに見せています。

■ カラーリング

濃い緑色の濃淡を使ったのは、あまり景気のいい話内容ではないからです。あえて単純な色にしてシックに見えるようにしました。

報告書／サジェスチョン／プッシュ提案書／プレ企画書／完全企画書

ケーススタディ編

011　報告書　　　P（問題）＋S（解決）＝問題解決型

考えた質問事項を検討してもらう
アンケート調査検討書

鉄道会社のとある路線の利用者が減少している。その原因が、飛行機に顧客が奪われたためか、それともサービスが低下しているからか、あるいは不景気のためにその路線の先にある観光地への旅行を控えているのか、さまざまな可能性を勘案して、的確な質問がなされているかを検討してもらうアンケート調査の検討報告書である。

1　見せ方のポイント

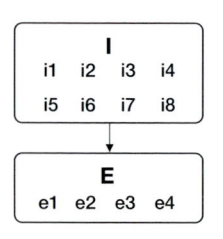

```
      I
i1 i2 i3 i4
i5 i6 i7 i8

      E
e1 e2 e3 e4
```

　ただのアンケートの下書きととらえると、そっけないものになってしまいます。そこで大きく「ENQUETE」とトップに入れることにしました。テキストの下が少しはみ出てしまっているのもデザイン的な工夫のひとつです。フランス語起源の言葉なので、「E」の上にあるカタカナの「ヘ」のような記号は直線を使って自作しました。
　「質問事項」では「項目」と「内容」にあたるものを左右に分けて点線を引き、左側の「項目」には色をつけてメリハリをつけました。
　最下段は、これをチェックする人がコメントなどを書き加える欄です。

■ カラーリング
　青色でももっとも鮮明な印象のものを使いました。目的がアンケートの報告書なので、けばけばしい色はいっさいつけてありません。

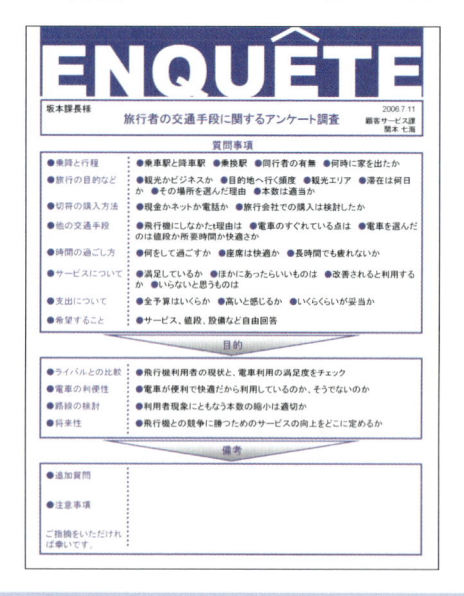

| 012 | 報告書 | F（気づき）＋O（提案）＝気づき発想型 |

訪れた土地についてまとめる
社内旅行観光リポート

これは国内旅行で訪れた地方都市の観光リポートであるが、研修などの社内旅行の報告書としても利用できる。ポイントは、使用する写真数点に大小をつけて、メリハリを持たせるという点で、これはポスター制作の重要ポイントとも共通する。目的は違えど、企画書とは重要な部分を際立たせるという点でポスターなのである。

1 見せ方のポイント

```
S        s1
s2   s3
```

　このようなポスターに似た企画書を作成するとき、頭の中で写真の大きさや配置を思い描いてからとりかかります。
　ここでは、その土地を代表する写真を大きく見せ、象徴的な地区をサブで右下に入れ、トピックスとして映画の舞台になった場所を囲み扱いで左下に入れようと想定し、写真をレイアウトしました。
　レイアウトは写真で決まり、入れるテキストも写真とレイアウトで決定します。いってみればビジュアル発想の報告書だといえます。
　パワーポイントでもこのようなものが作成できるという一例です。

■ カラーリング
　写真の空と海の色から借りた青色を基調色にしています。写真上のテキストも基調色ですが、濃い背景だと白で抜くときれいに見えます。

> ケーススタディ編

013　報告書　　　　　　F（気づき）＋O（提案）＝気づき発想型

写真と解説を雑誌風に整理した
海外視察リポート

海外で、美術や建築、文化遺産などを視察して帰国した後、その体験を報告したものである。デザインの勉強でドイツのバウハウスを訪れたというのがこの報告書のシチュエーションであるが、歴史と、どのような部分が勉強になったのかを記してある。写真や文章の見せ方は、エディトリアル（雑誌の）デザインを参考にした。

1　見せ方のポイント

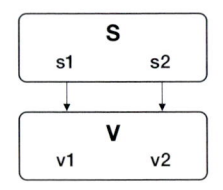

```
        S
     s1   s2
        ↓
        V
     v1   v2
```

　注目してほしいのは、タテ位置とヨコ位置の写真を雑誌の1ページに見られるようなレイアウトにしてある点です。
　こうしたレイアウトは、実際に企画書を作成するときに決めますが、写真はどのように使われるかをある程度想定して、いろんなカット（タテ、ヨコ、寄り、引き）を押さえておきます。左のタテ位置の大きな建物の写真は、上に写真を挿入することを考慮して、あらかじめ空を広くとって撮影したものです。
　写真のキャプション（説明文）の入れ方にも注目してください。

■ カラーリング
　基調色は空の色から借りたもので、補色（反対色）は薄い黄色です。写真がカラフルなときには、色数を押さえてシンプルな構成にします。

014 報告書　　P（問題）＋S（解決）＝問題解決型

クリエイティブな議論に使いたい
デザイン議事録

> 自己申告による年棒制は理念としてはいいが、評価するのが直属の上司では、相対評価が蔓延して、かつ不公平感がぬぐえない。そこで人事考課とは別に、モチベーションを高める制度を作ろうと議論した結果が、この議事録である。議事録でもクリエイティビティに結びつくものは、こうしたデザインフォーマットを採用したい。

1　見せ方のポイント

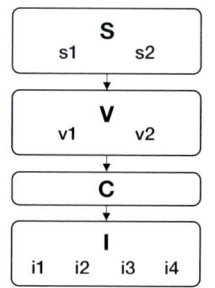

　左の「項目名」と右の「内容」は左右に離して、色分けしてありますが、対応する四角形を揃えてあるので、見づらくはありません。
　「項目名」の「テーマ」から下3つは必須記載事項であるのに対し、4番目の「議題・議案」以下は議事の進行にかかわっている項目なので、中間に三角形による矢印を入れて、メリハリをつけてあります。
　「SUBJECTS」「CONTENTS」に加え、タイトルスペースにも英字で「PROCEEDINGS」（集合的な「議事録」の意味）と入れ、洗練された印象に仕上げています。枠どりにも工夫が施されています。

■ **カラーリング**
　青色で枠線を描き、ピンクで色づけしました。2つの色によるダブルバランスで、ある種、議事録らしくないものを狙っています。

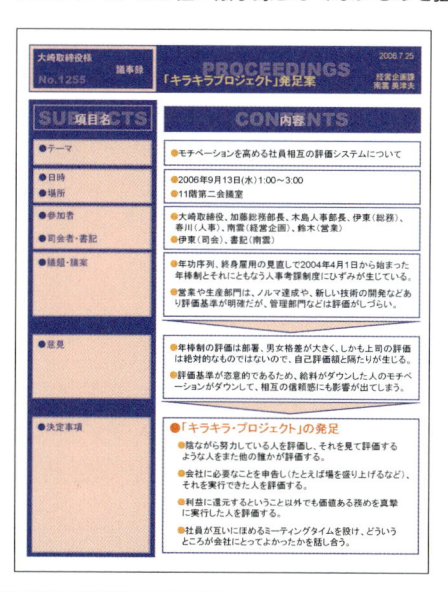

ケーススタディ編

| 015 | 報告書 | F（気づき）＋O（提案）＝気づき発想型 |

蓄積したノウハウを活かす
営業の知恵袋

営業回りで名刺を切らしてしまったとき、どうするか。次回に会える人なら、その折りに手渡すこともできるが、そうでない人には失礼にあたる。そこで、ある営業の人が自分の経験から考え出したことを、後輩にも伝えようとまとめたものがこの報告書である。こういうノウハウが伝承されると、有用なナレッジ（知的資産）となる。

1 見せ方のポイント

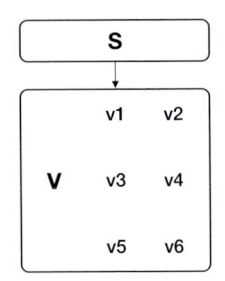

名刺を台紙用のカードにはさんで、それを封筒に入れて、送ったあとで連絡をとる、という内容ですが、どのような「手順」で、どういった意義があるのかは詳しく「説明」する必要があります。

「説明」には3ブロックに各2つのセクションがあり、後輩に丁寧に説明して聞かせるような口調にしてあります。

封筒のイラストは直角三角形と四角形を用いて描いたものです。切れ込みの部分はただの直線に見えますが、名刺が隠れるように白の直角三角形を重ねてあります。人の頭の形はP89を参照してください。

■ カラーリング

青色と濃紺が基調色で、反対色になるものは用いていません。手順と説明を簡潔に紹介する報告書なのでシンプルな見せ方をしています。

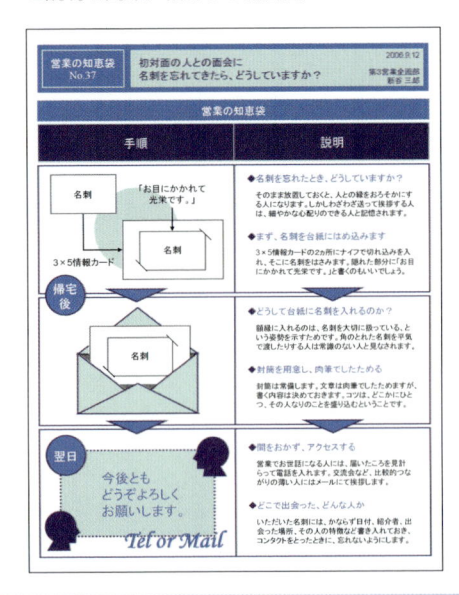

016 報告書　　　P(問題)＋S(解決)＝問題解決型

ターゲットの深層心理を探る
グループインタビュー立案書

定性調査でよく用いられる方法に、グループインタビュー（略してグルイン）という集団面接法がある。これは、約6名から8名の参加者に、深く、掘り下げて質問して、消費者や生活者の潜在意識を探ろうというものである。こうした調査企画書ではいくつかの決められた項目があるので、フォーマットとして活用するといい。

1　見せ方のポイント

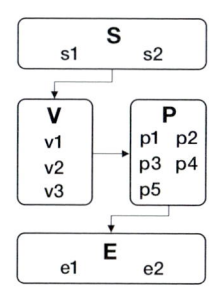

グループインタビューでは、どのような「企画意図」で、どういう現象をどういった方法で探って、どんな「企画効果」をあげるのか、という形が決まっています。それをフォーマット化したのがこの報告書です。「実施」の下地にはクリップアートを敷いてみました。

「企画意図」と「企画効果」の下の四角形は左右いっぱいを使ってありますが、こういうケースでは、あまりに小さいフォントサイズにすると一行に入る文字数が多くなって、見づらくなってしまうので注意が必要です。ここでは14ポイントを使用してあります。

■ カラーリング

基調色は緑色で、黄色が同系色です。右側の四角形の中は、黄色と青色による補色（反対色）のダブルバランスで成り立っています。

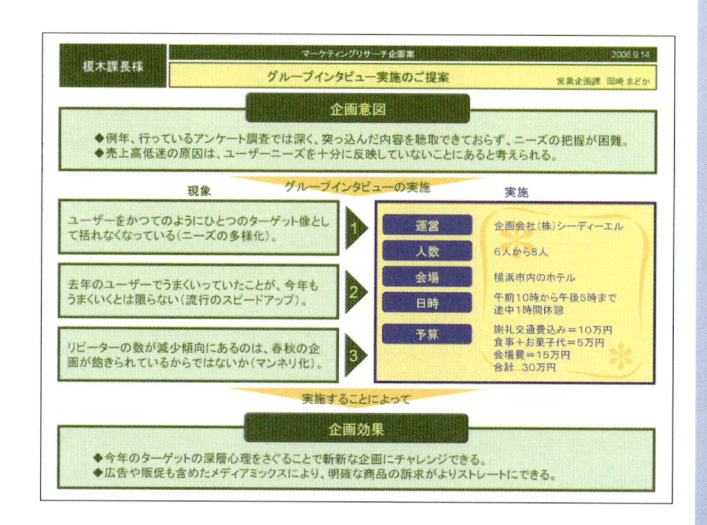

ケーススタディ編

017　サジェスチョン　　　F（気づき）＋O（提案）＝気づき発想型

ひらめいた商品の概要をまとめる
アイデア提案フォーマット

商品企画部など、これからの商品を考えている現場では、提案しようとしている内容がよくわかるようイラスト欄を設けた企画書を作成するといい。こうした企画書では「仮説」→「背景」→「アイデア」→「概要」→「ポイント」→「イラスト」と続く説得力のある見せ方が決まっているのでフォーマット化しておくといい。

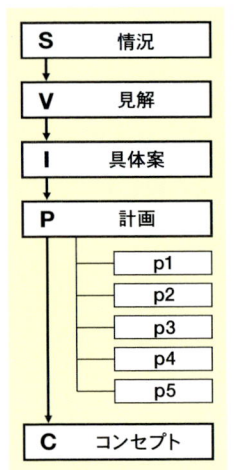

1　企画の特徴

　ニュース番組か何かで、サボテンに音楽を聴かせるとよく育つという話を聞きました。なかでも一番効く音楽というのがモーツァルトといいますが、ほんとうでしょうか。という「気づき」発想企画です。
　この企画の前提は、上の意味を含んだ仮説（もしかしたら……ではないだろうか）→背景（それならいいものがある）で、これがS（情況）とV（見解）です。SVのタイプは、典型的な《F（気づき）＋O（提案）＝気づき発想型》です。
　C（中核概念）は、順序は逆になりますが、下段のネーミング「モーツァルトサボテン」で、両側がその補足となっています。
　I（具体案）は、中段の「アイデア」の「概要」で、「ポイント」はP（計画）です。通常の流れとはコンセプトの位置関係が逆になっていますが、これは説明していく順序に沿って配置したからです。

2　見せ方のポイント

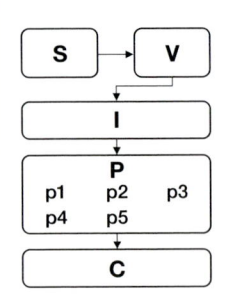

　フォーマットと聞くと、あたりさわりのない定型の用紙といった印象がありますが、見出しのテキストを少しデザインするだけで、格段に見栄えのいいフォーマットができ上がります。
　ここでも、単に「仮説」「背景」「アイデア」などと並んでいたら、役所に提出する文書のように素っ気ないものになってしまいます。
　英文はこのようなときにデザイン的な飾りとして有効に活用することができます。ここでは頭文字の色を変えて、下地に直角三角形を敷いてポイントを作ってみました。
　イラストはクリップアート（ここではサボテン）と基本図形を組み合わせると、たいがいのものは描き上げることができます。サジェスチョン（P38を参照）の場合、この程度の簡単な絵で十分です。

■ カラーリング
　全体の配色はサボテンのイラストからとってきたもので、基調色の緑色とその濃淡で構成されています。オレンジ色が強調色ですが、頭文字とネーミング案の色だけに用いてセンスよく見せています。

完成企画書

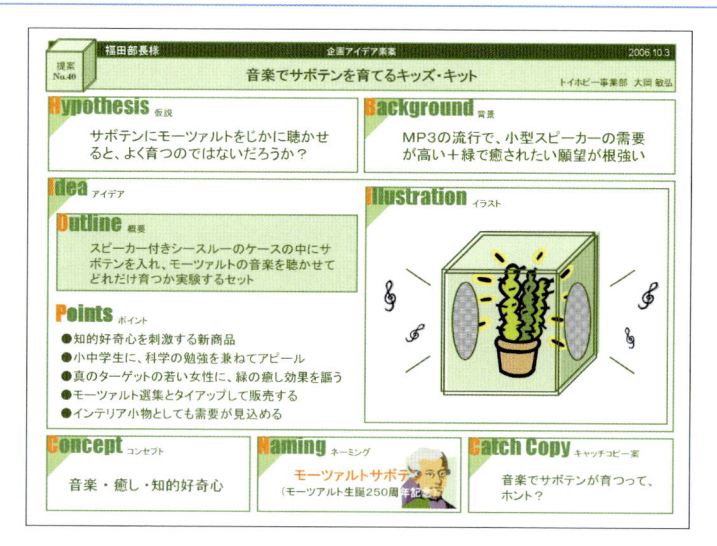

提案No.40　福田部長様　企画アイデア素案　2006.10.3
音楽でサボテンを育てるキッズ・キット
トイホビー事業部　大田 敏弘

Hypothesis 仮説
サボテンにモーツァルトをじかに聴かせると、よく育つのではないだろうか？

Background 背景
MP3の流行で、小型スピーカーの需要が高い＋緑で癒されたい願望が根強い

Idea アイデア

Outline 概要
スピーカー付きシースルーのケースの中にサボテンを入れ、モーツァルトの音楽を聴かせてどれだけ育つか実験するセット

Illustration イラスト

Points ポイント
- 知的好奇心を刺激する新商品
- 小中学生に、科学の勉強を兼ねてアピール
- 真のターゲットの若い女性に、緑の癒し効果を謳う
- モーツァルト選集とタイアップして販売する
- インテリア小物としても需要が見込める

Concept コンセプト
音楽・癒し・知的好奇心

Naming ネーミング
モーツァルトサボテン
（モーツァルト生誕250周年記念）

Catch Copy キャッチコピー案
音楽でサボテンが育つって、ホント？

➡ 作成ポイント

●立体的に見えるイラストの描き方

透明のプラスチックでおおわれたように立体的に見えるイラストは、直方体をコピーして3つにし、1つには色をつけ、他の2つは「塗りつぶしなし」にして、それぞれをわずかにずらして作成した。なお、スピーカー部分は「塗りつぶし効果」の「パターン」を用いて描いたものである。

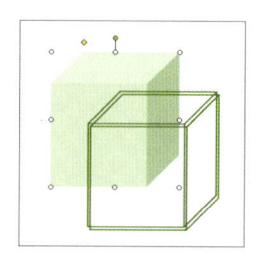

1. ［直方体］を描き、［Ctrl］キーを押しながらほんのわずかドラッグして、コピーを別の方向に2つ作る

2. コピーした2つの図形は［塗りつぶしなし］、もとの図形は［線なし］にして［塗りつぶしの色］で適当な色をつける（図はわかりやすく図形を離してある）

3. スピーカーは楕円の中に「格子（小）」というパターンをつける

4. サボテンのクリップアートをつけ加えた

057

ケーススタディ編

018　サジェスチョン　　　　　F（気づき）＋O（提案）＝気づき発想型

メールソフトの性能向上を目指した新型ソフトの企画書

たとえばメールソフトを利用していて、こんな機能があったらいいのに、と気づいたときには、すぐにその内容を手際よくまとめて企画書にするといい。こうしたサジェスチョン型の企画書は、示唆することによってアイデアの損失を防ぐという意味があるので、フォーマットを決めてふだんから提案することを励行するといい。

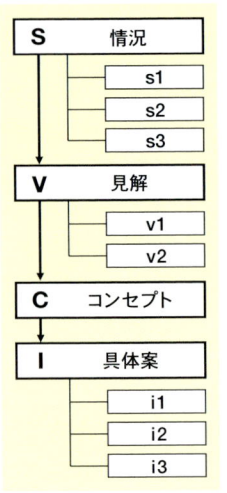

1　企画の特徴

留守中に何かの連絡が入ったとき、電話だと誰かが出て何らかの応対をしてくれますが、メールだとそうはいきません。また、こなしきれないほどのメールを何とかうまく処理できないだろうか、と考える多忙なビジネスパーソンも少なくないはずです。

そうした気づきを「問題点」として3つリストアップしました。これが現在の、そして会社社会全体のS（情況）です。

それを何とかする方法として考えたのが、自動認識システムとメール内の秘書という「解決策」で、これがV（見解）です。

その下の「コンセプト」は、下段の「ネーミング案」につながるもので、両者を合わせてC（中核概念）という位置づけになっています。

決まった「ネーミング案」が、商品としてどのような特長を持っているかを3つのポイントで説明したのがI（具体案）です。

2　見せ方のポイント

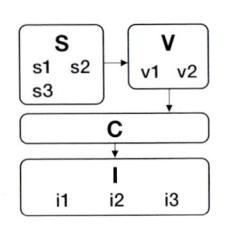

テキストの揃えは、だいたいは左揃えがふつうですが、ときに中央揃えにすることがあります。この企画書では図形内はすべて中央揃えのデザインになっています。

上段右では中央揃えをきれいに見せるため、「1」と「2」もセンターに寄せ、フォントには斜体をかけてあります。さらに下にラインを引いてデザイン的にきれいに見せています。

その一方で下段の左右はシンメトリー（左右対称）にはせず、イラストを右側にだけ配して、あえて左右対称を崩しています。このようにデザインでは「揃える」と「崩す」を巧妙に使い分けます。

見た目にスカスカした印象を与える場合、英文を"透かし文字"で入れるなどして、デザイン的な見せ方を工夫します。

■ カラーリング

緑が基調色で、同系色が黄色、それらの補色（反対色）が紫色ですが、3つでトリプルコンビネーションと見ることもできます。黄色は強調色マゼンタを活かすための補助色の役割も果たしています。

完成企画書

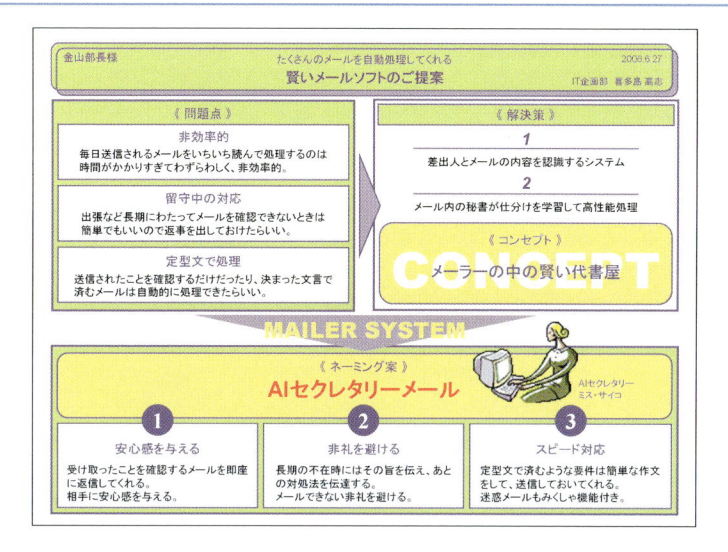

作成ポイント

●白抜きの番号を作る方法

円の中の番号を目立たせたいときには、テキストを白くする"白抜き文字"がよく使われる。作り方は、図形を描いて「テキストの追加」を選択し、図形の周囲にバイクが走ったあとの「わだち」のような枠どりが現れたら、テキストを入力する。テキストを書き換える必要があるときには「テキストの編集」を選択する。

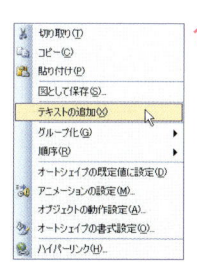

1. 図形上で右クリック→[テキストの追加]をクリックして、半角数字で「2」と入力する

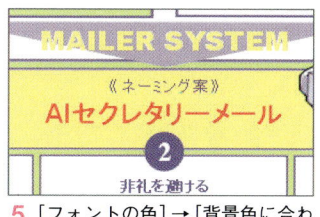

5. [フォントの色]→[背景色に合わせる]を選択すると完成

2. [フォント]の▼をクリック→[Times New Roman]をクリック
3. [フォントサイズ]の▼をクリック→[24]ポイントをクリック
4. [書式設定]ツールバーの「B」と表示された[太字]ボタンをクリック

ケーススタディ編

019　サジェスチョン　　F（気づき）＋O（提案）＝気づき発想型

ちょっとした旅行をサポートする
ポータルサイト提案書

休日のふとした思いつきも、1枚の企画書に発展させることができる。これは典型的な「気づき」発想で、そうした発想が浮かんだときには、その場でラフをササッと描いて、その翌日には素早くまとめて上司に提案するといい。「気づき」発想による企画提案は、スピード企画時代には欠かすことができない慣習である。

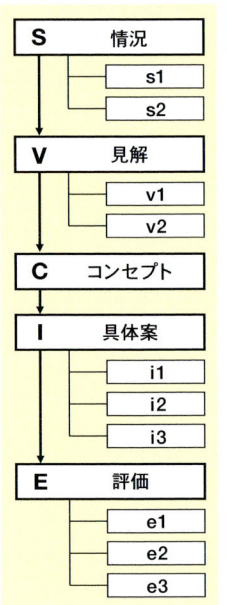

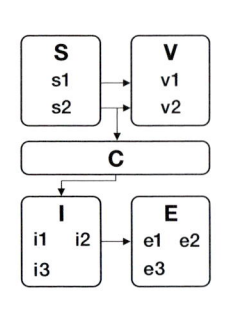

1 企画の特徴

　会社が休みの日、ふとどこかに行こうと思っても、どこで何をやっているのかわからないということはよくあります。また、去年行ってよかったイベントなのに、気がついたらもう終了していた、ということもままあります。

　そんな情報をいろんな形でお知らせしてくれるサイトがあれば便利でいい。そう思って、簡単にまとめ上げたのがこの企画書です。

　したがって発想の芽は「気づき」で、これを2つに分けて写真の右側に記してあります。上がS（情況）で、下に矢印をつけて示してあるのがV（見解）ということになります。SVのタイプは、言うまでもなく《F（気づき）＋O（提案）＝気づき発想型》です。

　C（中核概念）は「TIVOLI HOLIDAY」というネーミング案です。

　その概要を述べた下段の左がI（具体案）で、右の「ビジネスモデル」はどういういいことがあるかという自己E（評価）です。思いつきを簡単に形にした企画なのでP（計画）にまで踏み込んでいません。

2 見せ方のポイント

　楽しい休日のおでかけの企画なので、左上の「気づき」のバックには遊園地の写真を入れました。これは四角形の角をトリミングした形になっていますが、作業では角丸四角形の中に写真をとり込みます。これがこの企画書のアイキャッチャーの役目を果たしています。

　それ以外で工夫したのは、文頭の「去」と「暇」の文字を大きくして、角丸四角形の中に入れた点です。よく長い段落が続く雑誌などの文頭に使われる手法ですが、これもアイキャッチャーになります。

　中央のネーミングは図形の中に入れてありませんが、これは「企画の概要」すべての中心であることを強調するためにそうしました。

■ カラーリング

　基調色は紫色の濃淡です。これと補色（反対色）の関係にある相性のいい色が黄色です。強調色にはマゼンタを使ってあります。黄色とは、上に乗せると目立たせてくれる補助色の関係にあります。

完成企画書

作成ポイント

●角丸四角形の中に写真をはめ込む方法

遊園地の楽しい雰囲気を出したかったので、角ばった写真を矩形（四角形）のまま用いずに、トリミングをして写真の角をとった。形のうえでは角をとって丸くしたように見えるが、実際の作業は角丸四角形の中に写真をとり込む。P174は楕円の中に写真をとり込んだものだが、オートシェイプのほとんどの図形にこれが適用できる。

1. 角丸四角形を選択して［図形描画］ツールバーの［塗りつぶしの色］の▼をクリック→［塗りつぶし効果］をクリック
2. ［図］タブをクリック→［図の選択］ボタンをクリック
3. ［ファイルの場所］の▼をクリック→写真の入ったフォルダを選択 
4. 挿入したい写真を選択して［挿入］ボタンをクリック
5. 四角形の四隅をトリミングした形になった

ケーススタディ編

020　サジェスチョン　　F(気づき)＋O(提案)＝気づき発想型

複数のトレンドから発想した
リラックス商品企画書

トレンドとは、時代のニーズを反映してできた流行＝潮流という意味だが、異なる分野のトレンドを総合してみることで、また新たな流行商品が生まれることがある。この企画案も、3つの事象から一般的な事実を引き出し、そこからコンセプト、ネーミング、それに具体的な商品イメージを発想し、イラストとともに提示している。

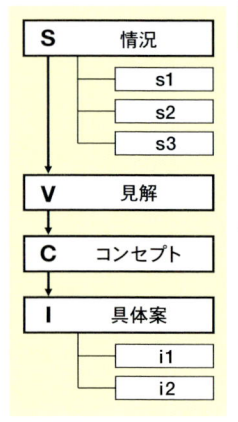

1　企画の特徴

「ホビールーム」「リクライニングチェア」「地震用シェルター」という3つのトレンドを考察することで、ネーミング＝コンセプトが思いつき、統合した商品を考え出しました。これは、それをすぐに直属の上司に見てもらうため、イラスト入りの企画書で提案したものです。

3点の「トレンド・ウォッチング」がS(情況)で、そこから「癒しと安心」というキーワードを引き出しました。これがトレンドというF(事実)です。それを「心の聖域、空間の安心」という「コミュニケーション・コンセプト」で提示したのがV(見解)です。

具体的にはどういったものであるか、それを「ネーミング案」で表現したのが中段の「サンクスチェアリ」です。これがC(中核概念)です。「サンクスチェアリ」とは既存の言葉「サンクスチュアリ」(聖域)をもじった新造語によるコンセプトワードです。

下段の「プロダクトデザイン」は、左が、ネーミングをした商品アイデアのイラストで、右が、それをどういう人に訴求すべきかを列挙した解説と考えることができるので、どちらもI(具体案)です。

2　見せ方のポイント

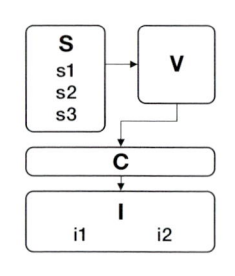

このイラストのようなイメージは描いて示さないと、なかなか理解してもらえません。サジェスチョン(示唆)型の企画書だからそこまで描く必要がないと思われるかもしれませんが、その時点で、どういうものか正確にわかってもらえないと企画として成立しません。

丁寧に描き込む必要はありません。ここでは角丸四角形を用いて人形を描いてありますが、だいたいのイメージさえつかめるものであれば、よく落書き程度に描かれる、円と直線を組み合わせたものでも構いません(「作成ポイント」を参照)。

■ カラーリング

基調色は緑色の濃淡で、補色(反対色)は紫色に近いマゼンタです。反対色は単純に色相環(P12を参照)で正反対の位置にある色で選ぶのではなく、あくまでもその色と相性のいいものを選択します。

完成企画書

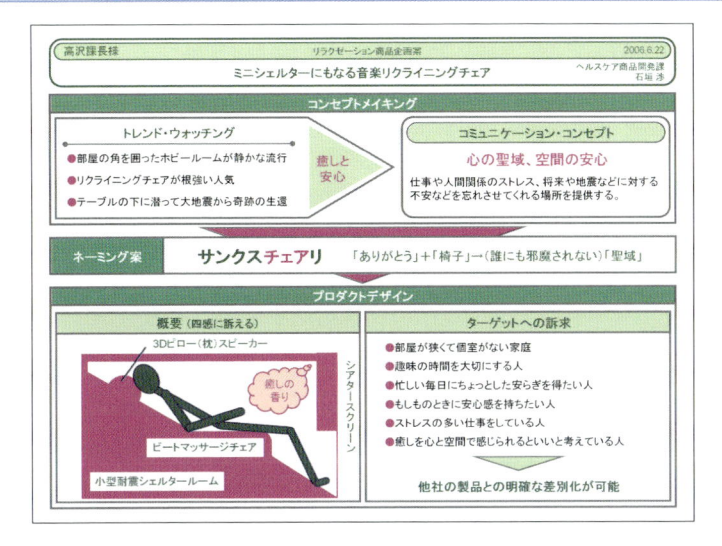

作成ポイント

●人型のイラストの描き方

想定している新商品を生き生きと表現するには、人型のモデルを活用する。よくホワイトボードなどに円と直線を使って簡単に描かれるようなものでも構わないが、もっと生き生きと表現したいのであれば、角丸四角形を極細に成形して作成すると、関節の部分などよりリアルなものになる。慣れるといろんなポーズをつけられる。

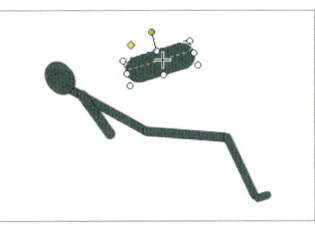

1. ［角丸四角形］を描いて、緑色の回転ハンドルをドラッグして傾きをつける
2. ハンドルをドラッグして細くする（上図）
3. 図形をすべて選択して右クリック→［グループ化］→［グループ化］をクリック
4. 1つの図形になった人型の完成
5. 比較：太めの直線（3pt）で描いた人型

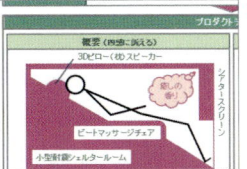

ケーススタディ編

021 サジェスチョン F(気づき)＋O(提案)＝気づき発想型

旅行での気づきから発想した
インテリア提案企画書

> 旅行などでふと気にとまったことをデジカメで押さえておくと、後日、そこから企画が生まれることがよくある。また事実とその感想を述べただけだと単なる報告書だが、それを利用して何かに活かそうとするなら、コンセプトを与えて、企画書にすることができる。明確なコンセプトがあるかどうかで企画書の質が決まってくる。

1 見せ方のポイント

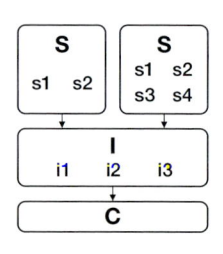

　電車に乗っていて目にとまった上下にスライドする方式のカーテンの発想を、自社のインテリアにもとり入れようという企画です。ここでの主役は、特徴がよくわかる2点の写真です。
　見た目にはわからないかもしれませんが、このレイアウトの基本は9分割で、左の写真は上下2つのブロックを結合した位置に配置されています。全体的に整然とした印象を与えるのはそのためです。
　すべての四角形を塗りつぶすと単調に見えてしまうので、下の四角形は白にして、コンセプトワードが目立つようにしました。

■ カラーリング
　基調色は紫がかった青色ですが、これは空の青色というより、カーテンの色を拝借しました。強調色のオレンジ色もカーテンの色です。

064

| 022 | サジェスチョン | F(気づき)＋O(提案)＝気づき発想型

雨の日の外出を音楽と過ごせる複合アイデア傘の企画書

サジェスチョン（示唆）の企画書なので前提を省いてあるが、「傘を差しながら音楽を楽しめればいい」というS（情況）があって、偶然、「傘と音楽を組み合わせて商品にすればいい」と発想したV（見解）をもとにアイデア化したものである。複合商品ということで、5つのブロックに分けてそれぞれ特徴を解説してある。

1 見せ方のポイント

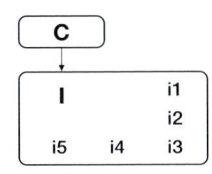

```
    C
    ↓
    I        i1
             i2
    i5  i4   i3
```

これは企画になる前のサジェスチョンの段階なので、細かく、また詳しく説明する必要がありません（ボツになっても時間をかけずに処理できたという作業の効率性も重要です）。

このケースのように解説文が少なくて、スペースに空きが生じてしまったというときには、アイデアの提案なら「IDEA」と英文で入れてデザインします。ネーミング案（「音楽といっしょの傘」の意）もイラストバックとタイトルスペースに、色を反転させて入れてみました。

サジェスチョン型は、大きく、わかりやすく提示するのが鉄則です。

■ カラーリング

基調色は傘のイラストのウグイス色を使用しました。3種類の階調が同系色です。白も含めて色を散らすことで、きれいに見せています。

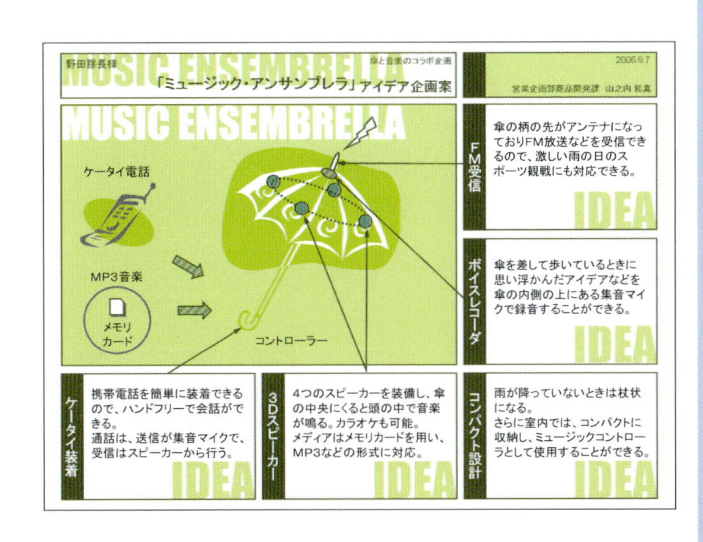

報告書 / サジェスチョン / プッシュ提案書 / プレ企画書 / 完全企画書

ケーススタディ編

023 サジェスチョン　　P（問題）＋S（解決）＝問題解決型

ゆったり休んで旅行ができる
新型チケット提案書

従来のサービスでは満足しない顧客に対し、よりきめ細やかな高付加価値サービスを提供しようという企画案である。この場合、概念を言葉で説明するより、ストーリー展開で見せたほうが数倍理解しやすいので、広告案を見せるときによく描かれる「絵コンテ」の手法を採用した。イラストは基本図形で描いたもので十分である。

1　見せ方のポイント

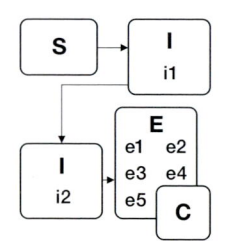

　電車の座席などは、四角形と平行四辺形を使えば、簡単に、イメージしやすいイラストが描けます。この程度では平板な印象がぬぐえないというのであれば、バックにグラデーションをつければ、空間感を醸し出せます。ここではイラストの枠線は細いほうが効果的です。
　その上に、台詞を角丸四角形を用いて乗せていきますが、こうした見せ方を広告業界では「絵コンテ」と呼んでいます（P34を参照）。
　フローのタイプは「Z型フロー」で、番号がなくても順番どおりに見てもらえますが、ここでは番号にデザイン的な処理を施しました。

■ カラーリング
　基調色は緑色で、紫系の青色とはダブルバランスの関係です。補色（反対色）はオレンジ色で、強調色には赤色が用いられています。

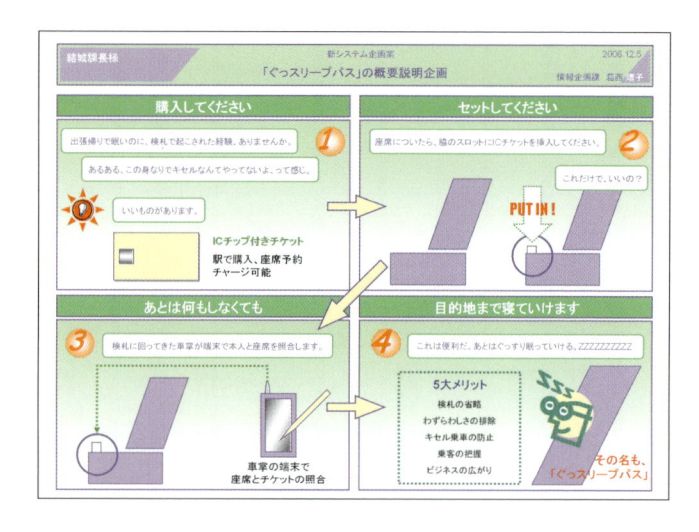

024 サジェスチョン　　　B（背景）＋T（課題）＝課題提起型

独身サラリーマンの食を応援する
レトルト新商品企画書

日常生活で、たとえば食事をしているとき「こんな食品があったらいい」と思うことがよくある。それは単なる思いつきで、くだらないと言われるかもしれないし、意外といける、と予想外に評価されるかもしれない。そういったアイデアになる以前のアイデアを4コマの絵で表現してみたのがこの新商品アイデア企画である。

1　見せ方のポイント

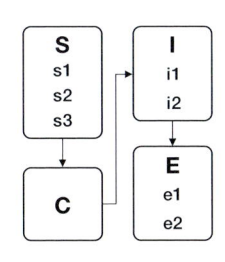

この見せ方も広告の企画でよく用いられる「絵コンテ」という手法で、そのままテレビCMにもなるようなストーリー性があります。

絵で見せる、というのがポイントなので長文の形にはせず、矢印で流していきます。目で追っていけ、30秒程度で理解できるものにします。調理例の絵は、皿とごはんと卵程度の簡単なものでも十分です。

色数はシンプルにして、同色の矢印にしたがって目で追えるようにします。この企画書ではあえて前節のような「Z型フロー」ではなく「逆N型フロー」で描いてみました（P34を参照）。

■ カラーリング

基調色は卵の黄色で、補色（反対色）に青緑色を用いました。料理のイラストの色彩が引き立つよう、皿などはグレーにしました。

ケーススタディ編

025　サジェスチョン　　　　　　P（問題）＋S（解決）＝問題解決型

従来よりずっと楽で観やすい
リラックス座席の提案書

映画館などでは、前に座った人の頭に隠れて観れないということのないよう、後ろにいくほど座席が高くなっているが、これをさらに改良しようという企画案である。改良や改革を目的とした企画書では、新旧の方法やシステムを基本的な図形のみのイラストで描き、改良後の方向性やメリットなどもあわせて記すとわかりやすい。

1　見せ方のポイント

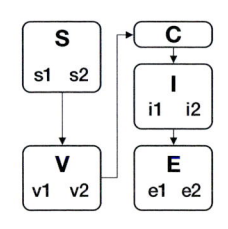

　このような改変前と改変後を比較するといった企画案では、左右のイラストの図形は同じようなものを用いて違いの部分を引き立たせます。比較して見られるようにすると、企画の意図もよく伝わります。
　この企画書に限らないことですが、象徴的な図形があれば、それを企画書すべてに踏襲して、全体のトーンを明確にします。
　ここでは劇場のイラストで使った青色の三角形を、矢印と四角形の右上角、それにタイトルスペースにも適用しています。タイトルスペースは青色の四角形の枠の中に薄い黄色の八角形を入れたものです。

■ カラーリング
　これは青色と黄色のダブルバランスで、どちらの色も主役扱いです。相性のいい補色（反対色）で成り立っている典型的な例です。

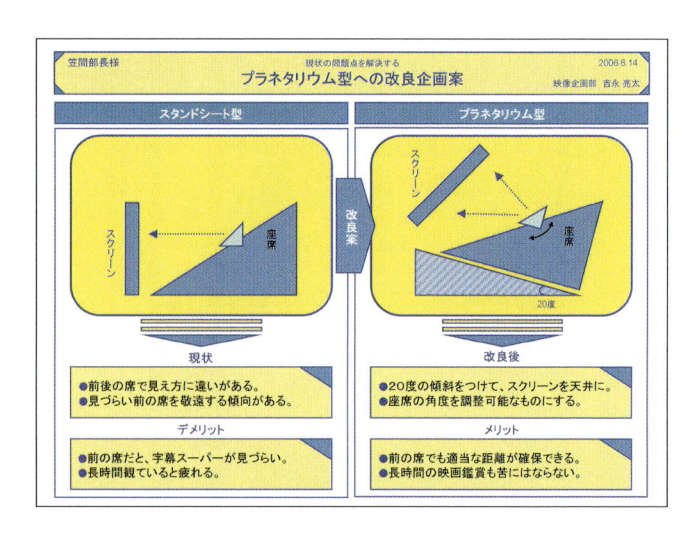

026　サジェスチョン　　B（背景）＋T（課題）＝課題提起型

特色ある店作りを提案する
新型ショップ企画書

「こぢんまりとした紹介制の居酒店で、見事に捜し当てた人だけが入店できるミステリー好きの店」という新型店舗の企画案であるが、内容的にストーリー展開で見せるのが最適である。上下6つのパートに分けた「Z型フロー」の各ブロックに、基本的な図形で描いたイラストを入れ、シンプルな箇条書きで見られるようにした。

1 見せ方のポイント

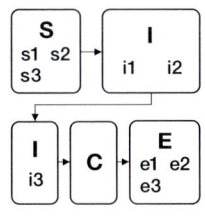

ストーリーで展開する図形は角丸四角形を使って、やわらかい雰囲気に仕上げました。角丸四角形の図形の中も、文章ではなく、箇条書きのテキストと簡単なイラストを中心に構成されています。

イラストはアイデアのラフスケッチのようなものなので、時間をかけず、サッと描き上げたもので構いません。詳しい解説は口頭で説明するか、正式にこれでいけるとわかったときに描き込んで、より完成されたものを提出すればいいのです。

中央の図形は、「台形」を上下逆さにして組み合わせたものです。

■ **カラーリング**

基調色は緑色の3種類の濃淡で、空色を同系色に用い、濃い緑色と相性のいいオレンジ色が強調色として用いられています。

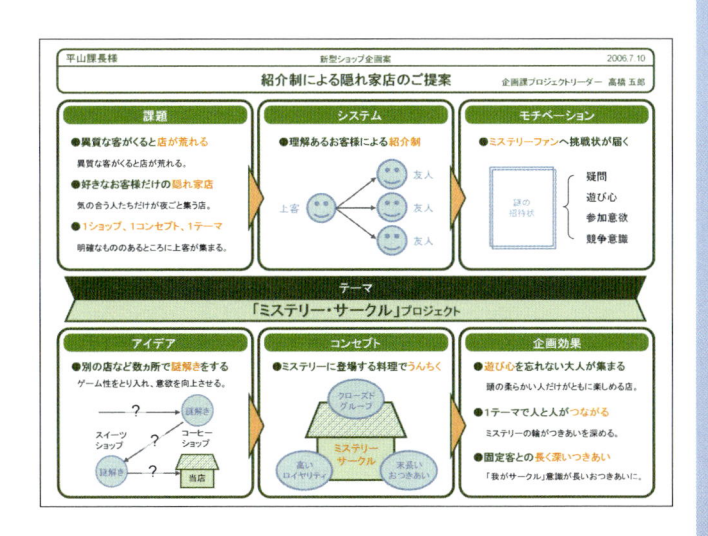

ケーススタディ編

027　サジェスチョン　　P（問題）+S（解決）=問題解決型

バリアフリーに活かしてもらう
ソフトの特徴企画書

目や耳の不自由な人のためのソフトの企画案を3つのパートに分かれたイラスト図で表したものである。「左ビジュアルの原則」（後述）にのっとって、左側にそのソフトの機能をイラストで表現し、右側の解説文で補足説明している。こうした企画書では、両者の対応がひと目でわかるような見せ方を工夫することが大切である。

1　見せ方のポイント

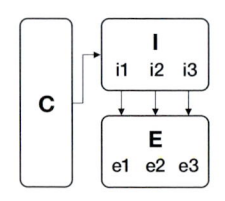

「概略図」のイラストと「解説」とを対応して見てもらう企画書です。
　両者の対応がすぐにわかるよう、ここでは、強調色のマゼンタで番号が振られています。さらに解説文に「Hear」などとデザイン的に入れ、同じ英字を薄くして左のイラストの中にも挿入してあります。
　イラストが多少スカスカした印象を与えるので、これも"透かし文字"で「BARRIER FREE」とデザイン的に入れてあります。作り方は、角丸四角形にグラデーションの設定をして（P11を参照）、その上に白のテキストを乗せ、グループ化してから傾きをつけます。

■ カラーリング
　濃紺と2つの青色が基調色で、補色（反対色）のマゼンタがコンセプトや番号に使われ、両者のダブルバランスになっています。

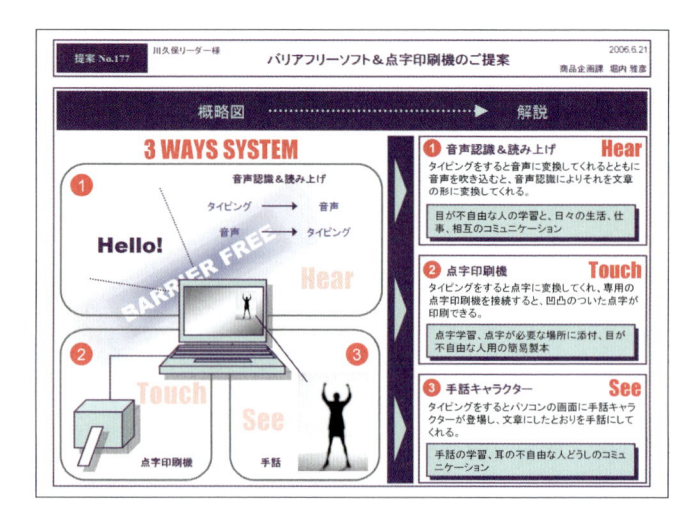

| 028 | サジェスチョン | F（気づき）＋O（提案）＝気づき発想型 |

男女の出会いをサポートする
ケータイ新商品企画書

通学電車などで見かける他校の生徒と友だちになりたいと思っている子は多いのではないだろうか。こう想像することから生まれた、携帯電話と連動したコミュニケーションツールの企画案である。互いの相性を確認したり、メッセージを自動で流せるというアイデアをイラストで表現したところにこの企画書のポイントがある。

1　見せ方のポイント

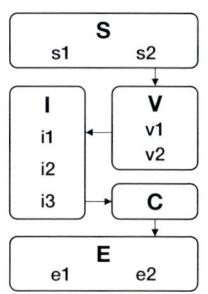

```
      S
   s1    s2
   ↓      ↓
   I  →   V
   i1     v1
   i2     v2
   i3  →  C
          ↓
          E
          e1   e2
```

上下4段で構成されていますが、中央の2つの左側にはイラストを入れた関係で、「機能」「ネーミング」という項目欄は縦長にしてテキストも縦に入れてあります。

項目名の入れ方を変えてありますが、4つとも同色の黄色で統一されているので、バラバラという印象を与えません。ただ色が左側に寄ってしまうのを回避するため、タイトルスペースは逆に右側を黄色にして、全体としてのバランスをとってあります。

「キューピッド」をもじったネーミングを目立つようにしました。

■ カラーリング

黄色と緑色のダブルバランスです。オレンジ色は黄色とは補助色、緑色とは補色（反対色）に近い関係で、全体として見ると強調色です。

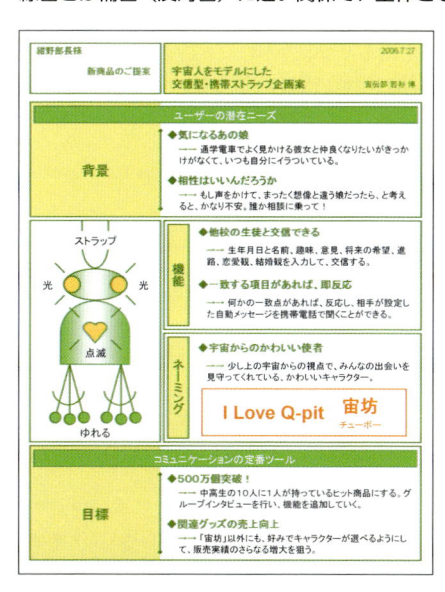

ケーススタディ編

029　プッシュ提案書　　　P（問題）＋S（解決）＝問題解決型

潜在ニーズの掘り起こしから生まれた飽和市場の新商品企画書

飽和市場に製品を投入するとき、潜在的なニーズは何かを調査して、別角度からの提案はできないかと考えてみる。ここではそれまでデジカメを購入していなかった中高年の銀塩からの買い替え需要に見込みがあるとして、ライフスタイルから発想した新型カメラの提案をしている。これを潜在ニーズ掘り起こし型の企画書という。

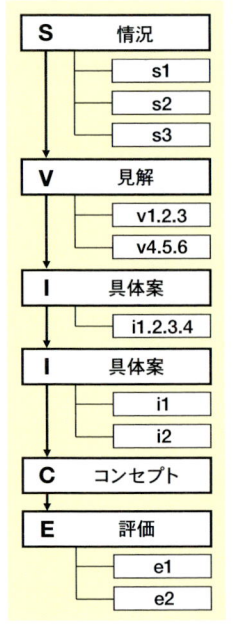

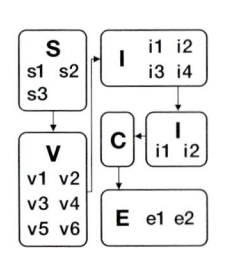

1　企画の特徴

　スペック競争がひととおり終わったデジカメ市場は飽和状態にあり、これからどのような製品で差別化していくかが課題となっています。

　そこで出てきたのは、これまで銀塩カメラを愛好してきた中高年の人たちの買い替え需要に応えるものを投入しようという案です。

　左上の飽和状態の市場がS（情況）で、その下の「ニーズの掘り起こし」がV（見解）です。後者もS（情況）の説明ですが、課題を解決するものとして列挙したので判断の要素を含んでいます。

　SVのタイプは《B（背景）＋T（課題）＝課題提起型》のように見えますが、売れない現状を打破することを目指したものなので、《P（問題）＋S（解決）＝問題解決型》です。

　新しいニーズに沿った「形態」とそれに必要な「技術」、それに概要がわかるよう描いた中央のイラストがI（具体案）です。C（中核概念）であるコンセプトワードの「Modern-Classic」が最後に回ったのは、「訴求」というE（評価）といっしょに見せるためです。

2　見せ方のポイント

　相手を見ながら撮影ができる、というスタイルをイラストで表し、中央に持ってきました。周囲のSVCIP理論（P18を参照）を見せる順序は、三角形の矢印で補足的に示してあります。ブロックは6つですが、9分割のブロック型を基本に、そのうち3ヵ所のブロックを1つに結合したものです（P35を参照）。

　「Modern-Classic」のカメラのカットはクリップアートにあるものを採用しても構いませんが、そうしたイラストは既存の商品をモデルに描かれたものなので、余計な先入観を与える恐れがあります。それを避けるには、基本図形を使って自作したほうがいいでしょう。

■ カラーリング

　基調色はエンジ色とピンクに近い色ですが、両者は同系色というより濃淡の関係といったほうがいいでしょう。カメラの沈んだ色合いのグレーは、強調色の赤色を活かす補助色の役目を果たしています。

完 成 企 画 書

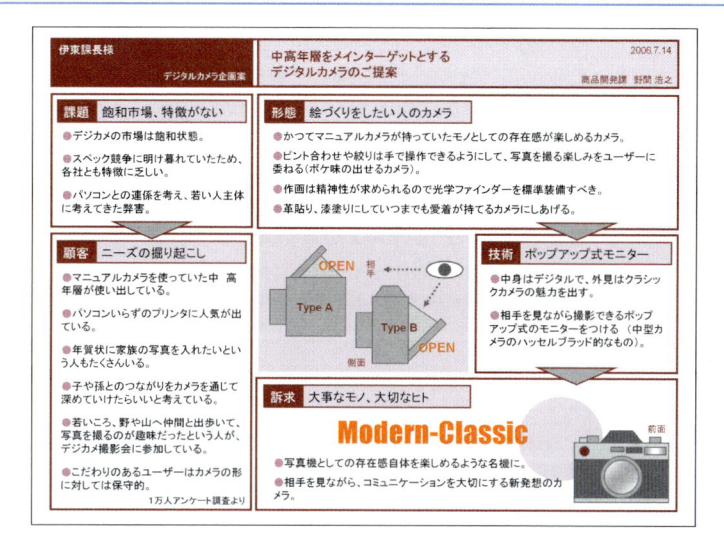

伊東課長様 デジタルカメラ企画案　中高年層をメインターゲットとするデジタルカメラのご提案
2006.7.14　商品開発課 野関 浩士

課題　飽和市場、特徴がない
- デジカメの市場は飽和状態。
- スペック競争に明け暮れていたため、各社とも特徴に乏しい。
- パソコンとの連係を考え、若い人主体に考えてきた弊害。

形態　絵づくりをしたい人のカメラ
- かつてマニュアルカメラが持っていたモノとしての存在感が楽しめるカメラ。
- ピント合わせや絞りは手で操作できるようにして、写真を撮る楽しみをユーザーに委ねる（ボケ味の出せるカメラ）。
- 作画は精神性が求められるので光学ファインダーを標準装備すべき。
- 革貼り、漆塗りにしていつまでも愛着が持てるカメラにしあげる。

顧客　ニーズの掘り起こし
- マニュアルカメラを使っていた中高年層が使い出している。
- パソコンいらずのプリンタに人気が出ている。
- 年賀状に家族の写真を入れたいという人もたくさんいる。
- 子や孫とのつながりをカメラを通じて深めていけたらいいと考えている。
- 若いころ、野や山へ仲間と出歩いて、写真を撮るのが趣味だったという人が、デジカメ撮影会に参加している。
- こだわりのあるユーザーはカメラの形に対しては保守的。

（1万人アンケート調査より）

技術　ポップアップ式モニター
- 中身はデジタルで、外見はクラシックカメラの魅力を出す。
- 相手を見ながら撮影できるポップアップ式のモニターをつける（中型カメラのハッセルブラッド的なもの）。

訴求　大事なモノ、大切なヒト

Modern-Classic

- 写真機としての存在感自体を楽しめるような名機に。
- 相手を見ながら、コミュニケーションを大切にする新発想のカメラ。

→ 作 成 ポ イ ン ト

●リアルなカメラの描き方

カメラも基本図形だけで描くことができる。リアルに描く秘訣は、検索サイトで「クラシックカメラ」と入力して、適当なものを見ながら忠実に図形を組み合わせて描くことである。あとはレンズや内蔵フラッシュに影をつけ、枠の線の色と濃さをグレーの50％程度にすると、よりリアルな質感を表現することができる。

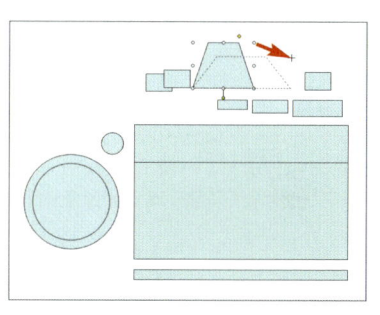

1. ［四角形］と［楕円］と［台形］を描く
2. ［台形］は［図形の調整］→［回転／反転］→［上下反転］をクリックして上下逆さにする
3. 右上のハンドルをドラッグして平たい台形にする
4. グラデーションの設定の仕方はP11を参照 
5. レンズの部分は［バリエーション］で右下を選択する
6. 円の飾りを左上に入れて完成 

報告書　サジェスチョン　プッシュ提案書　プレ企画書　完全企画書

ケーススタディ編

030 プッシュ提案書　　B（背景）＋T（課題）＝課題提起型

受講後、社内で広めるための
セミナー有効利用企画書

セミナーに参加して、それを個人で活かすだけでなく、会社全体に広めてナレッジ（知的資産）として活用しようというケースでも企画書が使える。具体的なイメージが使えないので、全体をシックに見せる「ネオン効果」を使ってみた。ただし、これは紙面を沈んだトーンにするので、温かみを感じさせる処理が必要となる。

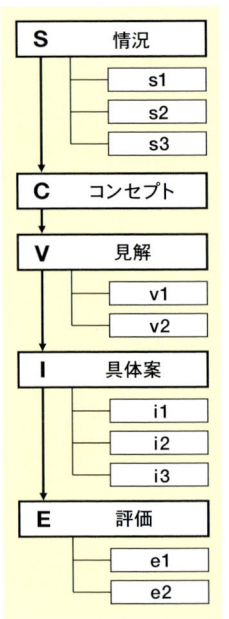

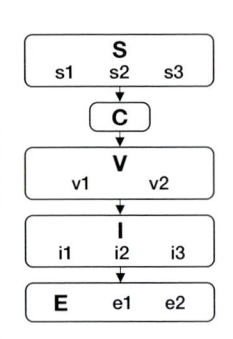

```
S  情況
    ├ s1
    ├ s2
    └ s3
↓
C  コンセプト
↓
V  見解
    ├ v1
    └ v2
↓
I  具体案
    ├ i1
    ├ i2
    └ i3
↓
E  評価
    ├ e1
    └ e2
```

```
      S
  s1  s2  s3
      ↓
      C
      ↓
      V
   v1    v2
      ↓
      I
  i1  i2  i3
      ↓
      E
     e1  e2
```

1 企画の特徴

　よく、会社からセミナーや講習会に参加する機会が与えられることがありますが、それを聞きっぱなしにするとお金と時間の無駄になるだけでなく、会社としてもナレッジ（知的資産）の損失になります。
　そこで、図解に関するセミナーに参加した人が中心になって、その技術を社内でも広めようと思い立ったのがこの企画書です。
　一番上の「課題」とあるのがこの企画書のS（情況）です。これが企画を起こす原点だという観点に立てば、名称は「企画の主旨」や「企画目的」であっても構いません。
　その下の「特徴」「利点」がセミナーで修得したUP法なる方法を社内で実践する意義について述べたもので、これがV（見解）です。
　C（中核概念）は順序は逆になっていますが「UP法有効活用」です。以下の3つの「○○制」がそのI（具体案）です。
　一番下の段は、これを全社的に行うことの意義について列挙したもので、E（評価）という位置づけになっています。

2 見せ方のポイント

　UP法なる創造技法については、イメージを喚起させるものがないので、全体をシンプルな図形で形成し、「課題」や「特徴」などの見出しの名称部分で目を引きつけるようにしました。
　こうした、黒をバックに薄い色の文字を乗せたものを「ネオン効果」といいます。ここでは緑色を使いましたが、薄い青色などを使っても同様の効果が得られます。
　タイトルスペースにもその色が使われていますが、上下でポジとネガの関係（色が反転）になっている点に注目してください。「ネオン効果」のテキストでは太字は使わないのがセンスよく見せる秘訣です。

■ カラーリング
　基調色は緑色で、「ネオン効果」の沈んだ色調を緩和するためオレンジ色を補色（反対色）に用いてあります。全体に、冷たい印象を与えると感じたら、温かい色をどこかにとり入れるようにします。

完成企画書

作成ポイント

●三角形の中間に四角形の図形を挿入する方法

これは「上から下へと行くには中央に書かれていることが必要だ」という意味を表している。上の台形と下の三角形に分かれているように見えるが、実は黒で描かれた1つの三角形の上に、白い四角形を乗せたものである。枠線のある三角形で同様の表現をするには、また別の方法が必要となる（P91を参照）。

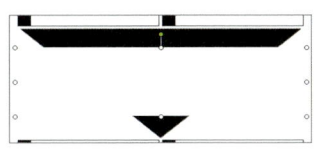

1. 緑色の回転ハンドルをドラッグして、二等辺三角形を上下逆さになるよう回転する
2. ［図形描画］ツールバーの［塗りつぶしの色］と［線の色］で黒色を選択
3. その上に四角形を描き、同じように［塗りつぶしの色］と［線の色］で白色を選択
4. 白い四角形の上に、黒と白の四角形とテキストを組み合わせた図形を乗せていく
5. 黒い三角形が分離しているように見える

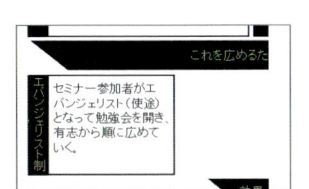

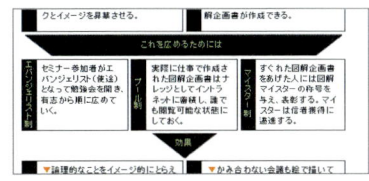

ケーススタディ編

031　プッシュ提案書　　　B（背景）＋T（課題）＝課題提起型

これから伸びるマーケットに特化した
主婦のWebサイト企画書

占星術の火地風水など宇宙の要諦は古来、4つに分けて考えられてきた。図解の表現方法でも同じで、そこでのテーマに関することすべてを言い尽くそうとするなら、4つの区分からなる「田の字型」を用いる。そして、その中心にコンセプトなどを案山子を立てるように書き入れる。この企画書がそれを用いた典型的な例である。

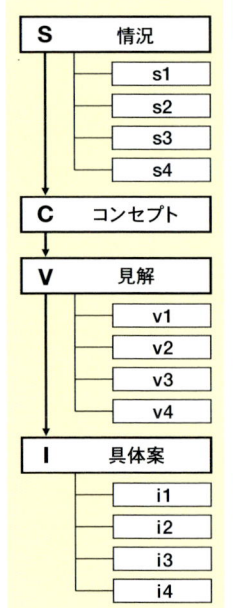

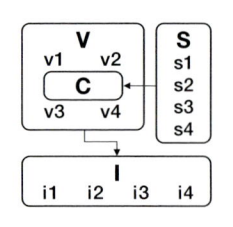

1　企画の特徴

　ヤングミセス層でもネット利用者は増加している。ネットショッピング経験者も少なくない。しかしそれらの人を対象としたサイトを探すと意外といいものがない。そこにビジネスチャンスがあるのではと考え、提案したのがこの企画書です。
　つまり「主婦とマネーとインターネット」で示された右側の4つのデータがS（情況）で、それについての考察が左のV（見解）です。
　見解は大きく4つ挙げることができ、そこからC（中核概念）が生まれたということを田の字型＋案山子の図で示してあります。
　このコンセプトの内容がそれぞれどのようなアイデアになったのかを4つのI（具体案）で表したのが下段です。4つのV（見解）に4つのI（具体案）がそれぞれ対応する形となっています。
　ちなみにコンセプトはキャッチコピーになっていて「ふつうの」と「すごい」という相反する概念を組み合わせたところがミソです。

2　見せ方のポイント

　田の字型のそれぞれのパートと下段が対応して見られるよう、同じ番号をつけてあります。
　下段では、見出しは中央揃えで入れてあり、またスペースがないので適当な場所に番号を振ることができません。そういうときには、バックに"透かし文字"で入れるという方法が役立ちます。
　田の字型の中央の案山子の両側に入れた「@」は飾りですが、同時に、中央揃えをきれいに見せるための工夫です。ちなみにタイトルスペースの左側にも@マークのクリップアートを入れてみました。
　右側の「●」マークも中央揃えをきれいに見せるためですが、こちらは空間を無駄なく見せるテクニックでもあります。

■ カラーリング
　ヤングミセスがターゲットなので、基調色はピンクに近いベージュで、階調の異なる同系色を用いることでエレガントな雰囲気を醸し出しています。黄色がマイルド感を添える補助色の働きをしています。

完成企画書

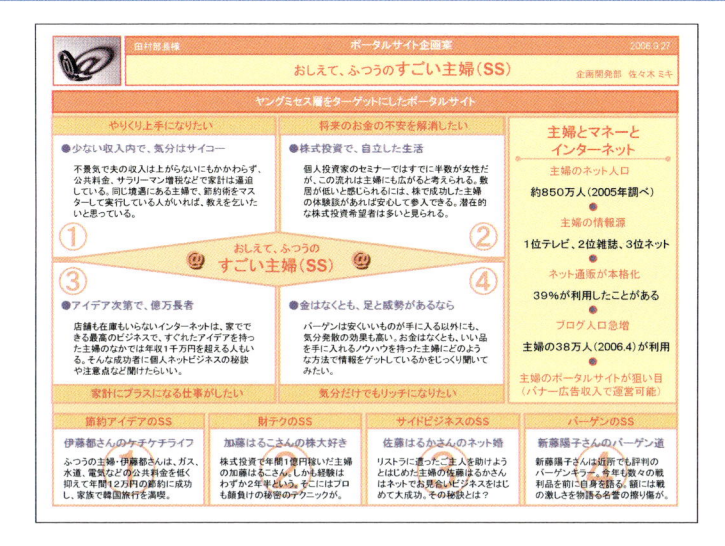

作成ポイント

●"透かし文字"で番号を振る方法

"透かし文字"の概念はオペレーション編（P9を参照）にあるとおりだが、上にくる文字が読みづらくならないよう注意したい。円で囲んだ数字は、中が透明になった円と組み合わせて作ってもいいが、「1」なら「iti」と入力して変換すると出すことができる。テキストボックスはかならず図形以外の場所でいったん作成してから、適当な位置へと移動する。

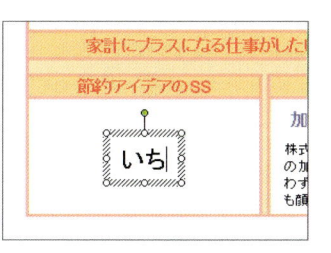

1. ［テキストボックス］の作り方はP8を参照
2. ローマ字入力の場合、「iti」と入力して変換する
3. 「○」で囲まれた「1」を選択する
4. サイズを大きくして、色をつけた①の上に、別のテキストボックスを設け、そこに本文を入力する
5. 四角形とテキストの間に"透かし文字"が挿入された

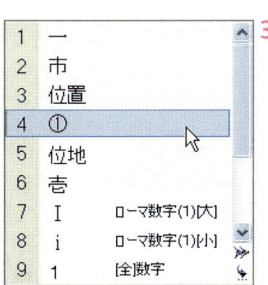

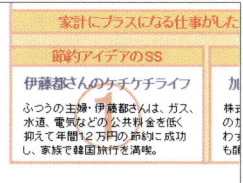

ケーススタディ編

032　プッシュ提案書　　　　　　　　P（問題）＋S（解決）＝問題解決型

会議の無駄を省き、アイデアを生む メール仮想会議企画書

社内の慣習に弊害があるとわかれば、すぐにそれを改革する必要がある。こんなときにも「1枚企画書」が役に立つ。メリットとデメリットを列挙して、メリットのどの部分を活用するとデメリットを相殺できるかを検討し、アイデアのコンセプトを掲げる。改革をすることでどのような結果が期待できるかも最後に記しておく。

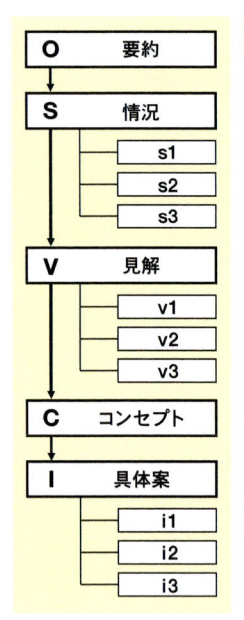

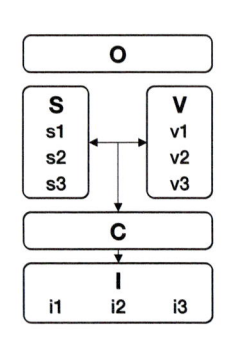

1 企画の特徴

　メールは仕事に新しいカルチャーをもたらしましたが、その一方でメールに頼って大事なことを忘れてしまうという弊害も起きています。それが上段左の「デメリット」で、現在のS（情況）です。

　それに対して、対面での仕事を簡素化してくれるといった「メリット」もあり、これは情況を踏まえた考察なのでV（見解）です。

　提起した問題に対する考察なので、SVのタイプは《P（問題）＋S（解決）＝問題解決型》ということになります。

　そこで出てきたのが、メールを使ってブレーンストーミングを行おうという案で、キャッチフレーズ「アイデアの駅伝」（頼りになる便り）も含めてC（中核概念）を形成しています。

　特徴が3つ挙げられていますが、これがコンセプトのI（具体案）です。これによって創造的で生産的な意見の交換ができるようになると主張しています。一部にE（評価）の内容も含まれています。

2 見せ方のポイント

　タテ位置の企画書に多い、左＝正、右＝反、中央の下＝合のパターンで、ここではSとVに「ホームベース」という図形を使って対置させ、その空いたスペースに三角形を楔のように打ち込んであります。

　グラフィックデザインの基本は、キーになる形や色を1つ決めたら、それをすべてに踏襲し、ひとつの世界を作りあげるということですが、「1枚企画書」でもそれは同様です。

　楔の三角形の角ばった形が「ひし形」に踏襲され、それがタイトルスペースにも及んでいます。その一方で、角をとった角丸四角形も全体にあしらわれていて、三角形やひし形だけでは角張った印象になってしまうのを緩和する働きをしています。

■ カラーリング

　緑色を基調色に、濃淡で色分けして、強調色には赤色が使われています。黄色は緑色とは同系色の関係ですが、赤色の下地でファンデーションのような補助色として使われています。

完成企画書

作成ポイント

●角丸四角形の角の丸みを調整する

「1枚企画書」全体を見まわして、四角形や三角形ばかりで構成されているために堅い印象を与えてしまうと思ったら、適宜、角丸四角形をとり入れる。角丸四角形は、ほかにもコンセプトなどを強調したいときにもよく用いられる。そのときの情況に応じて、角の丸みを調整すると、単調になりがちな企画書に変化をつけられる。

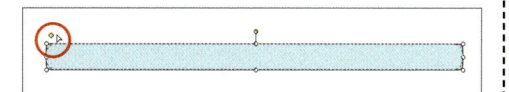

1. ［角丸四角形］を描いて、黄色いハンドルをほんのわずか右側へドラッグして、すこしだけ角を丸くする

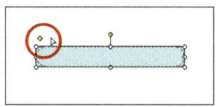

2. 黄色いハンドルを右側いっぱいまでドラッグして、四角形の両端に円をつけたような図形にする

3. 同じ角丸四角形でも、上下では違う印象を与える

079

ケーススタディ編

033　プッシュ提案書　　P（問題）＋S（解決）＝問題解決型

探している商品まで導いてくれる
新誘導システムの企画書

システムとして確立されたものであっても、利用者にとってはかならずしも完全とは言い切れないものがある。書店で見かける本の検索システムもそうで、この企画書は、もっと利便性を追求するとどのような形がふさわしいかを提案している。システムの図解は難しくなりがちなので、余計なものは省いて簡略化することが必要となる。

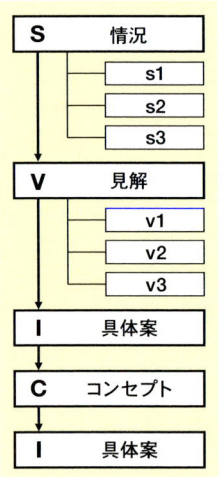

1　企画の特徴

　本屋やCD（DVD）のレンタルショップに行くと、あまりに数が多くて、探しているものがなかなか見つけられないことがよくあります。
　最近の書店では、パソコン画面に入力すると、目当ての本が置かれたコーナーが判明するシステムを導入しているところもありますが、すぐに目的とする本に行きつけるというわけでもありません。
　そうした悩みをアンケートで聞きとり、代表的な意見を提示したのが左上の「お客様の声」で、これが現在のS（情況）です。そしてその「問題点の整理」をした左下がV（見解）となっています。
　この問題点を解決するのが右側で、C（中核概念）は右下の図の一番上の「BNS」です。これだけだとよくわからないので、かいつまんで説明したのが右上で、これが下図のイントロになっています。
　下図はI（具体案）で、これにより、光の点滅する方向へ歩を進めれば、目当ての本やCDに難なく行き着けるシステムが確立できる、という結論になっています。

2　見せ方のポイント

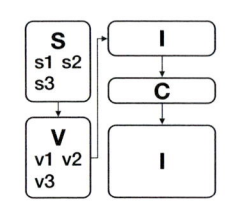

　新しいシステム導入の企画書では、そのシステムの概要がイラストでまとめられているとわかりやすいものです。
　ここでは、クリップアートを使って、光の道がCDの場所まで案内してくれるというシステム図を描きました。パソコン、CD、人のシルエット（色の階調を変えて移動しているイメージにした）はクリップアートで、CDラックは平行四辺形を7個使って描いたものです。
　メインのイラストの地の色は白に、その他3つの「ブロック」のほうには色網を敷いてメリハリをつけました。タイトルスペースの形は、見出しのデザインである角丸四角形を流用したものです。

■ カラーリング
　基調色は、パソコン上では青色に見えるかもしれませんが薄いグレーです。補色（反対色）に近い色としてオレンジ色、クリップアートは濃い青色と青色の同系色の空色で組み立てられています。

完成企画書

作成ポイント

●**CDラックを自作する方法**

CDラックのイラストはクリップアートにはないので自作する。用意するのは平行四辺形1つだけ。これを90度回転させ、左右反転を行い、黄色のハンドルで成形すると柱の部分になる。これをコピーして反対側にも作る。横に渡した棚の部分も、同じ図形を使って、同じような作業を行なって、いくつかの段を作る。

1. ［平行四辺形］を描き、緑色の回転ハンドルを［Shift］キーを押しながらドラッグして平行四辺形を右90度回転させる
2. P5を参照して［左右反転］したあと、縦長にして図のように成形する 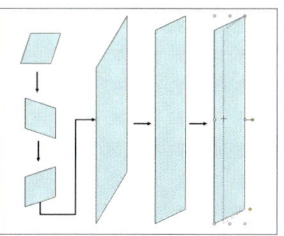 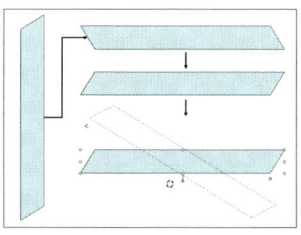
3. 縦の平行四辺形の緑色の回転ハンドルを［Shift］キーを押しながらドラッグして左90度回転させる
4. 操作2と同様［上下反転］して、緑色の回転ハンドルをドラッグして適当な傾きをつける 
5. 平行四辺形を組み合わせて作ったCDラック

ケーススタディ編

034　プッシュ提案書　　　B（背景）＋T（課題）＝課題提起型

「SWOT分析」を中心に据えた
制服市場参入の企画書

これから新しい市場に参入するとき、かならず不安定要素がつきまとう。そんなとき利用されるのが、現状を分析する「SWOT分析」である。「強さ」「弱さ」「機会」「脅威」の4つの観点から考えられる事柄を列挙することで、現有資産をどう有効に運営していけばいいかという方針を、より明確に提示することができる。

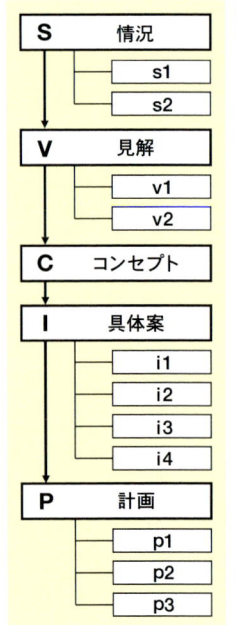

```
S   情況
    ├ s1
    └ s2
↓
V   見解
    ├ v1
    └ v2
↓
C   コンセプト
↓
I   具体案
    ├ i1
    ├ i2
    ├ i3
    └ i4
↓
P   計画
    ├ p1
    ├ p2
    └ p3
```

```
┌─────┬─────┐
│  S  │  V  │
│s1 s2│v1 v2│
├─────┴─────┤
│     C     │
├─────┬─────┤
│  i1 │  i2 │
│  i3 │  i4 │
├─────┴─────┤
│     P     │
│  p1 p2 p3 │
└───────────┘
```

1　企画の特徴

　田舎に帰省したとき、高校生の制服が以前と変わっていることに気がつきました。しかし前より良くなったようには見えません。女子高生にしても、どうせ着るなら、やっぱりかわいくて、かっこいいものを望んでいるはずです。制服で学校を選ぶという子もいます。
　それを説明したのが上段左の「企画目的」でこれがS（情況）です。右の「概要」がV（見解）ですが、V（見解）でありながら、こうした方法をとるべきだというI（具体案）にまで踏み込んでいます。
　C（中核概念）はキャッチフレーズの「全国の制服を征服」です。だじゃれのようですが、コンセプトワードになっています。
　その根拠を示したのが「SWOT分析」という手法です。これは「強さ」「弱さ」「機会」「脅威」の4つの観点から、企業や商品やブランドなどの現状を分析しようというマーケティング手法です。
　「デザイナーズ制服委員会」というアイデアを動かす「実施計画」が最下段で、3つのP（計画）が示されています。内容は、1年以内で競争優位性に乗じたフロントランナー戦略に出るべきだ、という「SWOT分析」で出した分析結果を活かしたものになっています。

2　見せ方のポイント

　この企画書は「SWOT分析」が中心で、前半はその根拠であり、後半は、どうそれを踏まえて実現可能なものにするか、という想定プランという構図になっています。
　4つの要素を田の字型にするとき、対角線上にあるものの色を同色にして、たすき掛けのようにするという見せ方があります。ここでは濃い色を用い、かなり強烈な印象に仕上げています。こういった濃い色合いの場合、中のテキストは白抜きにします。
■カラーリング
　基調色は、濃い紫色とオレンジ色で、同系色に近い色ですがコントラストの強いダブルバランスになっています。どちらの色もインパクトが強いので、これ以外の色合いを持ってきても効果はありません。

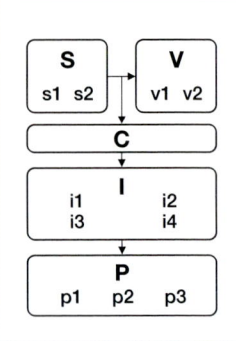

完成企画書

作成ポイント

●シルエットに
白い影をつける方法

「これが現代の女子高生像です」と、その世代特有のことに触れてイメージを表現したいときには若い女性を模った人型のシルエットを使うといい。シルエットは濃い色の図形の上だと目立たなくなってしまうので、影をつけてから、「影の設定」で色をグレーから白に変える。

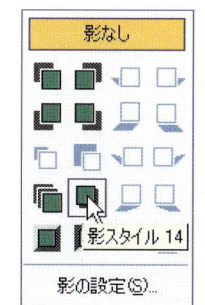

1. クリップアートの挿入法はP11を参照
2. [図形描画] ツールバーの [影付きスタイル] ボタン→ [影スタイル14] を選択
3. 同じく [影付きスタイル] ボタン→ [影の設定] をクリック
4. [影の設定] ツールバーの [影の色] の▼をクリック→ [背景色に合わせる] をクリック
5. 「女性」のシルエットに白い影がついた

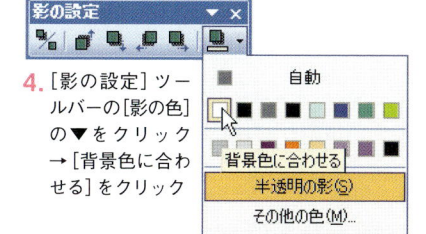

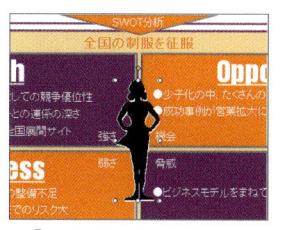

083

ケーススタディ編

035　プッシュ提案書　　F（気づき）＋O（提案）＝気づき発想型

柔軟な発想とアイデアが生まれる
新評価システムの企画書

ふだん何気なく見ているテレビのニュースも、連想力を働かせると、何か重要な意味があるのではと気がつくことがある。こうした時代性や、社会の転換期への「気づき」からも企画は生まれる。「気づき」発想が単なる「思いつき」で終わらないようにするには、インパクトのあるコンセプトワードで「斬る」必要がある。

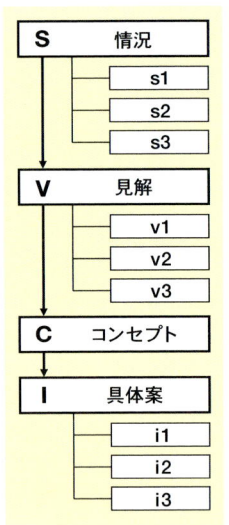

1　企画の特徴

　事故や事件などニュースを見ていると、何かそこに符合する部分が感じられることがあります。同じ時期に重なったことには、共通する問題点が潜んでいて、それが何であるかを解明することによって、思わぬ企画のアイデアが得られることが多々あります。

　この企画がそうで、実際に起こった事故や事件から、自社の人事考課制度を翻って考えてみると、何か問題がありそうだと思いいたったところから企画が始まっています。

　上段左がS（情況）で、右がその矛盾点を解消する「ニューシステム」でV（見解）にあたるものです。SVのタイプは、解決すべき問題ありき、の《P（問題）＋S（解決）＝問題解決型》ではなく、《F（気づき）＋O（提案）＝気づき発想型》です。

　C（中核概念）は「遊国」で、これは「憂国」という既成の単語をもじったコンセプトワードです。その内容が下に列挙した3点で、これらがI（具体案）ということになります。

2　見せ方のポイント

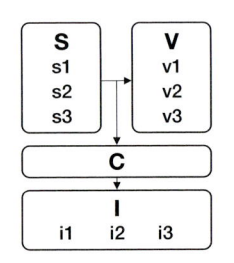

　「遊国」というコンセプトワードを強調するため、グラデーションをつけた図形の上に縦書きのテキストをワードアートで入れ、さらに漢文の返り点と送り仮名をつけてみました。ちょっとした遊び心です。

　図解のモチーフは、右側に比重がこれからかかろうかという天秤ですが、こうしたメタファーを利用すると具体物が頭に浮かんでくるため理解がしやすくなります。左右の矢印には、動きを表すため「ストライプ矢印」を上下逆さに配しました。

　さらに動的な要素をつけ加えるため、タイトルスペースはあえて左右対称を崩すデザインにしてあります。

■カラーリング

　黄土色と、紫がかった濃いマゼンタのダブルバランスですが、どちらかというと前者が基調色です。したがって強調色には後者を用いてインパクトをつけてあります。

完成企画書

作成ポイント

●立体的な
グラデーションのつけ方

円形の図形を立体的に見せたいときにはグラデーションをつける。カメラのレンズのような微妙な「へこみ」を表現するには、白から濃い色へのグラデーションにして、外枠はその中間程度の色合いに設定する。上に乗せるテキストに影のついたワードアートを使うとさらに立体感が強調される。

1. ［楕円］を描き、P11を参照してグラデーションをつける
2. ［線のスタイル］ボタン→［3pt］を選択
3. ワードアートの作り方はP11を参照し、縦書きのものを選択する（上図）
4. ［ワードアート］ツールバーの［ワードアートの書式設定］ボタンをクリック 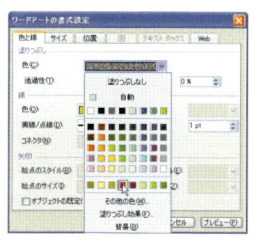
5. ［色］の▼をクリック→［ユーザー設定］から適当な色を選択する
6. 「返り点」と「送り仮名」は［テキストボックス］で入力する
7. 立体的で表情のあるデザインに仕上がった

ケーススタディ編

036 プッシュ提案書　　F（気づき）＋O（提案）＝気づき発想型

時代遅れになった商品の新しい売り方提案書

ひと口に流行の変化といっても、トレンドの変化と時代の変化の2種類がある。前者は新しい欲望をつぎつぎ刺激していけばいいが、後者の場合、古くなった商品は新しい売り方を模索していかなければならない。つまり古い商品に新しい価値があることに目を向けさせるもので、マーケティングではよく見られる方法である。

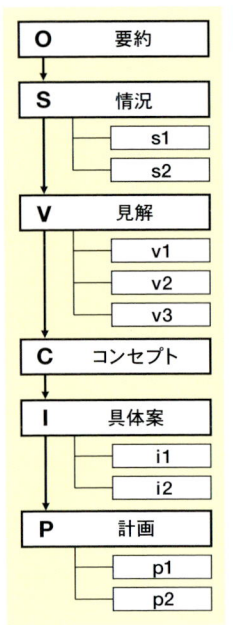

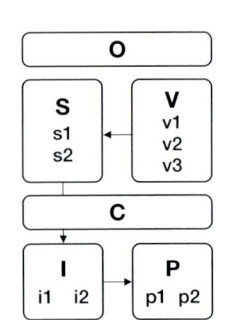

1 企画の特徴

　それまで売れていたものがパタリと売れなくなることがあります。それが流行ならつぎの流行を追えばいいが、時代の変遷である場合、主要商品なら廃業するか、別の売り方で復活することを考えなくてはなりません。ここでの課題である腹巻きもそのひとつです。
　企画はその現状ではなく、飛行機の中で出会った女性との会話からはじまっています。これがS（情況）で、腹巻きに対する認識を一新したところで「腹巻きカルチャーの現状」に考察を加えていて、こちらがV（見解）です。SVのタイプは《P（問題）＋S（解決）＝問題解決型》ではなく《F（気づき）＋O（提案）＝気づき発想型》です。
　そこで思いついたC（中核概念）が「Belly Guard」というブランド腹巻きで、詳しい内容は下段左側の「ブランド化」に示されています。I（具体案）の提示です。
　その右側の「販売戦略」はもちろん、P（計画）となります。

2 見せ方のポイント

　この企画は、テキ屋と呼ばれている人がよく身につけているという先入観、年寄りくさいというイメージの腹巻きが、意外と若い女性にウケているという事実に遭遇したことが端緒となっています。そこで企画書のデザインにも腹巻きをとり入れることにしました。
　気づき（左）があって現状（右）を考察していますが、現状に対して、こういう気づきをしたという変則的な見せ方になっています。
　ここでは商品名がそのままコンセプトになっています。こうしたコンセプトワードは、全体の中で発想したものなので、図形の中には入れず、大きく象徴的に示しました。よく見られるデザイン的な工夫のひとつです（P60を参照）。

■ カラーリング
　もっともオーソドックスな腹巻きの色であるベージュが基調色で、同系色にピンク、反対色に青紫系統の同系色が用いられています。全体がこの2色の系統で仕上げられています。

完成企画書

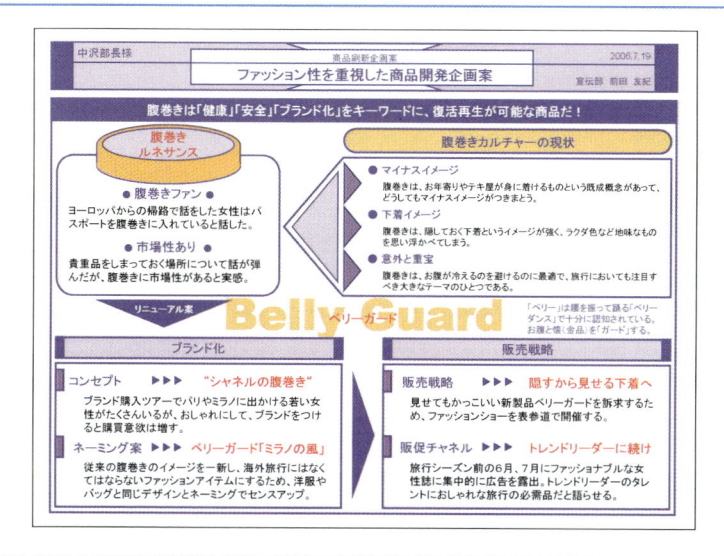

作成ポイント

●縦縞の腹巻きの描き方

腹巻きのイラストはクリップアートにはないので自作する。用意するのは3つの楕円と、「フローチャート：論理積ゲート」という図形で、2つの楕円と「フローチャート：論理積ゲート」には縦縞のパターンを施す。円柱の図形上に楕円を乗せても描けるが、それだと石油コンビナートのように無機質に見える。

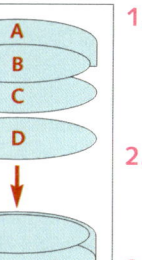

1. ［フローチャート：論理積ゲート］を描き、緑色の回転ハンドルを［Shift］キーを押しながらドラッグして左90度に傾ける（図形A）
2. ［楕円］を描き（図形D）、［Shift］キー＋［Ctrl］キーを押しながら上にドラッグしてコピーを作る（図形C）
3. やや小さな楕円を加えて（図形B）、左上のような図形の組み合わせを作る
4. 図形A、CおよびDを［Shift］キーを押しながら選択して、ダブルクリックする
5. ［パターン］タブをクリックして、左図のような設定にする 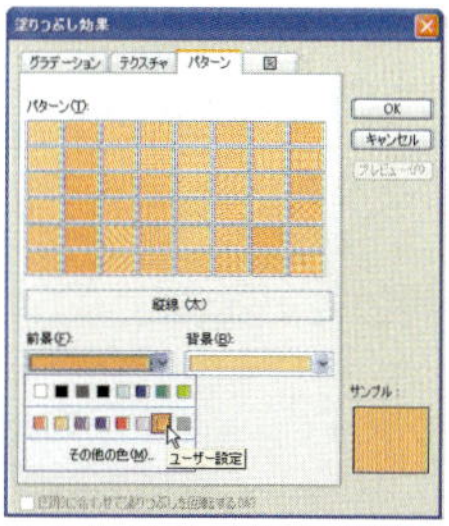
6. 図形Cを選択し、［線の色］ボタンの▼をクリック→［線なし］をクリック
7. 腹巻きのような図形が完成した

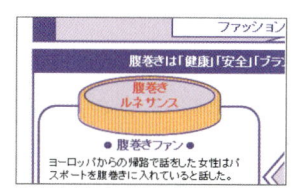

ケーススタディ編

037　プッシュ提案書　　B（背景）+T（課題）=課題提起型

現代独身女性の心の悩みを解消する
新型ショップ出店企画書

顧客の潜在的な希望はこういうところにあるであろうと想定し、その考えをすくい上げるように考え出した、新型ショップの企画案である。上段の人が下段の人と、和歌の返歌のように応答し合っているところがポイントである。配色も、上段と下段で相性のいい2色で色分けして、トータルコーディネートを施してある。

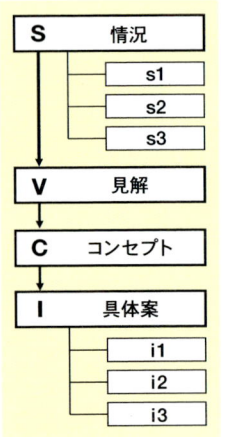

1　企画の特徴

屋外やデパート内のブースでよく占いの店を見かけます。それを見て考えたのは、1つの館全体を占いの店にしてはどうか、という企画です。他店との差別化は、そこが「泣く」ということをテーマにした現代女性の癒しのサロンにするということです。

企画は上段が顧客で、下段が企画者側で、両者の掛け合いで完結する企画書です。SVCIP理論（P18を参照）でいうと、上段が女性の生の声でS（情況）、それを受けとめて応えている下段がV（見解）という構造になっています。

C（中核概念）は中央の「泣店」で、ショップのサブタイトルになるものです。その内容が右から左への「当店」の対応（つまり「泣店」の下）に示されています。これが「泣店」のI（具体案）で、上の3つの生の声の返答という形になっています。

下段左端には、どうして「泣店」なのかの根拠を示してあります。

2　見せ方のポイント

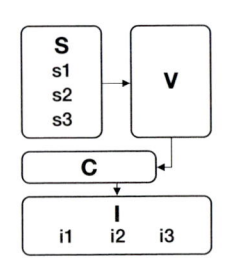

この企画書は左上の「女性」による、つぶやきのような問いかけに、右下の「当店」（おそらく男性）が真摯に答えようとしているという構図をとっています。

ややステレオタイプではありますが、女性の側はピンク、男性はそれと相性のいい緑色を使って全体を構成しています。どちらもパステルカラーで、この企画のナイーブさを演出しています。

イラストを使うと、どうしても何らかの色がついてしまいますが、人のシルエットだと無色透明で、ここから豊かなイメージを膨らませることができます。シルエットは楕円と2種類の三角形を組み合わせるだけで簡単に自作できます（「作成ポイント」を参照）。

■ カラーリング

ピンクと緑色はいずれもパステルカラーで、補色（反対色）によるダブルバランスとなっています。どちらも3つの階調を利用してあり、紙面が単調に見えないよう配慮してあります。

完 成 企 画 書

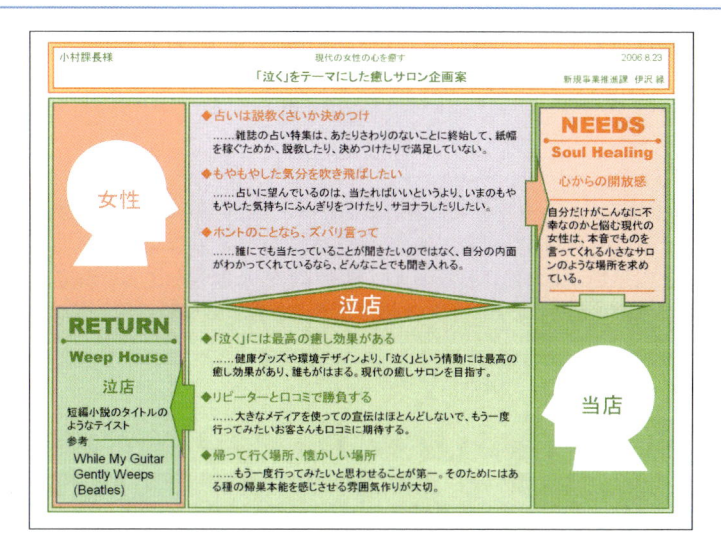

→ 作成ポイント

●人の頭のシルエットの描き方

人の頭はクリップアートにありそうだが、これは基本図形を使って自作したものである。分解すると、1個の楕円と、2個の直角三角形と、2個の二等辺三角形からなる（右図はわかりやすく見えるよう枠線が入っている）。「グループ化」すると1つの図形のように扱えるようになる。

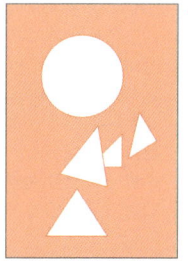

1. 図のように［楕円］と［直角三角形］と［二等辺三角形］を描く

2. 人の頭部になるよう組み合わせる

3. ［Shift］キーを押しながらクリックし、すべての図形を選択して右クリック→［グループ化］→［グループ化］をクリック

4. 人の頭部が1つの図形として扱えるようになった

ケーススタディ編

038　プッシュ提案書　　　P（問題）＋S（解決）＝問題解決型

社内共通の弱点を克服するための勉強会の提案企画書

「企画力がない」といったその会社固有の弱点は、外部の視点を導入しないとなかなかわからないものである。それを改善するには、考えられる限りの弱点を列挙して認知し、どう対処したらいいかを考え、解決にいたるコンセプトを明確にする。この会社では「図考力」といったものを鍛えるため、勉強会を開くことになった。

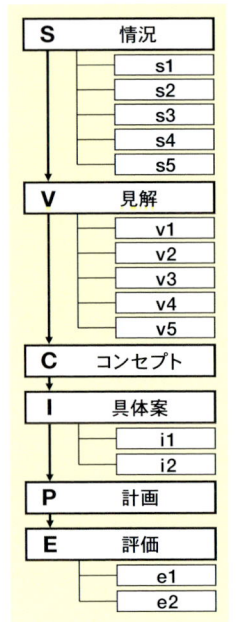

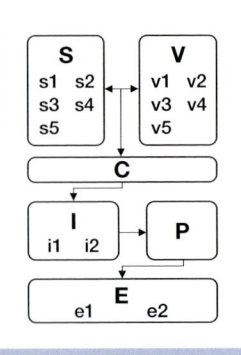

1　企画の特徴

　社内の弱点を列挙してみると、企画力がない、論理的でない、図解が苦手、といったことが課題であるとわかり、すべてをひっくるめて、図で考える力というものが足りないのでは、ということに思いいたりました。その勉強会を開こうというのがこの企画書です。

　上段左の「現状の問題点」5点がS（情況）です。それに対して右の「問題点の克服法」がそれぞれに対応するV（見解）ということになります。ここまでのフェーズ1は、SVのタイプでいうと《P（問題）＋S（解決）＝問題解決型》ということになります。

　つぎに、そのために「求められるスキル」を列挙しました。これが勉強会「図考力の虎の穴」というコンセプトにつながっています。つまりはC（中核概念）です。

　その内容が「概要」「テキスト」で、この2つがコンセプトのI（具体案）、「募集」はP（計画）となります。

　さらにその目標はというと、「営業活動」と「企画提案」の2つの側面で役立てられるであろう、というE（評価）につながっています。

2　見せ方のポイント

　フェーズ1は、形の上では同じ「T型フロー」でも、Tの書き順どおりのものと、「正・反・合」で成り立つものがあります。つまり、「正」と「反」が対立して、その結果それより上位の概念の「合」にいたるといったものです。この企画書もそうした例です。

　対立の関係は、向き合った「ホームベース」という図形で表してあります。そしてそこからアイデアが広がるイメージを三角形の図形を使って、末広がりのイメージで表しました。それがふたたび最後には合流して、企画目標というものを提示する形となっています。

■ カラーリング

　基調色は濃紺と近似的な関係にあるグレーで、これらと薄緑色のダブルバランスで成り立っています。ここでは緑色は基調色だけでは単調になるのを防ぐ働きをしています。強調色は赤色です。

完 成 企 画 書

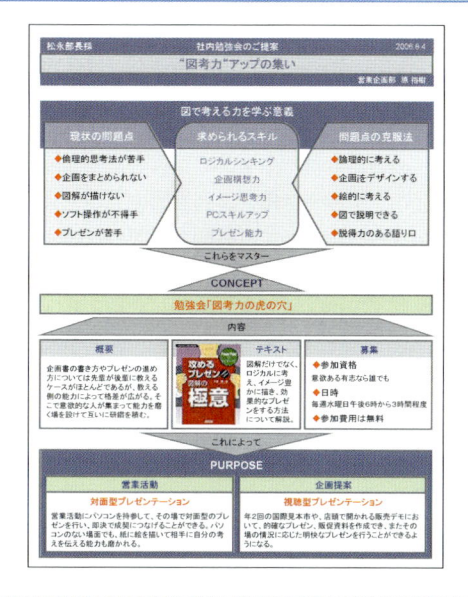

作成ポイント

●中間に図形が入った三角形の描き方

枠に線がある図形の場合、P75のような作り方にすると自然には見えない。そこで、いったんすべての枠となる二等辺三角形を横長の四角形の下に描き、これを台紙代わりに、台形と小さな二等辺三角形を大きな二等辺三角形の上にきれいに配置する。こうすると中間に四角形の帯のスペースが空いた三角形が描ける。

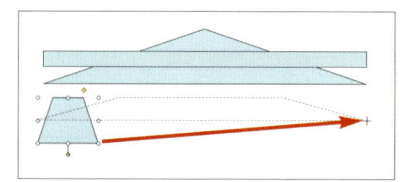

1. ［二等辺三角形］と［四角形］と［台形］を描き、台形は上下を逆さにする
2. 台形のハンドルをドラッグして、二等辺三角形の右端と合わせる（上図）
3. 黄色いハンドルをドラッグして上の辺の左右の長さを揃える
4. 二等辺三角形を［Shift］キー＋［Ctrl］キーを押しながら上にドラッグしてコピーを作る 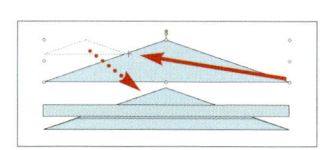
5. ［Shift］キーを押しながら右下のハンドルを左上へドラッグして小さな二等辺三角形を作り、大きな二等辺三角形の上部に重ね合わせる
6. 台紙代わりに描いた二等辺三角形を選択して［Delete］キーを押して消去する 
7. 二等辺三角形と台形が上下に作られた

ケーススタディ編

039　プッシュ提案書　　　　　B（背景）＋T（課題）＝課題提起型

家族が家でむつまじく暮らせる提案型家具の企画書

コンセプトを導き出すには、外的な要因と内的な要因を対比させるという形が考えられる。内的な要因はこのケースのように、外的な要因の推論から得られた見解がくることもある。イラストに解説をつける場合は、とくに意図がないかぎり左にビジュアルを入れる。多くの広告は「左ビジュアルの原則」にしたがって作られている。

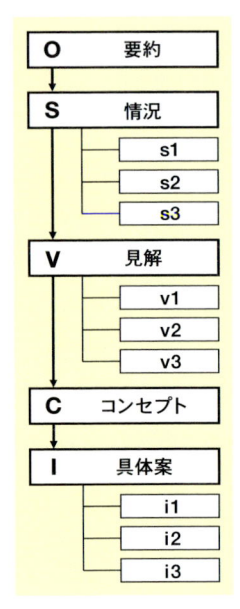

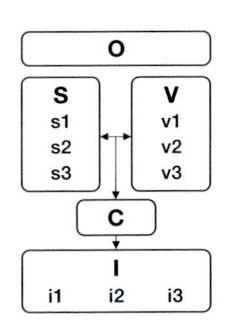

1　企画の特徴

　この企画書の場合、上段に2つ並んだものは「時代的・社会的要因」と「家族的・心理的要因」で、いずれもS（情況）のように見えますが、右は左の客観的事実を受けて、それに対応する形で現状を類推しているので、意味的にはV（見解）ということになります。

　SVのタイプは、外部の要因から発想しているので、《B（背景）＋T（課題）＝課題提起型》です。

　C（中核概念）はここではコンセプトそのもので「すまい留」です。「住まい」と「留まる」と「スマイル」を掛けたコンセプトワードで表現されています。

　それを受けたI（具体案）が下段で、左側に「Smile Heart」というリビング用の家具のイラスト、右側にその特徴を入れました。

　これはプッシュ提案書なので、実行に移すP（計画）はありません。

2　見せ方のポイント

　フローのタイプは「二型フロー」ではなく、「コンセプト」などと書かれた赤色と黄色の部分が要となっている「工型フロー」で、上段の左右がフェーズ1、下段がフェーズ2です。

　下段はイラストと解説です。ここで注目してもらいたいのは、こうしたイラストと解説文では、イラストは左に入れるということです。理由は、人間の脳ではビジュアル要素の認識をつかさどるのは右脳の働きで、感覚器官は交差するので左目のある左側に絵的な要素があったほうが見やすく、視野も広く感じられるからです。「左ビジュアルの原則」は広告では、特殊なケースを除いて鉄則となっています。

　ハート型のテーブルのような形はオートシェイプにはありませんが、楕円を2つ組み合わせて作ります。椅子はクリップアートです。

■ カラーリング

　緑色という珍しい色の家具の提案なので、全体の基調色も緑色とその濃淡になっています。同系色は黄色で、強調色には赤色を使ってあります。この両者は補助色の関係にあります。

完 成 企 画 書

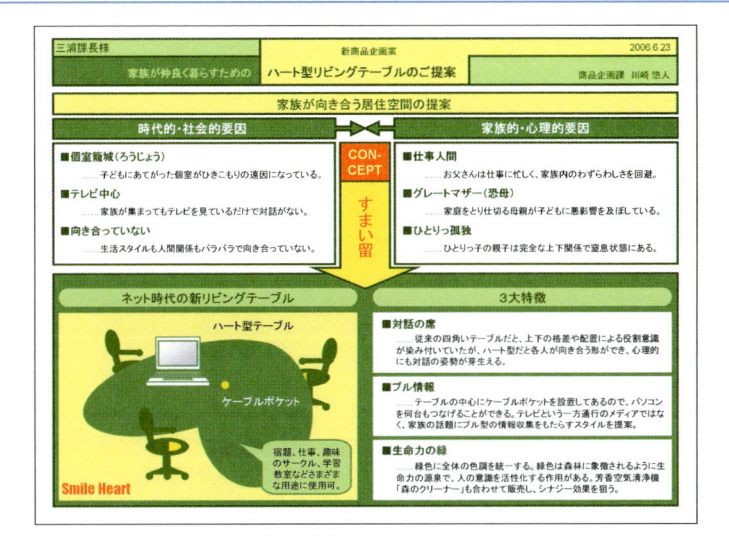

> → **作 成 ポ イ ン ト**

●イラストの描き方と、色と向きの変更法

ハート型のテーブルは単純に楕円を2つ描き、傾きをつけて重ね合わせるとでき上がる。椅子はクリップアートを使ったものだが、配色を変えて、左右の向きを変えたうえでテーブルの3ヵ所に大小をつけて配置する。小さくした2つの椅子は「背面へ移動」の操作を行なう。

1. ［楕円］を2つ描いて、回転ハンドルで傾きをつけて重ね合わせる（下図）
2. クリップアートの挿入の仕方はP11を参照
3. イラストの配色を変える方法はP139を参照
4. 図形の左右を逆にするには［図形の調整］→［回転／反転］→［左右反転］をクリック
5. テーブルの背後に移動するには右クリック→［順序］→［背面へ移動］をクリック
6. 2つの椅子がテーブルの後ろに配置された

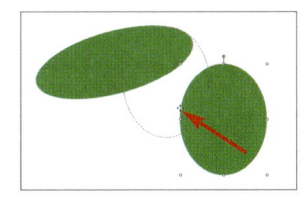

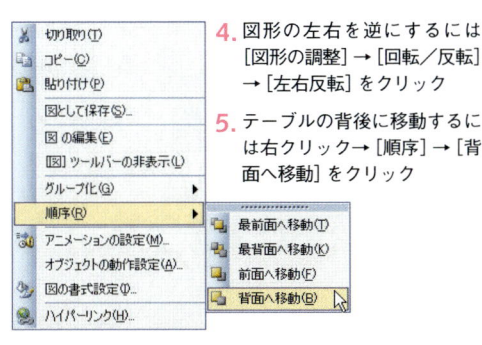

ケーススタディ編

040　プッシュ提案書　　　P（問題）＋S（解決）＝問題解決型

映画のポスターを模して作った地域活性化の提案書

地方のさびれた街を活性化しようという企画案である。これといった観光資源はないが、タイムスリップしたような古い町並みが残っているので、アマチュア写真家を集めて撮影コンテストを行い、全国に情報発信しようという企画素案である。モノクロ写真がテーマなので、そのメッセージをビジュアル全体で表現してある。

1　見せ方のポイント

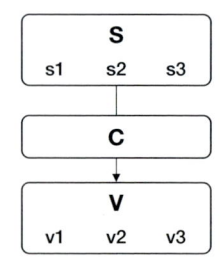

```
    S
s1  s2  s3
    ↓
    C
    ↓
    V
v1  v2  v3
```

　これは「華麗なる賭け」という映画のポスターを模して作ったもので、まず全体のイメージがあって写真を配置しました。こうしたすぐれた作品にリスペクトを表して作った作品をオマージュといいます。
　赤いポストは、その部分をトリミングして、グレースケールに落としたもとの写真にはめ込んだものです。古い家屋の写真の左半分はレタッチソフトで加工して、やはりトリミングしたものです。
　グレースケール（モノクロ化）は、写真をダブルクリックして「図」タブの「イメージコントロール」を調節するだけで簡単に作れます。

■ カラーリング
　ポストの赤を基調色として利用し、グレースケールに落とした写真のグレーを組み合わせて、全体をシンプルに見せています。

| 041 | プッシュ提案書 | P(問題)＋S(解決)＝問題解決型 |

柔軟な組織環境を目指した
フリーアドレス制提案書

社内を創造的な環境に変えようという目的で、個人の座席をすべて撤廃し、自由に座席をとって打ち合わせをするという動きが一部で広がっている。これは軍隊的な縦列形態の座席とそれに適合した考え方に対する変革であるが、その導入案について述べたのがこの企画書である。見せるレイアウト案のインパクトが決め手となる。

1 見せ方のポイント

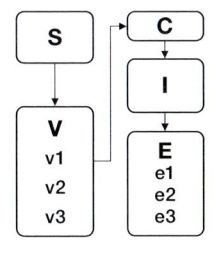

　この企画書の一番の見どころは、新旧の座席のレイアウト案を左右で比較して見られるようにした点に尽きます。ただ、机やミーティング用のテーブルや椅子が同じような配色だと単調に見えてしまうので、左右でポジとネガ（黄色と白の部分）を替えてあります。
　下段の本文（10ポイント）は、左右いっぱいに使うと読みづらくなるので、左側に大きく青いスペースを設けてデザインを施しました。「Now」「Future」の頭文字は48ポイントで、その他のアルファベットは前者が20ポイント、後者が16ポイントです。

■ カラーリング
　黄色と青色の補色（反対色）関係によるダブルバランスです。相互に相性のいい色合いなので、他のカラーは使ってありません。

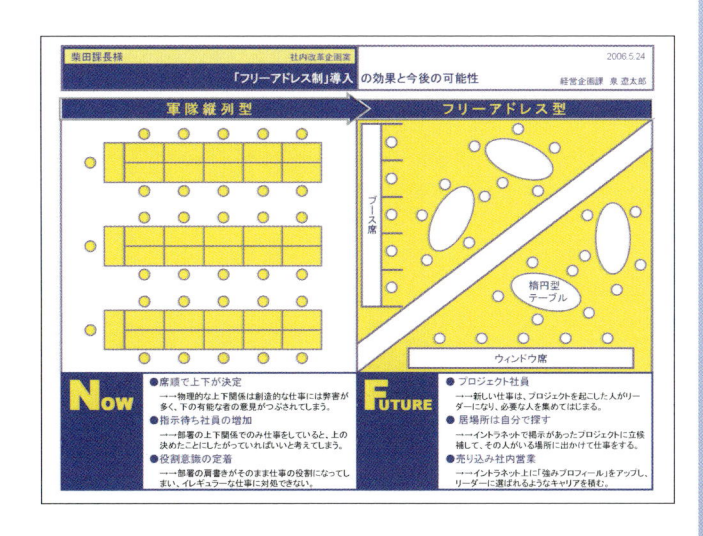

ケーススタディ編

042　プッシュ提案書　　P（問題）＋S（解決）＝問題解決型

統括する人が観察して提案する
店舗見直し企画書

エリア内の店舗を見回って気がついたことを報告するだけでなく、そこから新しい提案やアイデアを出すのがスーパーバイザーの真の仕事である。このとき、いくつかの現象を1つのコンセプトで括ると立派な企画書となる。企画書というのは、かならずつぎのアクションにつながるサムシングがあるということである。

1　見せ方のポイント

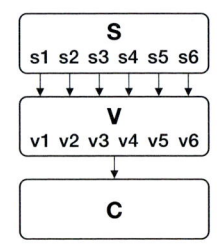

```
      S
s1 s2 s3 s4 s5 s6
 ↓  ↓  ↓  ↓  ↓  ↓
      V
v1 v2 v3 v4 v5 v6
      ↓
      C
```

　この企画書は左から右への大きな矢印が全体のコンセプト（近い将来の方向性）を表しています。そういった点で「ビジュアル優先（発想）型」の企画書だといっていいでしょう。
　事例の数も、上下3つずつで6個とするのがバランスがよく、最初から6つのことを集めて提案しようと決め、あとから項目を埋めていったものです。こういう発想は図解企画ではめずらしくありません。
　6つの事例は上下の「二型フロー」で見るのが自然ですが、ここではバックに"透かし文字"で番号を振ってわかりやすくしてあります。

■ カラーリング
　基調色はエンジ色で、薄い紫色とはダブルバランスと考えることも、ベージュを含めてトリプルコンビネーションと見なすこともできます。

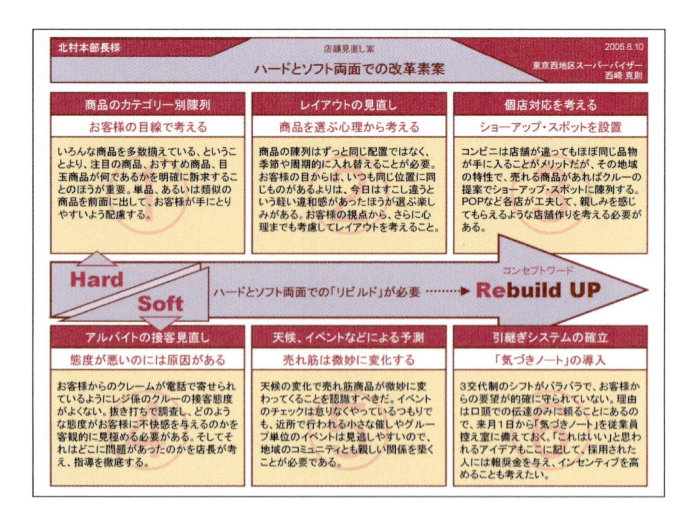

北村本部長様　　　　店舗見直し案　　　　　　　　　2006.8.10
　　　　　ハードとソフト両面での改革素案　　　東京西地区スーパーバイザー
　　　　　　　　　　　　　　　　　　　　　　　　　　西崎 真則

| 商品のカテゴリー別陳列 | レイアウトの見直し | 個店対応を考える |
| お客様の目線で考える | 商品を選ぶ心理から考える | ショーアップ・スポットを設置 |

いろんな商品を多数揃えている、ということより、注目の商品、おすすめの商品、目玉商品が何であるかを明確に訴求することのほうが重要。単品、あるいは類似の商品を前面に出して、お客様が手にとりやすいよう配慮する。

商品の陳列はずっと同じ配置ではなく、季節や周期的に入れ替えることが必要。お客様の目からは、いつも同じ位置に同じものがあるよりは、今日はすこし違うという新鮮な感じがあったほうが選ぶ楽しみがある。お客様の視点から、さらに心理までも考慮してレイアウトを考えること。

コンビニは店舗が違ってもほぼ同じ品物が手に入ることがメリットだが、その地域の特性で、売れる商品があればクルーの提案でショーアップ・スポットに陳列する。POPなど各店が工夫して、親しみを感じてもらえるような店舗作りを考える必要がある。

Hard
Soft　　ハードとソフト両面での「リビルド」が必要　→　**Rebuild UP**　　コンセプトワード

| アルバイトの接客見直し | 天候、イベントなどによる予測 | 引継ぎシステムの確立 |
| 態度が悪いのには原因がある | 売れ筋は微妙に変化する | 「気づきノート」の導入 |

お客様からのクレームが電話で寄せられているようにレジ係のクルーの接客態度がよくない。抜き打ちで調査し、どのような態度がお客様に不快感を与えるのかを客観的に見極める必要がある。そしてそれはどこに問題があったのかを店長が考え、指導を徹底する。

天気の変化で売れ筋商品が微妙に変わってくることを認識すべきだ。イベントのチェックは怠りないつもりでいても、近所で行われるような小さなグループ単位のイベントは見逃しやすいので、地域のコミュニティとも親しい関係を築くことが必要である。

3交代制のシフトがバラバラで、お客様の要望が的確に守られていない。理由は口頭での伝達のみに頼ることにあるので、来月1日から「気づきノート」を従業員控室でショー・スポットここに記して、「これはいい」と思われるアイデアをここに出して採用されたい。採用された人には報奨金を与え、インセンティブを高めることも考えたい。

096

043 プッシュ提案書　　P（問題）＋S（解決）＝問題解決型

現場発想の理念を全社で実践するためのアドバイザー招聘企画書

> 店舗という現場を預かる責任者は、顧客がいま、どのようなことを望んでいるか、そしてどのようなシグナルを送っているかを知るため、「現場発想」という視点が欠かせない。これは、そういう思考法に弱い会社が、人の気持ちが理解できるマネジメントを目指していくため、特別アドバイザーを招聘するという企画案である。

1　見せ方のポイント

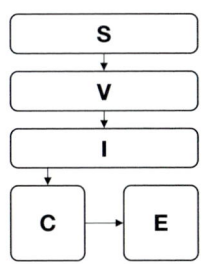

"起承結"＋"具計"（P18を参照）が展開の基本ですが、この企画書は、最後にE（評価）がきているので"起承具"＋"結評"で成り立っています（コンセプトがE（評価）＝「企画目標」に含まれています）。

そして「具体案」までの流れが「企画目標」に結実したという構図を、大きな矢印で表現してあります。矢印の先にある③だけ、テキストが入りきらずにはみ出しているのもデザイン的な工夫です。

①の本文のように、文章中に重要語がある場合、埋もれてしまうといけないので、暖色の色をつけ、太字にして強調します。

■ カラーリング

基調色は薄い黄色で、黄色と紫色、紫色とオレンジ色は補助色の関係で、3色合わさってトリプルコンビネーションになっています。

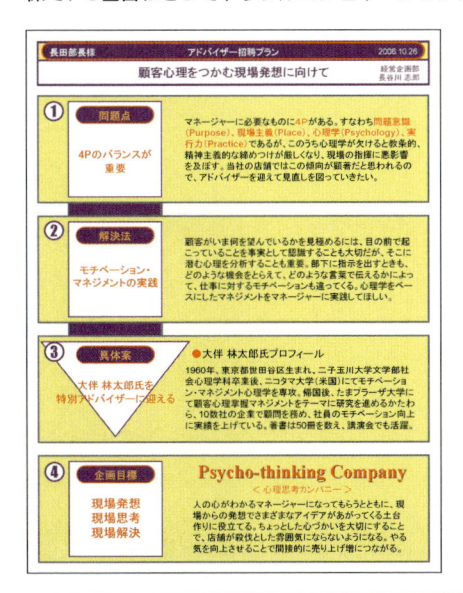

ケーススタディ編

044　プッシュ提案書　　B（背景）＋T（課題）＝課題提起型

競合他社の動向を比較し分析する
ピラミッド図解入り企画書

企業にはかならず競合の存在があり、とくに時代やトレンドの変化への対応では競合他社の動向は注視しておく必要がある。この企画書も競合対策のため整理してまとめたものである。ポイントは、いくつかの層に分けて、いずれの観点において競争優位性を占めているのか、ということと、結論を大きく示すということである。

1　見せ方のポイント

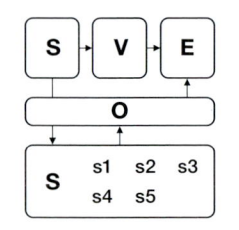

「技術力を土台にしたデザイン力があり……」というように、上位下位のある構図を見せたいときにはピラミッド型の図解を利用します（ここでは「図表ギャラリー」の「ピラミッド型図表」）。

各層において、競合2社との実力の比較をしています。自社を含めた3社で優位のものに関しては色をつけてあります。これで、どの層については優勢で、どの層では劣勢かがよくわかります。

図解の上のコメントは図解の解説でもありますが、全体を要約したO（展望・要約）と考えることもできます（P20を参照）。

■カラーリング

基調色はややくすんだ青色と薄緑色です。強調するエリアに黄色、「当社」ほか強調色はマゼンタにして、目立たせてあります。

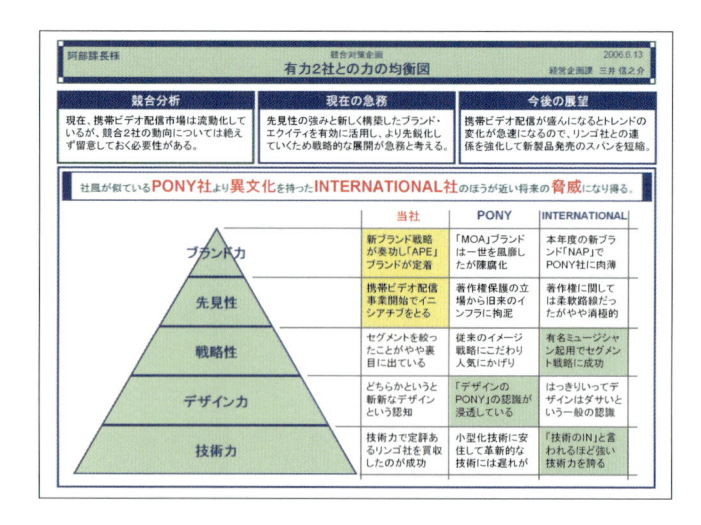

098

045 プッシュ提案書

P(問題)＋S(解決)＝問題解決型

旧サービスとの違いを明確にする
概念図による企画書

顧客満足の向上を目的とした社内改革がこの企画書のテーマであるが、こうした提案の場合、その根底にある概念を絵にすると説得力が増す。また旧い概念と新しい概念との違いを見比べられるようにしておくと、より親切である。概念図を描くときには、氷山のように、自然界にあるイメージを借りてくると理解がしやすい。

1 見せ方のポイント

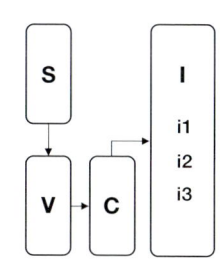

「ピラミッド型図表」は上下の階層を表すものですが、水面下に大きな比重のある氷山のメタファーとしても利用できます。氷山だとすぐわかるよう、左上に基本図形の「太陽」を添えておきました。

「上の状態を下に変えるべきだ」というアイデアなので、同じような図形を2つ並べ、下の図には番号を振って、右の解説と対応して見てもらえるよう配慮しました。番号の色が目立つようにしてあります。

コンセプトワードが英語の場合、上に日本語を乗せておくとセンスよく見えます。こうした見せ方では映画のタイトルが参考になります。

■ カラーリング
基調色は海と氷山から借りたライトブルーで、補色（反対色）はオレンジ色です。タイトルスペースは空をイメージしたものです。

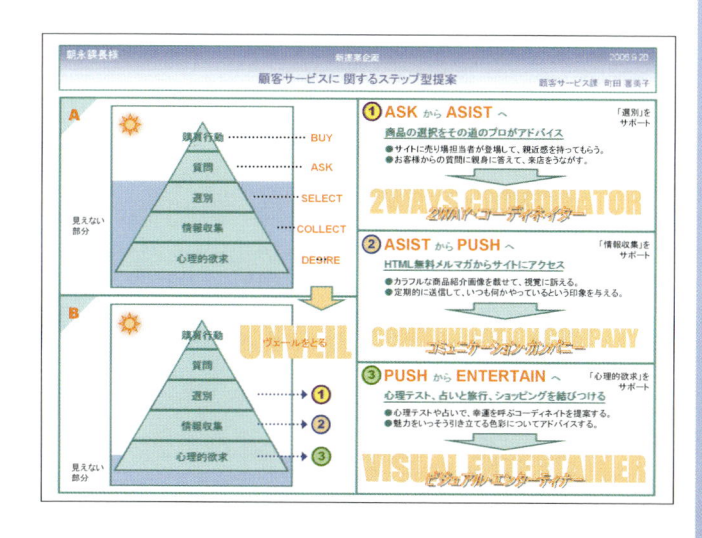

ケーススタディ編

046　プッシュ提案書　　　B（背景）＋T（課題）＝課題提起型

競合商品との相対的な位置を確認する
イメージ調査企画書

同業他社の競合商品と比べて、ユーザーはどういう位置どりで自社の商品を見ているのかを客観的に調べてみるには、2つの観点をもとにマッピングしたポジショニングマップというものを作って検討する。これにより、現在、相対的にどういう位置にいて、今後、どういう方向に進んでいけばいいかを明確にすることができる。

1　見せ方のポイント

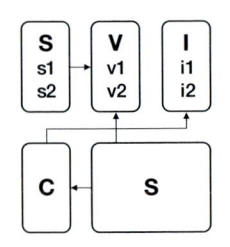

　当社を含む10社の位置づけを座標軸上に示したあと、楕円を使って3つのパートにグループ化して名称をつけます。そのあとで当社が移行すべき方向はどこであるかを「下カーブ矢印」を使って表しました。

　4つに分割された各ポジションにそれぞれつけた名称は、外側にワードアートの英文でも大きく示し、デザイン的な効果を狙いました。

　近い将来、向かうべきポジション（右上）の名称「Progressive-Rich」は最重要コンセプトなので左側に大きく書き出し、赤色を黄色で抜いてかなり目立つようにしました。

■ カラーリング

　紫色と赤色の同系色によるダブルバランスとも、両者の補助色の薄い黄色も含めたトリプルコンビネーションと見ることもできます。

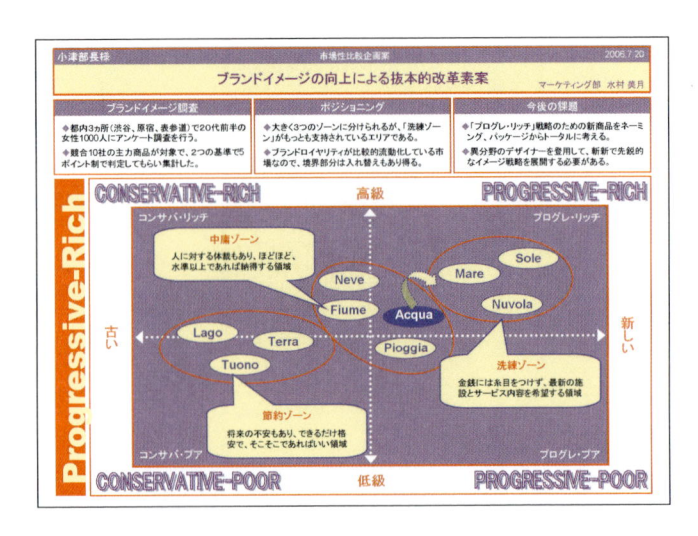

047 プッシュ提案書

B（背景）＋**T**（課題）＝課題提起型

現在の位置どりや将来の方向性がわかる
ポジショニング企画書

多店舗経営をしている企業では、つぎなる出店をどうするかが大きな課題となる。こういうときに利用したいのが自社の店舗の位置どりを確認するためのポジショニングマップである。既存の店舗をグルーピングし、関連する店舗は直線で結ぶなどしていくと、それまで感覚で捉えていたものを、平面的に捉え直すことができる。

1 見せ方のポイント

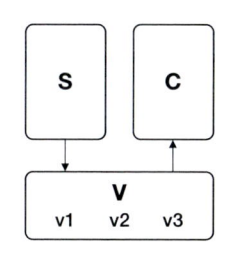

ポジショニングマップでは、4つあるエリアを同系色か濃淡で色分けするときれいに見えます。ここでは青色から紫色までの同系色と濃淡によるグラデーションが使われています。

「BKエリア」（「ブティック系」＋「キッズ」エリアの略）などと書かれた四隅の青紫色の四角形は、左側の「POINTS」や、タイトルスペースの日付欄などに踏襲されています。

左側の柱は、上のタイトルスペースの宛名欄と幅を揃えて、単純なタイトルスペースではないような見せ方をしてあります。

■ **カラーリング**

基調色は紫色で同系色は青色。強調色には赤色が使われています。暗めになりそうな紙面をピンクと黄色が明るくしてくれています。

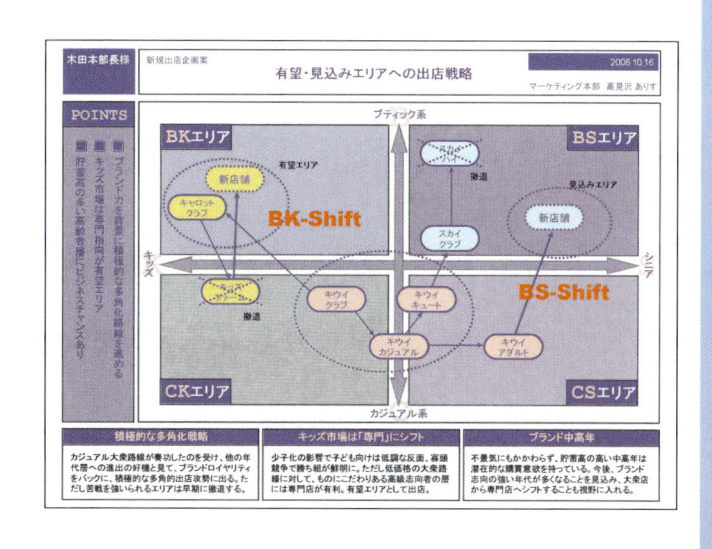

ケーススタディ編

048 プッシュ提案書　　B（背景）＋T（課題）＝課題提起型

洋服とコーディネートができる
新発想傘の企画書

洋服など流行の実態を調べるために街頭に出て、ターゲットをつぶさに観察することをタウンウオッチングという。デジカメを持参して写真を多数押さえ、意図することを意図したとおりに受けとってもらえるようセレクトし、効果的にレイアウトする必要がある。写真そのものがS（情況）の説明になっている企画書例である。

1　見せ方のポイント

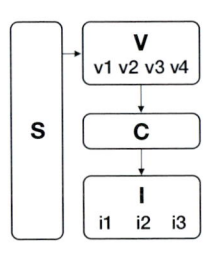

　雨傘の女性の写真は左右をトリミング処理して計10点入れました。後述するP164の企画書と同様、あらかじめ四角形の枠を作っておいて、縦の数値をコピーして入力したあとにトリミングします。
　写真のレイアウトで気をつけたいのは、できるだけ顔や身体の向きが中央に寄るように割り振るということです（P174を参照）。
　左側の写真がカラフルなので、右側の地の色は白を活かしてあります。タイトルスペースなどもシックな配色にして、カラフルなものとのバランスをとっています。

■ カラーリング

　基調色は、青紫色と濃い緑色の同系色によるダブルバランスです。傘やタイトルスペースの紫の「メッシュ」のテクスチャも同系色です。

049 プッシュ提案書　P(問題)＋S(解決)＝問題解決型

職場を自発的で創造的な環境に変える
社内改革の企画書

沈滞して活気のない職場環境の改善を目指すのも企画書の役目である。こうした改革にはソフトとハードの両面からのアプローチがあるが、ハードの改革では簡単なイラストを描くとあらましを理解してもらいやすい。よくない道を進んできた現状を打破するには新発想が必要で、それを言葉で表すのがコンセプトワードである。

1　見せ方のポイント

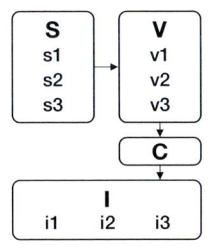

```
S      V
s1     v1
s2     v2
s3     v3
   ↓
   C
   │
   I
i1  i2  i3
```

創造的な仕事は気持ちの問題であるとともに、職場環境からも大きく影響される、ということで、この企画書でもっとも強く訴えたいのが「創発的ミーティングルーム」を導入すべきだという提案です。

それを、平行四辺形と楕円と直線を組み合わせたイラストで表現し、バックには、著作権フリー素材集のイラストを挿入しました。

フローのタイプはカタカナの「コ」の字型ですが、イラストをカット（挿入絵）と考えると左から右、上から下へと、自然な視線の動きにしたがって作られているのがわかります。

■ カラーリング

緑の職場環境がテーマなので緑色が基調色です。同系色として黄色が用いられています。強調色にはオレンジ色と赤色を使用しました。

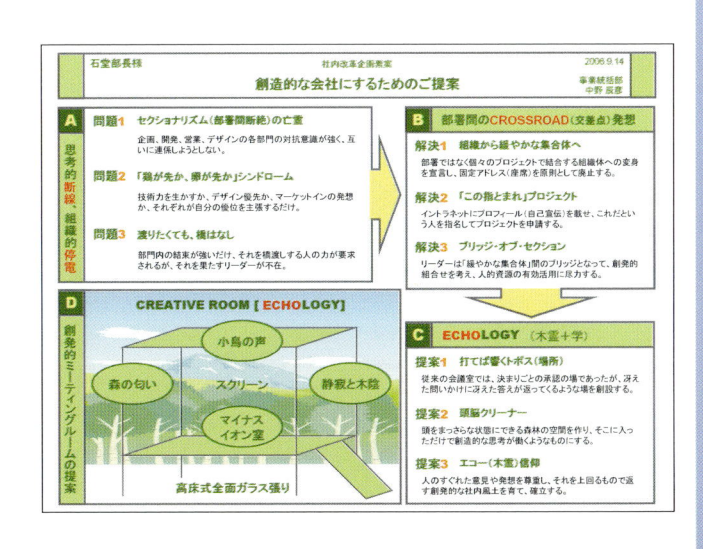

ケーススタディ編

050　プッシュ提案書　　　P(問題)＋S(解決)＝問題解決型

明確な目的を定めて成果を求める
社員旅行企画書

単なる慰安旅行ではなく、目的があって、のちのちの計画性があるものは企画書の範疇に入れられる。ここでの企画は、これから**業務提携**を行なう韓国企業のバックグラウンドに触れるため「食探訪」をテーマに3泊4日の旅行をするというもので、旅の目的や目標とともに、滞在中のプランもスケジュールの形で盛り込んである。

1　見せ方のポイント

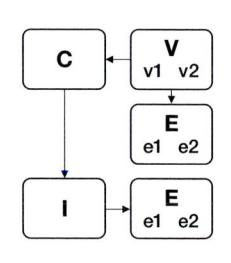

「食探訪」ということがバックグラウンド理解の第一である、という位置づけなので、事前に旅行に行った人が撮った写真を見せて、どのような旅の企画であるかを明確にしてあります。

見る人はまず写真のイメージに目が行きます。つぎに企画そのものは、右上から下、下段の左から右に流れますが、視線の移動をスムーズに導くため三角形による矢印を入れてあります。

タイトルスペースの左側の"透かし文字"のフォントは「HGS行書体」で、右側の英文は「Century Gothic」で54ポイントです。

■ カラーリング

選択した色は韓国の国旗である太極旗の赤と青から借りてきました。いずれも濃淡を用い、地の色とテキストで塗り分けてあります。

| 051 | プッシュ提案書 | P（問題）＋S（解決）＝問題解決型 |

性別と年代層で見直しを図る
ターゲット変更企画書

製品を市場に投入するとき、どの年代層に向けて売っていくかを前もって検討する。これをマーケット・セグメンテーション（市場細分化）というが、市場の変化によって変更を余儀なくされることもある。以前のターゲティング（ターゲットを絞り込むこと）から新しいものへの変更を提案する企画書の効果的な見せ方を紹介する。

1 見せ方のポイント

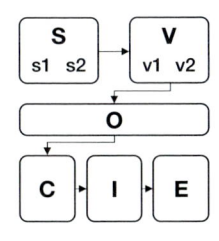

「ラインからゾーンへ、カバーからエンクローズへ」というスローガンをわかりやすく表現するため、上下に男女、左右には年代層を10歳刻みでとり、該当する年代のマス目に色を施します。そしてこれからシフトすべき男女と年代は違う色で色分けしました。

さらに、矢印を使ってカバーする範囲を指し示し、これまでとこれからの範囲がわかるよう、左側に円を使って補足しました。

スローガンとタイトルは大理石の上に直接乗せると目立たなくなるので、両端を丸くしたベージュの角丸四角形の上に乗せました。

■ カラーリング

基調色はグレーと濃紺です。ここでは、グレーと濃紺が最初に決まって、あとから「大理石」のテクスチャを採用した形になっています。

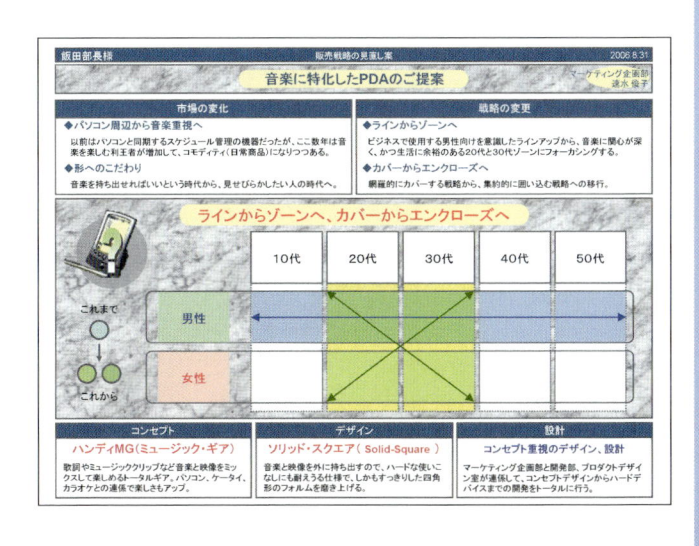

ケーススタディ編

052　プッシュ提案書　　B(背景)＋T(課題)＝課題提起型

市場性と市場占有率から探る
近い将来の新商品企画書

つぎなるヒットを狙うとき、現在置かれている自社の環境分析は欠かせない。データを集計してグラフによって視覚化しただけだと単なる報告書であるが、分析を施し、つぎの商品のヒントにつながるコンセプトワードを提示すると、それは立派な企画書である。コンセプトワードをタイトルスペースの中に含めることもできる。

1 見せ方のポイント

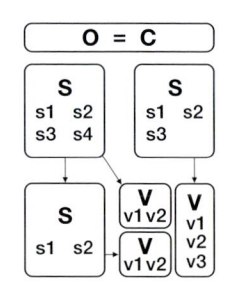

グラフは「1つのポイントの原則」(後述、P126を参照)にしたがって、緑系統のグラデーション中に、ポイントになる部分を赤色とオレンジ色で色分けし、吹き出しでそれを解説してあります。

グラフの色彩が派手なものになったので、これを緩和するため全体を地味な配色にしてあります。グレー系のこうした色は「標準」の色相環(P12を参照)では出せないので、いったんイメージに近い「標準」の色を選んでから「ユーザー設定」で"調合"して作ります。

矢印の塗りつぶし効果は、テクスチャの「再生紙」を利用しました。

■ カラーリング

グラフのテーマが緑で、その強調色に赤色とオレンジ色を使ったので、他はそれぞれ若干色調を変えたグレー系統の色で統一しました。

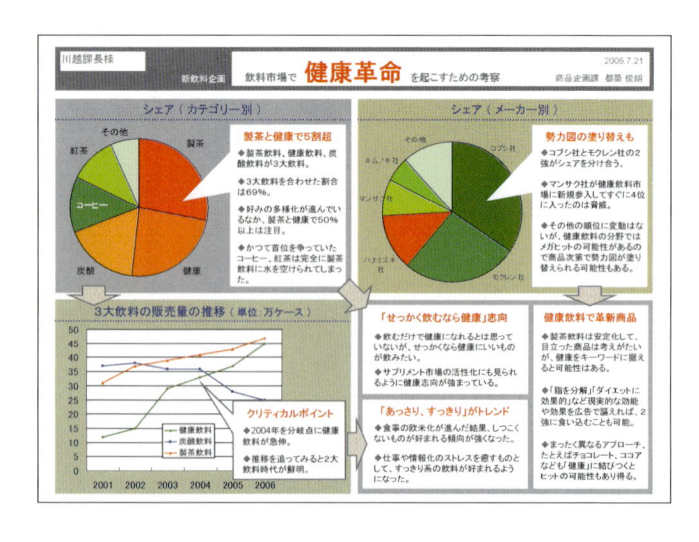

| 053 | プッシュ提案書 | B（背景）＋T（課題）＝課題提起型 |

「マーケティングの4P」を使った
飲料市場開拓の企画書

> コンビニに出荷するペットボトル飲料市場というと激戦地だが、そこにPB（プライベートブランド）商品で新規参入しようという企画である。ポイントは、マーケティングの4Pと呼ばれる「製品」「価格」「プロモーション」「流通」の4つをどう見やすくレイアウトするかである。主張の強い色を大胆に使った企画書である。

1 見せ方のポイント

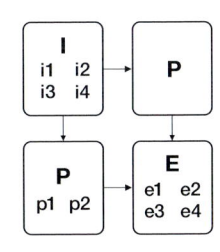

同系色を中心に構成し、反対色でメリハリをつける、というのがカラーリングの原則であるが、ここではまったく色合いの違う3色を大胆に使って、それぞれがそれぞれの色を主張し合っています。

ただし見てわかるように、たとえばオレンジ色が左上と、右下の左上というように色で対応しているのがすぐにわかり、紫色や緑色でも同じことがいえます。ちなみに右上に挿入した「100％積み上げ面グラフ」の配色も、紫色のブロックなので紫系統の色に変えてあります。

「流通」のみは右下の右下に入れて、色を黄色にしてあります。

■ カラーリング

3色は色相環（P12を参照）ではまったく離れた関係ですが、意外と相性のいいトリプルコンビネーションの関係にあるといえます。

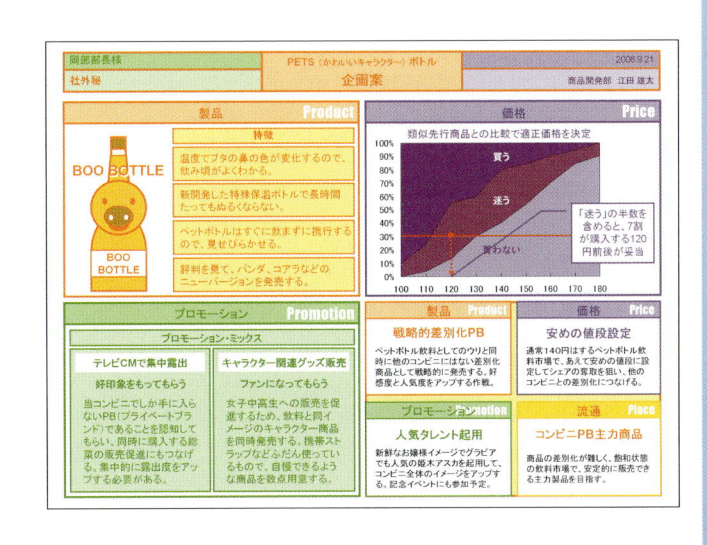

ケーススタディ編

054　プレ企画書　　　F（気づき）＋O（提案）＝気づき発想型

一個人からターゲットを広げていく
ランジェリーの企画書

好みが多様化し、非常に移ろいやすい消費者ニーズをとらえるには、従来のマーケット・セグメンテーション（市場細分化）という手法が通用しなくなってきている。ここでは、1人のカリスマを中心に、それに追随する人たちをターゲットにするという特殊な発想法をしている。ブランドコンセプト策定の新しいあり方である。

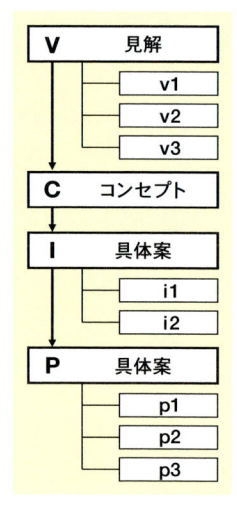

1　企画の特徴

　女子高生向けのランジェリーの企画ですが、これまでのマーケティング手法だと、ターゲットを特定するためにはマーケット・セグメンテーションという市場細分化を行ったうえで、「このような人物像に売っていこう」と決定する戦略をとっていました（後述、P146を参照）。

　それに対して、ここではカリスマモデルひとりをターゲットリーダーに設定し、彼女の好みにターゲットになると想定される人たちが追随するであろう、というパーソナル・ブランディングの発想で企画しました。

　したがって、S（情況）は、そのまま断定的なV（見解）になるという変わった形になっています。

　C（中核概念）は「メランコリー」というブランド名で、そのいわれが下の2つのI（具体案）という関係になっています。

　「ブランドコンセプトの波及」がP（計画）で、これにより、パーソナル・ブランディングを効果的に訴求することを目指します。

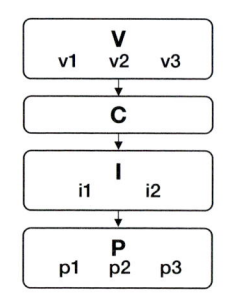

2　見せ方のポイント

　ランジェリーの企画なので、妖艶な雰囲気を色と形で表現してあります。コンセプトの下の2つの楕円はバストをイメージしたものです。つまり、この企画書は形が先にあって、それを生かすよう内容を書き入れたものだ、ということです（P96を参照）。

　「見セ・ラン」は「見せるランジェリー」の略ですが、レストランの品評を行う「ミシュラン」の語感を利用した新造語によるコンセプトワードです。「勝チ・ラン」はそれに合わせて作ったもので、両方とも、意味がよく伝わるよう英語表記を補ってあります。

　図形に高級感を出すひとつの工夫として、枠線を二重にするという方法があります。この企画書例でも4ヵ所で用いられています。

■ カラーリング

　基調色は紫色と黒色のダブルバランスです。強調色には赤色が用いられています。相性のいい配色ですが、それにより全体としてランジェリーの妖艶さを醸し出そうとしています。

完 成 企 画 書

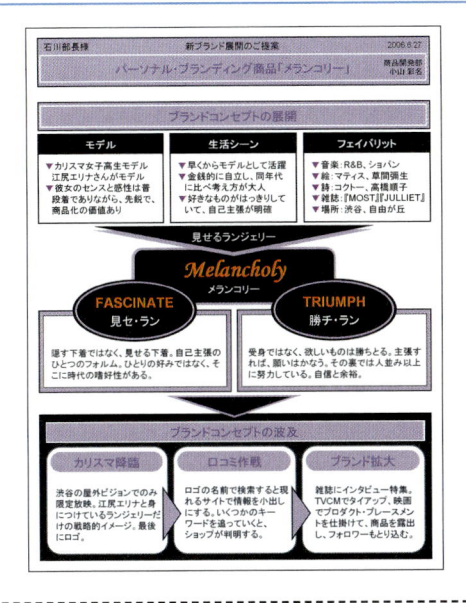

作成ポイント

●上手に楕円を二重重ねにする方法

ただの楕円だと強調されない、あるいは高級感が出ない、ということであれば、この例のように楕円を二重重ねにして配色に工夫を凝らす。作り方は、楕円をコピーして、それを上下と左右の比率がほぼ均等な縮小図形に作り変えたあと、[上下中央揃え]と[左右中央揃え]を行なう(P5を参照)。

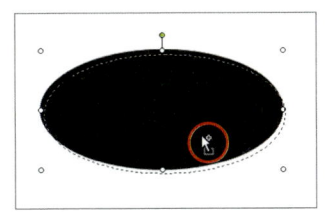

1. [楕円]を描いて、[図形描画]ツールバーの[塗りつぶしの色]、[線の色]ともに黒色を選択する
2. [Ctrl]キー押しながらほんのわずか右下へドラッグしてコピーを作る(上図)
3. [Shift]キーを押しながら右下のハンドルをもとの方向(内側)へドラッグして、上下左右の比率が同じ縮小図形を作る 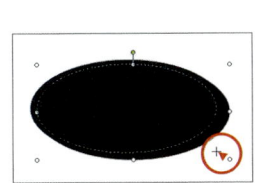
4. 下の図形の[塗りつぶしの色]を紫色に変える
5. エンブレムのような二重楕円が完成

ケーススタディ編

055　プレ企画書　　　P（問題）＋S（解決）＝問題解決型

競合との比較で競争優位性を見出す
ポジショニング企画書

ユーザーからどのような目で見られているのか、これまでどおりの製品を出していても支持されるのかなど、市場での位置は相対的に把握しておかなければならない。これは、それを可能にするポジショニングマップ図解と、レーダーチャートというグラフを盛り込んだ企画書である。情報量は多いので、**整理と配色**が決め手となる。

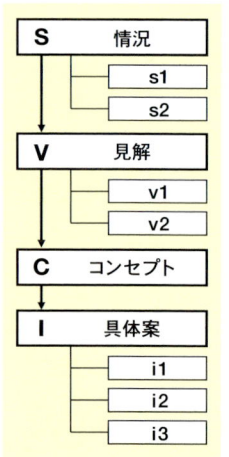

1 企画の特徴

商品は企業のイメージを反映するものですが、どのように消費者から受けとめられているかを検証し、今後、どういう商品が期待されているのかを把握して、戦略の策定につなげなければなりません。

テレビCMによる企業イメージでは、よく「認知度」と「人気度」という2つの測定基準によって測られますが、これを利用して当社を含む8社によるポジショニングを行ったのがこの企画書です。

その結果を踏まえ、「当社」を含めた上位3社でさらにレーダーチャートを使って強みの現状を把握しました。ここまでがS（情況）で、「有力2社の分析」がV（見解）です。

これは現状に何か問題があるのではと考え、調査して出てきたものなので、SVのタイプは《P（問題）＋S（解決）＝問題解決型》です。

C（中核概念）は「CONCEPT」で、ニッチ市場で自社の強みを活かしたコアコンピタンスに注力すべきだという結論に達しました。

この2つのキーワードのI（具体案）が「ブレイクスルー」「ビジョン」「ターゲット」の3点における企業の再定義の必要性です。

2 見せ方のポイント

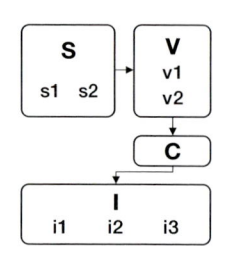

競合8社のうち秀でている会社はどれか、そして上位3社がどの方面に特化しているのか、あるいはオールマイティーなのか、それを検証するためのポジショニングマップとレーダーチャートを上段左右に配置しました。残った3社による"巴戦"の情況であることが視覚的に把握できるようになっています。

それが何の企画であるのか、をイメージで表現するため、時計のイラストをポジショニングマップとレーダーチャートの右側の四角形内にさりげなく貼り込んでみました。

■ カラーリング

緑色の濃淡を基調色に、同系色として黄色が使われています。童心に返ったように楽しめる時計というコンセプトをイメージした色彩です。強調色は赤色ですが、ややオレンジ色に近いものが使われています。

完成企画書

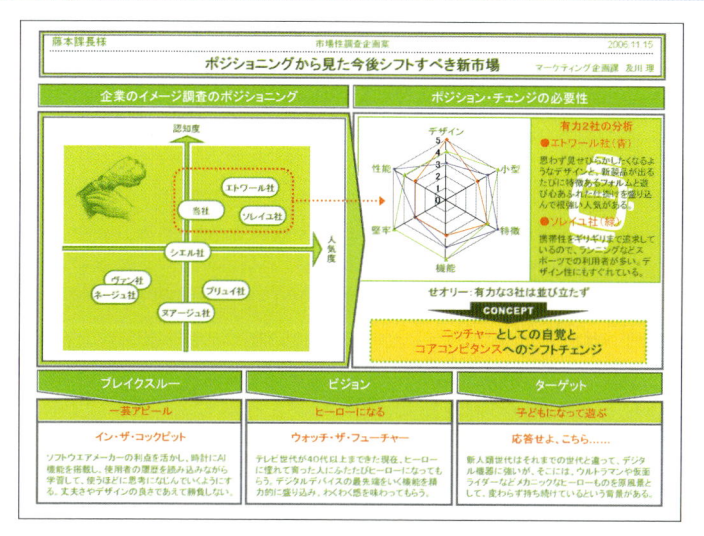

作成ポイント

●図形内のバックに
白いイラストを入れる方法

たとえば時計に関する記述があるとき、図形内のバックに時計のイラストがあるとその雰囲気を伝えることができる。採用したクリップアートの色が周囲の色になじむようにするには、背景の色をバックと同色に変えて、**本体を白にする**という処理を施す。さりげない主張をするのに向いている。

1. 「時計」で検索して、適当なクリップアートを選択する（P11を参照）
2. ［図］ツールバーの［図の色変更］ボタンをクリックする
3. ［新しい色］ボタンの▼をクリック 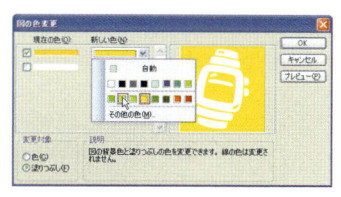
   →背景の色に合わせる
4. P9の"透かし文字"のように、テキストと背景の図形の間に挿入する
5. 時計のイラストがさりげなく入っている

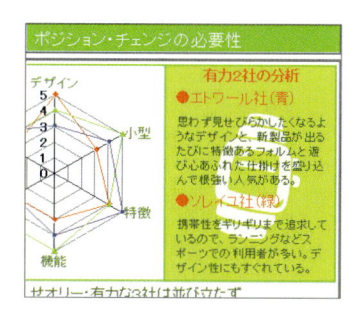

> ケーススタディ編

056　プレ企画書　　　　　　　　　　B（背景）＋T（課題）＝課題提起型

激辛・エスニックブームに放つ
スナック商品企画書

これから企画する商品のネーミング案を提案する企画書では、背景となった社会のトレンドを分析し、それを発想するにいたった理由を説明する。ネーミングのいわれを説明したあとは、それをどのように売っていけばもっとも効果があるか、つまり広告や販売促進などのプロモーション戦略について触れるのが一般的である。

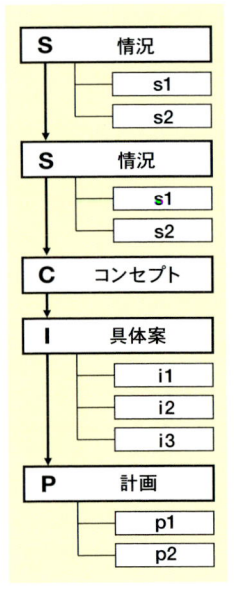

1 企画の特徴

　これから出そうというスナック菓子商品の市場性から、ネーミング案、そしてプロモーション戦略までを立案した企画書です。
　ネーミング案決定にいたる論理が最上段の🅐と🅑ですが、前者がS（情況）で後者がV（見解）ではなく、🅐と🅑は並列で、それぞれにS（情況）とV（見解）の内容が含まれています。現在のトレンドをピックアップして、それに分析を施しています。よって、SVのタイプは、《B（背景）＋T（課題）＝課題提起型》です。
　C（中核概念）はネーミング案で、どう発想したかという根拠を下に示してあります。こうした表し方を、コンセプトを「開く」といいます。この企画は商品のアイデアではなくネーミングを提案するものなので、I（具体案）はネーミングの3つのいわれです。
　このネーミングで商品を販売するときの戦略が最下段です。効果的な「広告」「販売促進」によって新商品の成功を期すという流れです。

2 見せ方のポイント

　現在のトレンドを2つピックアップしてネーミングを発想しているのがフェーズ1です。トレンド分析は「AだからB」ではなく、AとBは並列なので同じデザインにしてあります。
　そこで掲げたコンセプトから、フェーズ2への関係性を明確にするため、逆三角形の矢印の中に「これを効果的に訴求するには」という接続語句を書き入れました。
　「広告」と「販売促進」は何についてのものかということを明確にするため、カップに入ったスナック菓子のイラストを描き入れてあります。これは純粋にアイキャッチャーになるイラストですが、実は、センターラインをきれいに見せるためのデザイン的な工夫です。

■ カラーリング
　色彩はエスニック食品のホットな辛さを表現するためにオレンジ色を用い、反対色にはそれと相性のいい空色を用いてあります。空色はホットさをほどよく鎮めるという働きをここでは担っています。

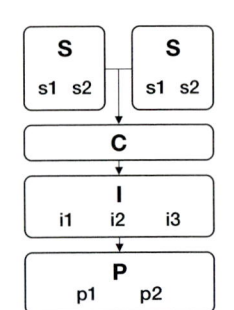

完 成 企 画 書

作成ポイント

●カップのイラストの描き方

カップに入ったスナック菓子のイラストは、台形と楕円を組み合わせて作る。リアルに見せるには、上と下に配置する楕円と台形の左右の幅をきれいに揃える。センター揃えをしたあとグループ化すれば、1つの図形として扱えるので、配置の微調整など容易に行なえる。

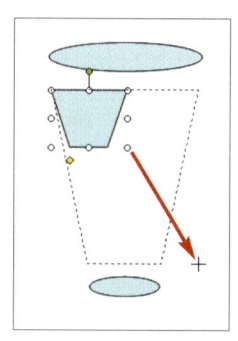

1. ［楕円］を描いて、縮小したコピーを下に作る（P109を参照）
2. ［台形］を描いて、上下の楕円の左右の幅に合うよう右下のハンドルをドラッグ（左図）
3. すべての図形を選択し、［左右中央揃え］にする（P5を参照）
4. すべての図形を選択して右クリック→［グループ化］→［グループ化］をクリック 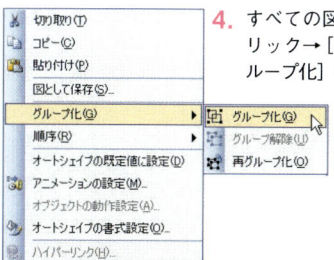
5. 1つの図形（イラスト）として扱えるようになった 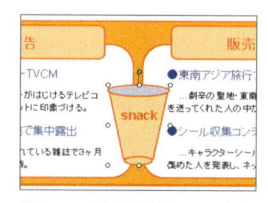

113

ケーススタディ編

057　プレ企画書　　　　　　　　　　　　B（背景）＋T（課題）＝課題提起型

支持された雑誌の継承を目指す
ブランド拡大戦略企画書

自社で出している商品のブランドイメージを変えることなく、新たに商品を投入していこうというとき、それまでの好感度、好印象度を継承する形でブランド展開を図る。その意義と展開方法を表したのがこの企画書で、ブランド拡大戦略という点を強調してみた。雑誌創刊だけでなく、さまざまな分野での応用が可能である。

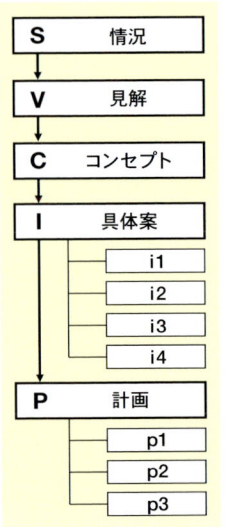

1　企画の特徴

　現在はまだ好調だけど、近い将来のブランド離れが心配、という雑誌をこれからどのように展開させていくべきかを考えた企画案です。
　ここでは既刊の雑誌に加えて、新創刊誌を発刊してブランドを拡大していこうという企画案ですが、広く、ブランド価値を継承させていこうという戦略企画案としても応用可能です。
　まずこれまで順調にいっている雑誌が支持されている事実を上段左の上「オピニオン・リーダー」で説明しています。これがS（情況）で、どのような点が読者に支持されているかを表した下の「ブランド・ロイヤリティ」がV（見解）です。
　SVのタイプは《B（背景）＋T（課題）＝課題提起型》です。
　「PRIME」ブランドを維持していくため、年齢が高くなった読者向けに「PRIME」ブランドの冠雑誌を続々創刊して、変わらぬ支持をいただこうという拡大戦略がC（中核概念）です。まわりに示した新創刊予定の4誌の内容がI（具体案）になります。
　下段は「創刊の準備」とあるようにP（計画）が示されています。

2　見せ方のポイント

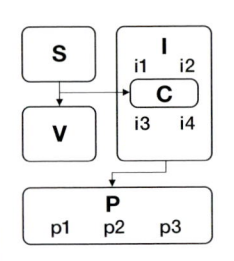

　通常ブランドにはロゴがあります。実際使われているロゴマークを利用できればいいのですが、それが無理である場合、よく似たフォントを探して使います。太字にしたり、斜体をかけたりして、そのイメージを再現します。ここでも既存の欧文フォントを利用しています。
　大きな流れで見ると、1つのロゴで代表される既刊誌を4つの別の関連雑誌に成長させようということなので、左から右への移行、中央から周辺への拡大の2つを大きな流れで表してあります。
　想定されるロゴイメージをカラーを変えて表現してあります。

■ カラーリング
　女性誌のやわらかく上品なイメージを紫色とピンクの同系色のダブルバランスで表し、これを基調色に、赤色を強調色に使ってあります。それぞれのロゴカラーの選択もここでは重要なポイントです。

完成企画書

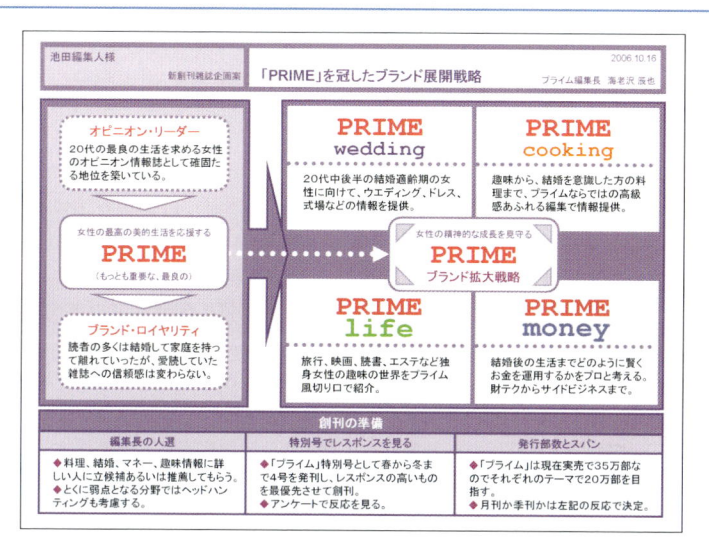

作成ポイント

●2種類の点線を使い分ける方法

点線には2通りの使い方が考えられる。1つは図形の枠線として使われるもの、もう1つは、動きを表現する矢印で使われるもの。状況によって異なるが、前者は「点線（角）」、後者は「点線（丸）」がふさわしい。このような点線にするときの太さは［2.25pt］以上が望ましい。

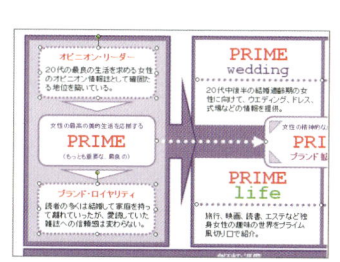

1. 左側の2つの角丸四角形と中央の矢印では、異なる点線が用いられている

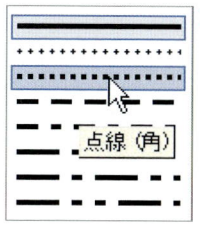

2. 角丸四角形は［図形描画］ツールバーの［線のスタイル］→［3pt］をクリック

3. 同様に［実線／点線のスタイル］→［点線（角）］をクリック

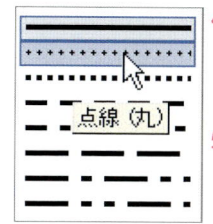

4. 中央の矢印は［線のスタイル］→［6pt］をクリック

5. 同様に［実線／点線のスタイル］→［点線（丸）］をクリック

115

ケーススタディ編

058 プレ企画書　　　　B（背景）＋T（課題）＝課題提起型

東京の中心に世界中から集客する
テーマパーク発案企画書

テーマパークという時代性に沿った施設を企画する場合、背景になるものとして忠実なデータも大事だが、どちらかというと、企画者が社会とその変遷をどう認識し、どうそれを反映させたいのかという視点のほうが重要である。これがあるからコンセプト、ネーミング、キャッチフレーズとその根拠までも明確にできるのである。

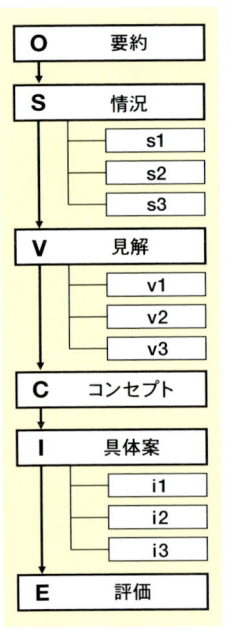

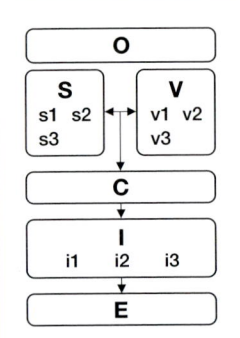

```
O  要約
│
S  情況
├─ s1
├─ s2
└─ s3
│
V  見解
├─ v1
├─ v2
└─ v3
│
C  コンセプト
│
I  具体案
├─ i1
├─ i2
└─ i3
│
E  評価
```

```
     O
  S     V
s1 s2  v1 v2
 s3     v3
     C
     I
  i1 i2 i3
     E
```

1　企画の特徴

　レジャー産業の会社で、新たに設立するテーマパークの企画概要を説明するための企画書です。
　企画をするにあたって、社会情勢の考察から始めることにしました。
　上段の左側が、日本で起こっていることの客観的な事実です。これを踏まえ、原因を探って、こういうことがいえるのでは、というのが右側です。左がS（情況）で右がV（見解）ですが、セットで「矛盾する社会環境の情況分析」といったものと考えるといいでしょう。企画の多くはこのような対立項の分析から生まれます。
　こうして出てきたのが「アニメワールド東京」という企画案です。これがC（中核概念）で、その内容を開いて3つで示されたものがI（具体案）です。
　このような企画書の場合、すぐに実行計画までいくことは考えられないので、最後にはP（計画）ではなくE（評価）がきています。「社会貢献」したいという理念がメッセージとして語られています。

2　見せ方のポイント

　ここでのS（情況）とV（見解）は見方を換えると、左は外部＝時代的社会要因、右は内部＝社会的心理要因ということができます。
　互いにかかわり合っているという意味で双方向に向いた矢印を中央に配してあります。それが本論に流れ込み、ワッとアイデアが広がり出ている、という大きな流れをダイナミックに表しています。
　外枠に使った図形が角ばっているので、随所に丸まった図形を使ってあります。それはこの企画の対象者であるアニメ好きの若者を意識したものです。加えて、レゴなどのブロックにあるような原色を大胆に用いた図形で、遊園施設のイメージを出しています。

■ カラーリング
　黄色、青色、若干薄い赤色は、いずれも主張の強い色によるトリプルコンビネーションの関係になっています。1つの色が一部に片寄らないよう随所に散らしてある点も参考にしてください。

完成企画書

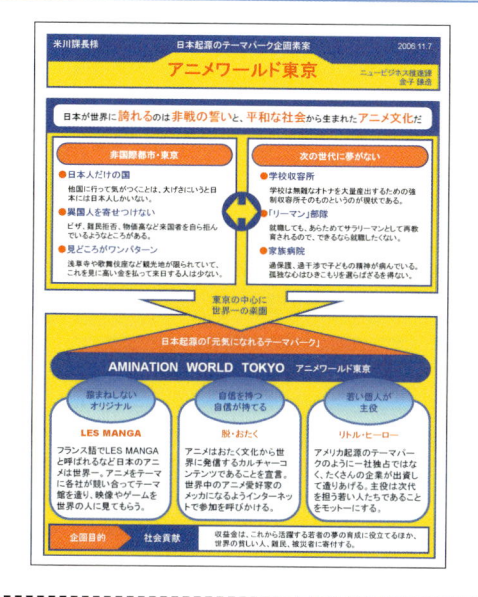

作成ポイント

● 「左右矢印」をきれいに円の中に入れる方法

「AとB双方が何らかの関わりを持っている」ということを表すには、このようにブロック矢印の「左右矢印」を成形してから円内にきれいに入れて使うといい。上下左右を中央に揃えてからグループ化すると、1つの図形のように扱えるので、微妙な揃えなどあとからの操作がしやすくなる。

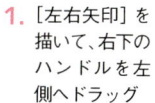

1. [左右矢印]を描いて、右下のハンドルを左側へドラッグ
2. 黄色いハンドルを中央方向へドラッグ
3. [楕円]の上に重ね合わせる
4. P5を参照して[左右中央揃え]と[上下中央揃え]を行う
5. グループ化(P113を参照)すると1つの図形のように扱える

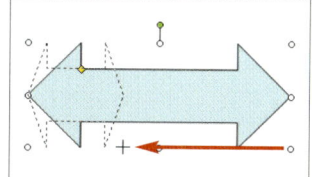

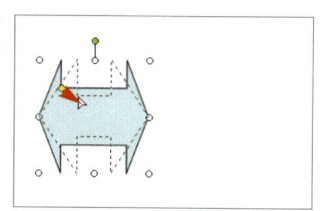

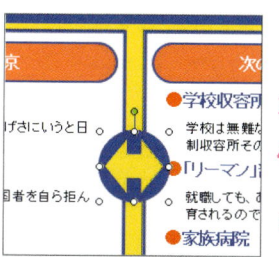

ケーススタディ編

059　プレ企画書　　　　　　　P（問題）＋S（解決）＝問題解決型

定性・定量調査を組み合わせた
リサーチの提案企画書

顧客の動向を、心理的な側面から理解しようとするならマーケティング・リサーチが欠かせない。異なる複数の方法を組み合わせると有効性はそれだけ増す。ミックスした方法をとり入れ、目指す結果を得ようというのが、ここで紹介する企画書である。手順の流れを矢印による図形の流れでうまく表現する点にポイントがある。

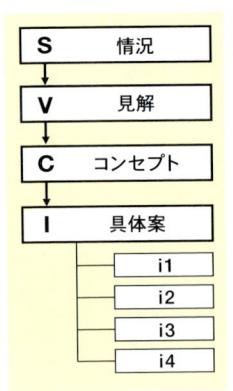

```
S   情況
V   見解
C   コンセプト
I   具体案
        i1
        i2
        i3
        i4
```

1　企画の特徴

　ほとんどのマーケティング・リサーチでは単独の方法ではなく、複数の方法を組み合わせて分析を行なっています。調査は、アンケートに代表される数値化が可能な「定量調査」と、数値化できないものごとの性質や人間心理をさぐる「定性調査」とに分けられます。
　この企画書はそうした方法を組み合わせることによって、「男性のスタイルマガジン」の立ち上げを成功させようという実行計画書です。
　左側の「企画のポイント」の「市場環境」がS（情況）で、「中心課題」がV（見解）です。これらがフェーズ1（企画の前提）で、SVのタイプは《P（問題）＋S（解決）＝問題解決型》になります。
　それを受けるC（中核概念）は「Marketing Loop」、すなわち定量と定性調査を組み合わせて「コンセプト」「誌面表現」「企画書」を作成しようという全体的な方針ということになります。
　それぞれの内容が I（具体案）で、実行計画の企画書であるためP（計画）の内容も含まれています。

2　見せ方のポイント

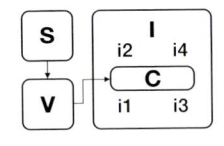

　フェーズ1は左側の上下の展開にまとめ、右側は、左から右へと大きく展開するという構図になっています。「Step1」などと各段階を濃いオレンジ色で入れて、視線の流れを補っています。
　「Marketing Loop」というのは造語で、この図解全体のコンセプトです。こういう表現は、なくても意味は通じますが、「何かひと言で言い表すとしたらどういうことが言えるか」をつねに考え、さりげなくどこかにデザインするということを心がけるようにしましょう。
　文章の区切り線には、片方が丸で片方が矢印マークのものを使ってみました。一方から他方への流れを表すのに効果があります。

■ カラーリング

　基調色は黒とグレーで、補色（反対色）にピンク、強調色には濃いピンクと赤色の中間の色を使ってあります。どちらも主張が強いので両系統の色のダブルバランスとして捉えることもできます。

完成企画書

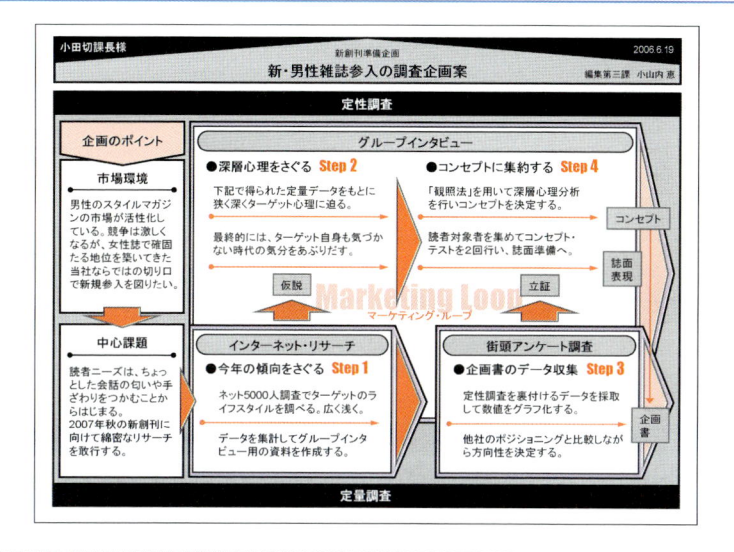

➡ 作成ポイント

●**片方が円、片方が矢印になった線の描き方**

両方が円になった線も、片方が円でもう片方が矢印になった線も、いったん直線か矢印を描いたあと「矢印のスタイル」で適当なものに変えると作成できる。両端が四角形になったもの（P171を参照）、矢印の形状が大きいものや、太いものも調整すれば作成することができる。

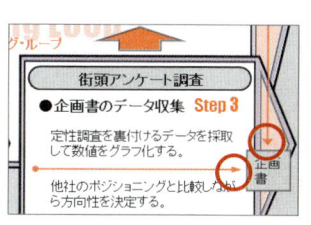

1. 右向きの矢印の先端はシャープで、下向きの矢印は寸詰まりになっている
2. ［図形描画］ツールバーの［矢印］ボタンをクリックして［Shift］キーを押しながら水平に矢印を描く
3. ［矢印のスタイル］→［矢印スタイル9］をクリック 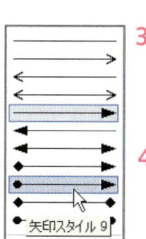
4. 同様に［矢印のスタイル］→［その他の矢印］をクリック
5. ［矢印］の［終点のスタイル］の▼をクリック→［終点矢印サイズ6］を選択 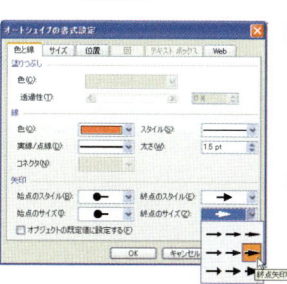
6. 下向きの矢印は、同じ操作で［終点矢印サイズ8］を選択

ケーススタディ編

060　プレ企画書　　　　　　　　　　B（背景）＋T（課題）＝課題提起型

おもてなしの心を大切にした高級料理店の企画書

新しくオープンする店の名前や統一コンセプトを決めるとき、背景となるモチーフ（企画意図）を明らかにし、参画する人たちとの間で十分に共有化を図っておく必要がある。コンセプトの表現によく用いられるものが「3つのH」といった英字の頭文字を利用した方法であるが、この企画書例はこれを中心に展開されている。

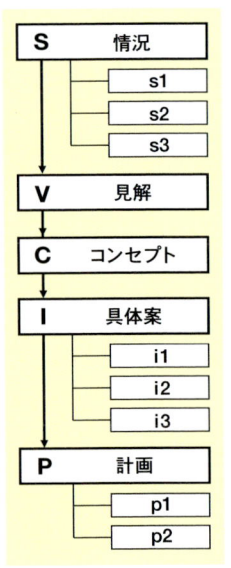

1　企画の特徴

　都内に、こだわりを持ったお客様をお迎えする高級レストランをオープンさせようという企画案です。ショップコンセプトの明確な店にしたい、というのがここでの第一の眼目です。

　上段左の「お客様のご要望」がここでのS（情況）で、その右の「料理はまごころ」はそれを受けて、「こういうことを望まれているのではなかろうか」という想定を、小説の内容を援用して語ったもので、内容的にこれがV（見解）ということになります。

　SVのタイプは《B（背景）＋T（課題）＝課題提起型》です。

　C（中核概念）はショップ名となった「バベットの晩餐会」と「3H-Coordination」というコンセプトで、その下に3つ示されている内容が、コンセプトの「3H」のI（具体案）となっています。

　最下段の「プラン」が当然のことですが、P（計画）です。

2　見せ方のポイント

　中心となるショップ名「バベットの晩餐会」と「3H-Coordination」と入れた図形は、レストランの屋根と2階部分をモチーフに描いたものです。

　とくにコンセプトはもっとも重要な部分なので、テクスチャの「ブーケ」で強調してあります。その他2ヵ所にも「ブーケ」を用い、全体を和らいだやさしい雰囲気にまとめています。

　「3H-Coordination」と3つの「H」は目立つ色で大きく入れ、その他とのメリハリをつけました。全体でもっとも見せたい重要な部分から、優先順位の低いものへと目が自然に動くように配色してあります。

　「たった一日の贅沢」「人生のスパイス」「祝福のハーモニー」にあるように、見出しにはキャッチコピー的な表現を工夫しましょう。

■ カラーリング

　全体の色調は、テクスチャの「ブーケ」から持ってきたものです。薄い緑色と青色をベースに、補色（反対色）のピンクを下地に用いています。強調色にはピンクの同系色のマゼンタが使われています。

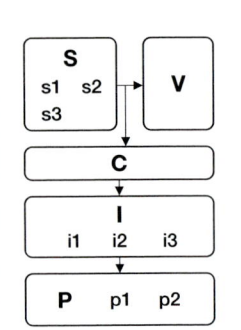

完 成 企 画 書

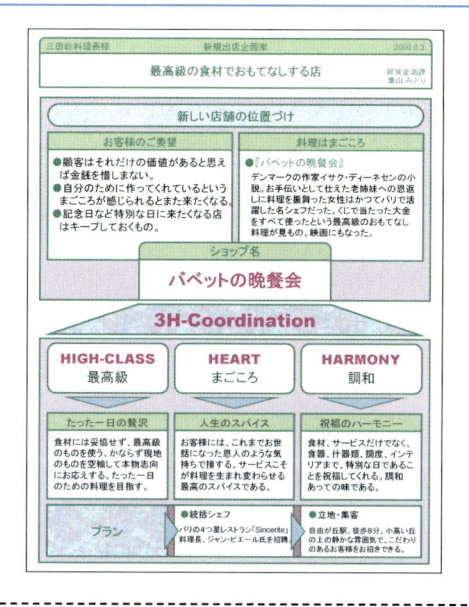

作成ポイント

●テクスチャを利用する方法

「上品な」「高級感がある」「厳かな」「木目調の」といった雰囲気を質感で表現したいときには「テクスチャ」を利用する。使うテクスチャを最初に決め、そこに使われている色を借りて全体の配色を整える（テイストを1つに統一する）というやり方もある。この企画書もそうして作られた。

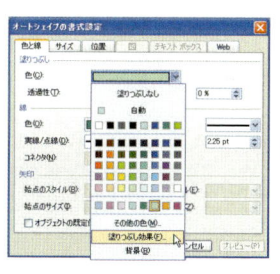

1. ［台形］を描いて、ダブルクリック
2. ［色］の▼をクリック→［塗りつぶし効果］をクリック
3. ［テクスチャ］タブをクリック→［ブーケ］を選択 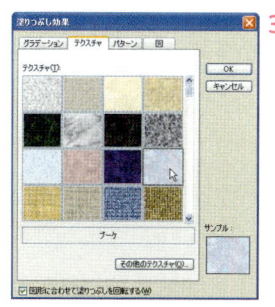
4. 図形が「ブーケ」のテクスチャに変わった 

報告書　サジェスチョン　プッシュ提案書　プレ企画書　完全企画書

> ケーススタディ編

061　プレ企画書　　　P（問題）＋S（解決）＝問題解決型

沈滞する街を若者の力で盛り上げる
地方活性化の企画書

地方都市が沈滞している原因を突き詰めて考えると、若者の活力が反映されていない現状が浮き彫りになった。この問題を解決するために、未知のアートの才能を発掘し、美観整備に抜擢するのがふさわしいとの結論にいたった。これを、大きなムーブメントに発展させるために、新しいコンセプトワードを考え、大きく提示した。

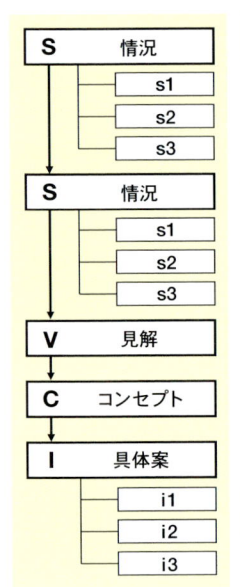

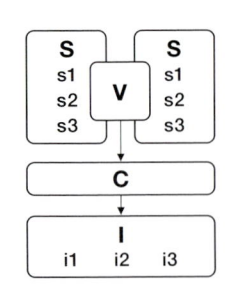

1　企画の特徴

　不景気の煽りを受けて、地方の街に活気がありません。景気が悪いと公共事業を発注すればいいといいますが、潤うのはゼネコンくらいで、画一的なビルや道路は街の美観を損ねています。上段左に列挙されたこのような問題点が、この企画のS（情況）です。

　その一方で若者のニート化という事態が進んでいます。もしかすると才能があるのに、それを開花させる舞台がないことも問題です。それが上段右で、こちらも別のS（情況）です。

　両者を統合した上段中央がV（見解）で、それを可能にするシステムがC（中核概念）の「NAP」です。3語のアルファベットの頭文字をとった新造語によるコンセプトワードです。

　最下段が「NAP」の内容で、I（具体案）にあたるものです。これまで一部の事業主が牛耳っていた公共事業のデザイン、アート部門に、若者を積極的に登用しようという企画案です。

2　見せ方のポイント

　まずこの企画が「地元のアーティストの卵を発掘し活用しよう」というものなので、そのスローガンを「NAP」というコンセプトワードに込め、これが一番に目に飛び込んでくるようにしました。

　「NAP」と入れられた中央の図形は4つの図形を重ね合わせたものです。このように、基本図形にない図形でも、複数を組み合わせることでいろんな形を作りあげることができます。

　上段の中央のように文章の形にすると重要語が埋もれてしまうときには、大事な単語を強調色に変え、太字にすると読みやすくなります。

　タイトルスペースの中央には、企画書内で触れたストックホルムの地下鉄の写真を文様（イメージ）的に入れてみました。

■ カラーリング

　基調色は、紫色に近い青色です。反対色はマゼンタで、この企画書では、2つの色だけで構成されています。相性のいい配色によるダブルバランスのみで成り立っている典型的な例です。

完 成 企 画 書

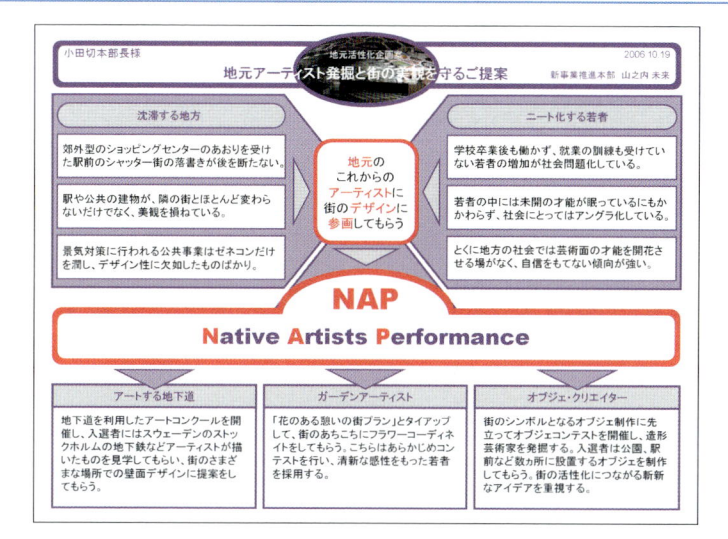

作成ポイント

●楕円形が上に突き出た図形の描き方

1つの図形のように見えるが、これは角丸四角形を二重にしたあと、中央の部分に、[フローチャート：論理積ゲート]という図形と白の楕円を組み合わせて、両者を合体させたものである。枠の線の太さは最大でも[6pt]が限界だが、それ以上の太さにしたいときには、このように図形を二重にする。

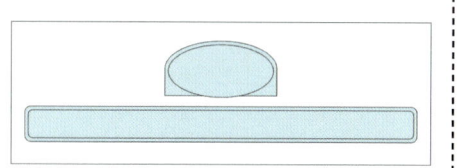

1. 大小の[角丸四角形]を二重に描く（P133を参照）

2. [オートシェイプ] → [フローチャート] → [フローチャート：論理積ゲート]を描き、緑色のハンドルを[Shift]キーを押しながらドラッグして左90度回転させ、その上に[楕円]を描く

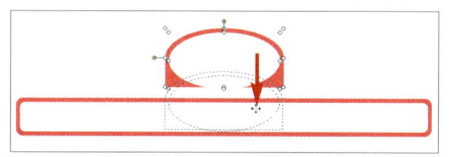

3. 楕円と中に入った角丸四角形の[塗りつぶしの色]と[線の色]を白にして、4つの図形を組み合わせる

4. 楕円形が上に突き出た図形が完成

123

ケーススタディ編

062　プレ企画書　　　　　　　　　　　　　B（背景）＋T（課題）＝課題提起型

子どもの思考力・読解力を伸ばす
学習ソフトの提案企画書

新しい商品を企画するとき、商品名のインパクトで決まりだ、というケースがある。この企画書がそうで、ソフト名がおもしろいので、それを前面に出すようデザインがなされている。色調は、コミカルなものならポップではじけた色というように、通常、そこにふさわしいものを採用するが、ミスマッチな色も逆に効果的である。

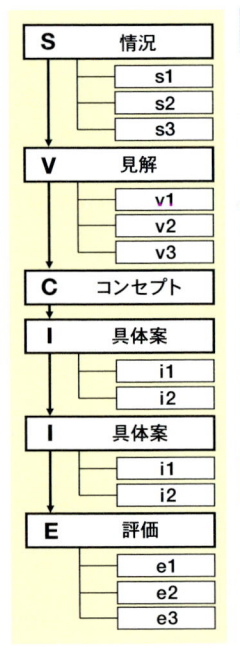

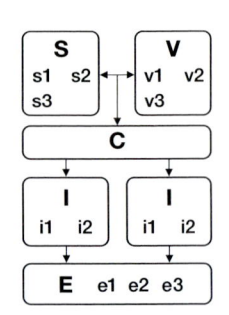

１　企画の特徴

　日本の小学生の学力が低下しているそうです。そうした現状を打破すべく、楽しく学べる学習ソフトを企画開発し、それを学校単位で使っていただこうという企画書です。

　最上段左側の「学力低下」がS（情況）で、右側の「放人主義」とあるのがそれを打開するための方針でV（見解）です。SVのタイプは《B（背景）＋T（課題）＝課題提起型》となります。

　C（中核概念）は「娯学ソフト」とソフトの名称が書かれた部分全体です。「福沢諭吉」が受け持つ「思考力」と、「茶川龍之介」が受け持つ「読解力」の内容がI（具体案）となっています。

　最下段の「開発と普及」がE（評価）で、この企画書はSVCIP理論でP（計画）の代わりにE（評価）が配置されているプレ企画書の代表的な例といっていいでしょう。

２　見せ方のポイント

　ソフトの名称のインパクトが第一なので、ここを重点的に見せることにしました。楕円を二重にした中にソフト名を入れ、（書き取りで誤りやすい）「論」と「茶」には強調色を大胆に用いました。

　最上段は左右で、暗い現状と明るい未来の対比関係となっているので、刀でものをスパッと斬ったようなデザインにしてみました。なお全体が横書きの企画書中で、「学力低下」のように文字を縦に入れると、その部分だけをとくに目立たせることができます。「ゾウとアリの法則」（P30を参照）のゾウの効果的な見せ方です。

　タイトルスペースも四角形をスパッと斬ったようなデザインを踏襲しています。このように、タイトルスペースは何気なく作るものではなく、企画内容やキーになるデザインを踏襲する形で最後に作ります。

■カラーリング

　濃紺が基調色で、グレーに近い青色が同系色。オレンジ色の濃淡が補色（反対色）で、赤色が強調色です。全体にシックなテイストで、楽しいイメージのソフト名とのミスマッチを狙っています。

完成企画書

作成ポイント

● 図形をスパッと斬ったようなデザイン

ものごとを対比させて見せたいとき、こうした形自体に主張があるデザインはわかりやすい。「フローチャート：手操作入力」という図形を描き、これをコピーして「左右反転」と「上下反転」という操作を行なうと、斬り口がぴったり揃った形ができあがる。

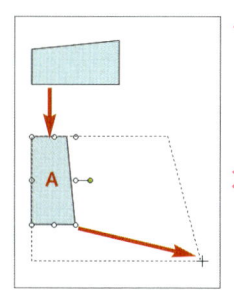

1. ［オートシェイプ］→［フローチャート］→［フローチャート：手操作入力］を描いて［右90度回転］させる（P81を参照）

2. 右下のハンドルをドラッグして横長にする（図形A）

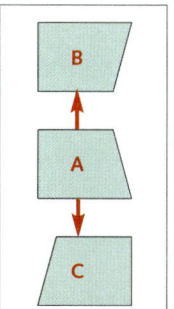

3. 操作2で作った図形A のコピーを作って、［図形の調整］→［回転／反転］→［上下反転］をクリック（図形B）

4. 図形Aを選択して［図形の調整］→［回転／反転］→［左右反転］をクリック（図形C）

5. BとCの図形を横に並べると、モノをスパッと斬ったような図形が完成

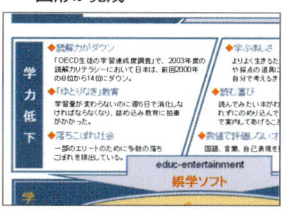

ケーススタディ編

063　プレ企画書　　　　　　　　　　　　B（背景）＋T（課題）＝課題提起型

現代人の健康をケアする目的の
アンテナショップ企画書

健康をテーマにしたアンテナショップを作ろうというもので、そのために逆に、どのような病気が原因で死亡する人が多いかを調べ、それを克服するためには何が必要か、というアプローチから企画した。必要なデータは官公庁の白書やサイト情報から得ることができる。企画以前に存在するこうしたデータを二次データという。

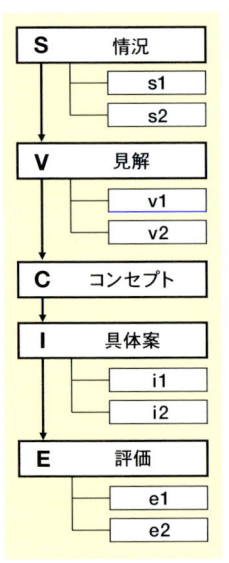

```
S  情況
   ├─ s1
   └─ s2
↓
V  見解
   ├─ v1
   └─ v2
↓
C  コンセプト
↓
I  具体案
   ├─ i1
   └─ i2
↓
E  評価
   ├─ e1
   └─ e2
```

```
        S
     s1   s2
      ↓
   V ⇄ C   E
   v1   I  e1
   v2  i1 i2 e2
```

1　企画の特徴

　日本の死亡原因の第1位は「がん」ですが、なかでも大腸がんの比率が急激に上昇しています。一方、第2位、第3位の「心疾患」「脳血管疾患」はともに血管内の異常が原因と見られるもので、どちらも油や塩分の多い食生活に変化したことが要因であるといわれています。これらをデータとして提示し、それに悩む人々の問題を解決するものとして、アンテナショップの開店を企画しました。

　データは官公庁の白書を利用し、グラフ化しました。それがS（情況）で、吹き出しのコメントがF（事実）、下段左の「ショップコンセプト」がV（見解）です。

　SVのタイプは《B（背景）＋T（課題）＝課題提起型》です。

　これを受けたC（中核概念）が、下段中央の「飯漁人カフェ」で、これは「半漁人」の「半」を「飯」に変えた、新造語によるコンセプトワードです。

　下段右の「企画目標」は、近い将来を見据えたE（評価）です。

2　見せ方のポイント

　2つのグラフはまったく別個のものではなく、左の円グラフ中の死亡数のトップである「悪性新生物」つまり「がん」の内訳が、右の折れ線グラフのデータという関係になっています。

　グラフとは、たった1つのポイントを指し示したいがために企画書中に盛り込むものです。これを「1つのポイントの原則」といいますが、ここでは円グラフの色を変え、吹き出しでポイントを説明しています。

　コンセプトの「飯漁人カフェ」にもっとも注目が集まるよう、「ひらめき」を表すクリップアートの下に「星32」という図形を敷いて、ピカピカ光っているようなデザインにしました。

■ カラーリング

　色彩というのは扱うテーマで決めるもので、ここではレモン汁がテーマなので基調色にレモン色を用いました。強調色はレモン色と相性のいい赤色で、グラフの重点部分も赤色とオレンジ色に変えました。

完成企画書

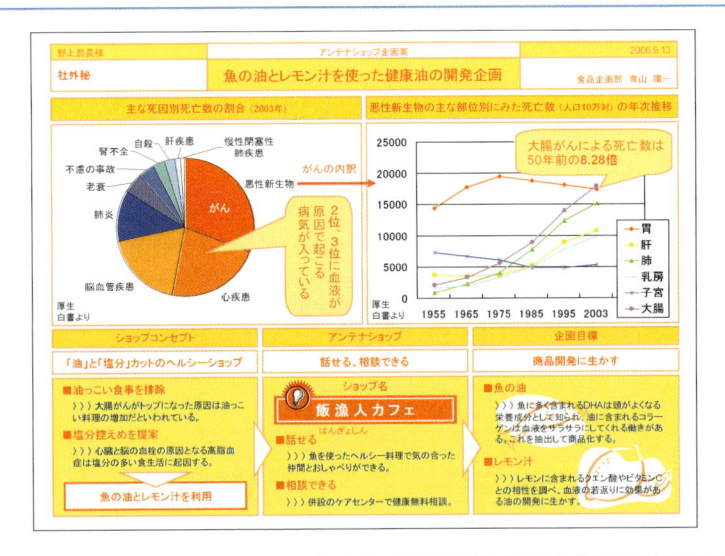

作成ポイント

●「ひらめき」を表現した図形の描き方

コンセプトなど重要な部分が埋もれてしまうと「1枚企画書」のパワーは半減する。この企画書の下段の左側にある四角形くらいだと、全体の中ではほとんど目立たないので、中央の「飯漁人カフェ」とある四角形くらいのインパクトはぜひつけたい。作成は、クリップアートの「ひらめきマーク」と「爆発マーク」を組み合わせる。

1. 大小の［四角形］を描く（P109を参照）
2. ［図形描画］ツールバーの［塗りつぶしの色］で赤色を、小さい四角形は［線の色］で白を選択する
3. 「ひらめき」で検索したクリップアートを選択する（P11を参照）
4. ［オートシェイプ］→［星とリボン］→［星32］を描いて操作2と同様、赤色にする
5. 「星32」を「ひらめき」マークの背面に送る（P7を参照）
6. 「ひらめき」マークが輝く図形が完成

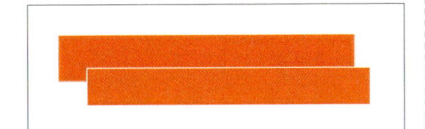

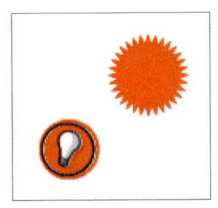

127

ケーススタディ編

064　プレ企画書　　　　　　　　B（背景）＋T（課題）＝課題提起型

自宅でリゾート気分が満喫できる
高付加価値住宅の企画書

住宅や間取りの設計といった立体的な建造物の企画では、できるだけ具体的な内容が伝わってくるような立体的なイラストを描き、解説文をつけておく。イラストと解説文はどうしても離れてしまうので、近くに吹き出しでポイントだけを明記しておくといい。情報密度がありながら、窮屈ではないスペースの見せ方を紹介する。

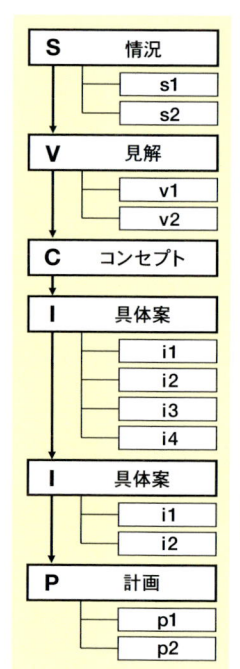

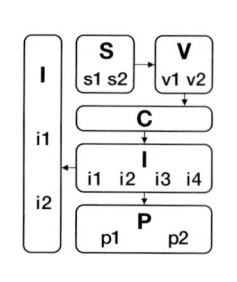

1 企画の特徴

　これまでにない付加価値の高い住宅を企画したものですが、それは個性がない、解放感がない、という「都市の現状」が踏まえられています。これがS（情況）です。

　それに対して、ほんとうはこうありたいという「ユーザーニーズ」があるはずだとのV（見解）が右側に示されています。SVのタイプは《B（背景）＋T（課題）＝課題提起型》となります。

　そこで企画したのが「おうちリゾート」というコンセプトワードで示されたC（中核概念）です。その下には、4つで構成されたI（具体案）＝導入メリットが列挙されています。

　これをユーザーに知らせるための「打ち出し」と「NUDIA」というネーミングがP（計画）にあたります。「NUDIA」はネーミング案＝I（具体案）のように見えますが、内容はテレビCMと雑誌広告での打ち出しを提案した広告戦略と捉えることができます。

2 見せ方のポイント

　まず2つの画期的な商品の形があるということを訴えるため、左側にイラストを2点描き入れました。その解説文になっているのが右側中段の「おうちリゾート」とある部分ですが、それとは別に、ポイントが明確にわかるよう吹き出しで簡単にコメントしてあります。

　ビルのイラストなどはすべてオートシェイプの「直方体」を使って描いたものです（「作成ポイント」を参照）。

　全体を見ると、言うべきことが多い割に、スペースに余裕がありません。そこで見出しを角丸四角形にしたり、両端が丸い直線を利用したりして、見た目にはずっと余裕が感じられるよう工夫しました。

　「おうちリゾート」は埋もれないようワードアートを使用しました。

■カラーリング

　紫色が基調色で反対色に薄い黄色が使われています。紫色の同系色は青色と空色ですが、これらの色彩はイラストが全体の中にしっくり収まるように選ばれたものです。唯一使われている赤色が強調色です。

完成企画書

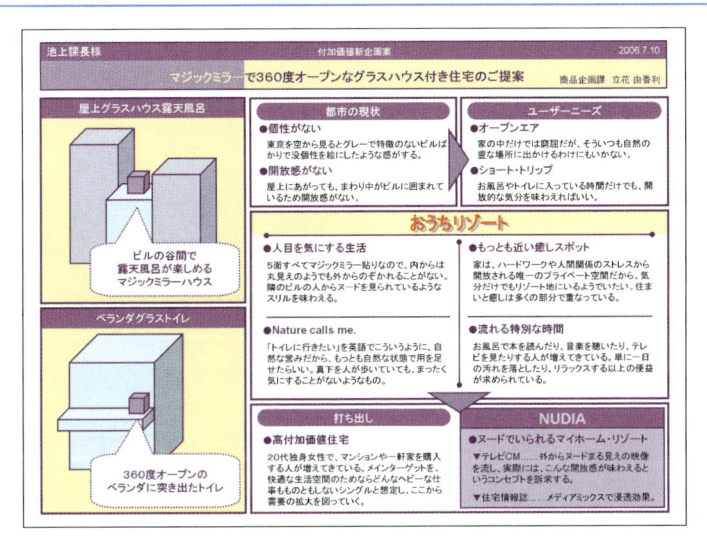

作成ポイント

●ビルとベランダの描き方

すべて基本図形の「直方体」という図形で描くことができる。ベランダ部分で使った横長の図形も、もとは直方体なので、一度作ったものをコピーして成形すると、横幅をそのまま活かすことができる。図形はできるだけ新たに描かず、流用できるものはもとの図形から成形して使うようにしたい。

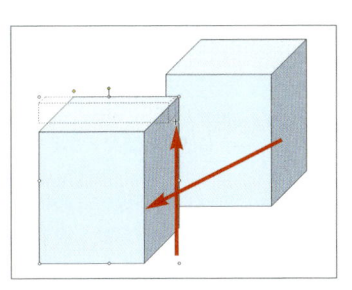

1. ［直方体］を使ってビルを描く
2. ［Ctrl］キー押しながらドラッグしてコピーを作る
3. 右下のハンドルをドラッグして上下を短くする
4. 黄色いハンドルをドラッグしてベランダの形を作る
5. ［テキストボックス］を上に乗せた［角丸四角形吹き出し］と組み合わせる
6. 簡単なビルのイラストが完成

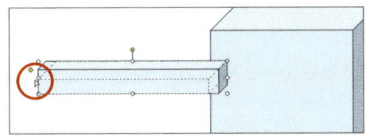

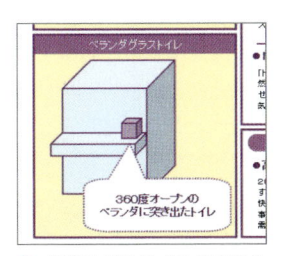

129

ケーススタディ編

065　プレ企画書　　　　F（気づき）＋O（提案）＝気づき発想型

ニーズとシーズの融合から生まれた
新発想商品の企画書

新しい商品は、消費者の欲望を追い求めるところから生まれるものと、技術的な進歩の到達点に存在するものとがある。前者を「ニーズ」発想、後者を「シーズ」発想という。ただシーズもニーズに則したものでなくてはならないので、この「国民的松茸」の企画書のように、後者が前者に歩み寄った形で新しい商品が生まれる。

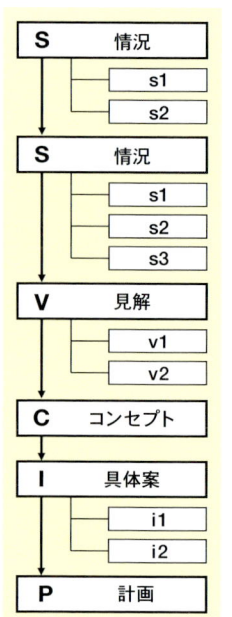

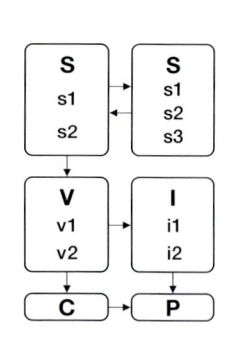

1 企画の特徴

　松茸は人工栽培ができないがゆえに高値がついてしまうが、コピー商品なら庶民でも手が届きます。味については、かなりな程度まで精巧なコピーが可能になっています。そこで企画です。
　前半が「ニーズ」と呼ばれるS（情況）で、後半が「シーズ」（研究開発から得られた萌芽）というS（情況）で、両者があわさって、V（見解）が得られます。それが、中段の「アピール」にある、ふつうの椎茸をパックに入れて一晩漬けておくだけで本物そっくりの松茸の味覚と触感が味わえるという商品企画です。
　SVのタイプは、背景から発想していますが、こういうものがあったらいいなという気づきからの発想なので《F（気づき）＋O（提案）＝気づき発想型》です。
　C（中核概念）はネーミングの「国民的松茸」です。そのI（具体案）は「デザイン」で、これを実際に売るP（計画）が「販売戦略」です。同時に、下段の「時代背景」は「国民的」というネーミングの理由で、これもP（計画）に合流するという構図になっています。

2 見せ方のポイント

　コンセプトの「国民的松茸」が一番目立つように赤に白抜きで表現しました。爆発は「星32」という図形を横長にしました。
　松茸のイラストはクリップアートを使いましたが、全体の色調に合うよう青系統の色から茸色へと色を変えてあります。
　それに合わせて全体も、紅葉と味覚の秋、といったイメージになるようこげ茶色や黄土色といった色彩で表現してあります。
　なお単調にならないよう、色つきの図形を左右に振り分けてあります。また矢印の働きをするものも3つの種類を使い分けています。

■ カラーリング
　色調は松茸の色を意識したもので、基調色にこげ茶色、その同系色に黄土色と薄茶色を用い、強調色には赤色を使ってあります。赤い図形に白抜きはもっとも目立つ配色です。

完成企画書

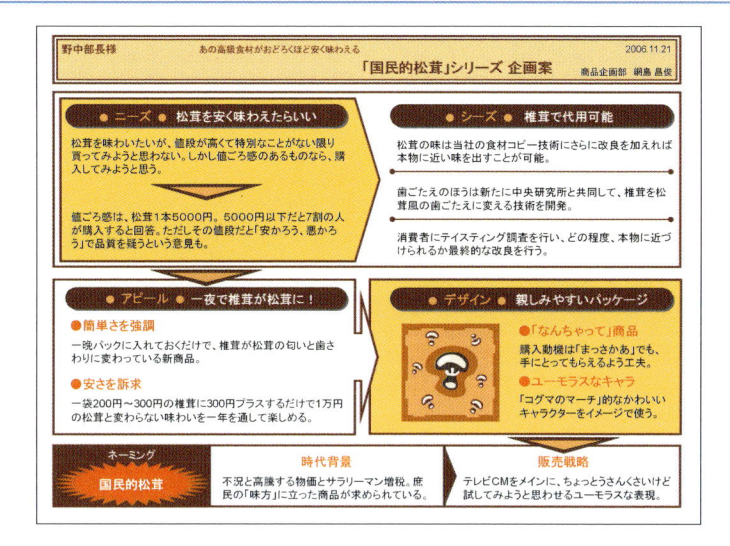

作成ポイント

● 「爆発マーク」の描き方

「ここが一番大切！」という部分には爆発マークを下に敷いて、その上に白抜きのテキストを乗せると、もっともインパクトのある表現となる。「爆発マーク」といっても、実際には［星32］という図形を描き、横長に成形したものである。それほど横長にしないのであれば、突起の少ない［星24］も同じように使える。

1. ［オートシェイプ］→［星とリボン］→［星32］をクリック
2. 図形の右下のハンドルを右上方向へドラッグする
3. ［星32］と下の四角形とテキストボックスを［Shift］キーを押しながらクリックして選択 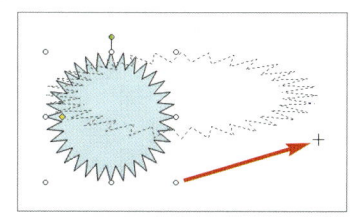 
4. ［図形の調整］→［配置／整列］→［左右中央揃え］をクリック
5. 「爆発マーク」の位置がバックの四角形やテキストと揃っている

ケーススタディ編

066　プレ企画書　　　　　　　　P(問題)＋S(解決)＝問題解決型

不景気の業界での生き残りを賭けたホテル改革の企画書

景気低迷などの外的な条件により、ホテルを今後も改装しながら続けていくのか、それとも方向転換すべきか否かの回答をする形でまとめたのがこの企画書である。こういうケースでは結論を最初に述べ、その根拠を説明し、コンセプトワードでわかりやすく斬ってから、具体的な案をいくつか提示するというのがセオリーである。

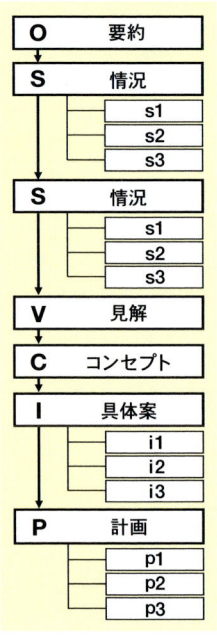

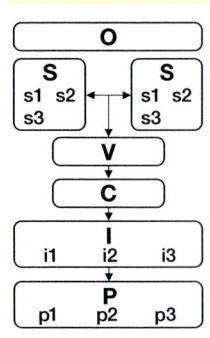

1　企画の特徴

　リゾート地でホテル業を営んでいますが、さまざまな悪条件が重なり、今後、改装をして営業を続けていくのか、それとも転業または廃業も考えなければならないのか、というケースで出された企画案です。

　まず、どうして現在のS(情況)が生まれたのかを2つの要因で探ってみました。それが上段左の「市場環境」と、右の「市場ニーズ」で、これらは並列的なものというより、お年寄りのための介護と看護センターに転業すべきだという下のV(見解)の根拠(橋渡し)となる一連の論理と考えるといいでしょう。

　SVのタイプは背景を踏まえたものですが、差し迫った問題解決が目の前にあるので《P(問題)＋S(解決)＝問題解決型》です。

　C(中核概念)は「アンチエイジング　ホーム＆デイケアセンター」に「SHIFT」することで、そのI(具体案)が3つに分けて記されています。最下段の「改革推進案」が実行のP(計画)です。

2　見せ方のポイント

　全体のスローガン＝O(展望)と、コンセプトの上の説明文に目がいくよう、薄い黄色にマゼンタの斜体文字で目立たせてあります。これだけ読んでも言いたいことは言い尽くせています。

　「市場環境」と「市場ニーズ」は相反する考えなので、対立を示す「矢印吹き出し」という図形で表してあります。それがコンセプトに合流するという典型的な「正」「反」「合」の「衝突T型フロー」です。

　「1枚企画書」をきれいに見せるポイントのひとつに、図形と図形の間のすき間を統一するということが挙げられます。この事例でも、図形の上下左右のすき間がほぼ統一されています。情報量を詰め込んでも窮屈に見られない工夫がここにあります。

■ カラーリング

　格調高いホテルのイメージを出すためテクスチャの「大理石(白)」を利用し、この色からとった青紫色を基調色、強調色にマゼンタ、マゼンタを上に乗せるための下地に補助色の薄い黄色を用いました。

完成企画書

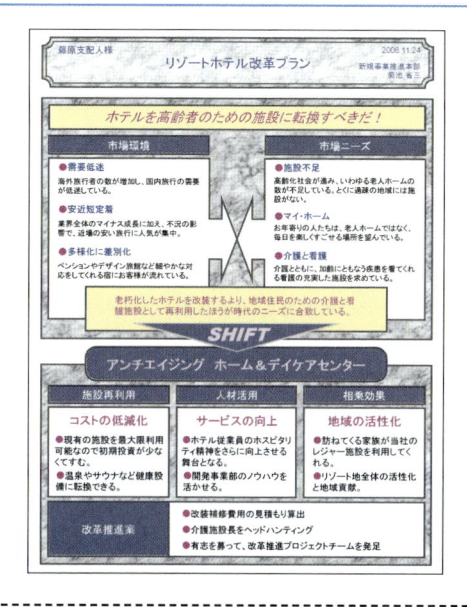

作成ポイント

●額縁のような
タイトルスペースの作り方

タイトルスペースを格調高いものにするには、「ブローチ」という図形を二重重ねにして、内側は白、外側には「大理石（白）」というテクスチャを使用する。白の「透過性」を変えて、下の大理石が薄っすらと見えると、クリスタルな雰囲気が醸し出せる。

1. ［基本図形］から［ブローチ］を描き、［Ctrl］キー押しながらほんのわずか右下へドラッグしてコピーを作る

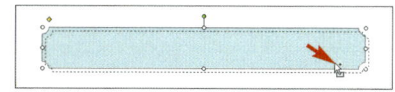

2. 上の図形を［Shift］キーを押しながら右下のハンドルをもとの方向へとドラッグして、上下左右の比率が同じ縮小図形を作る

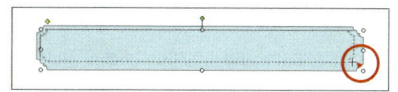

3. 下の図形を［大理石（白）］のテクスチャに変え（P121を参照）、上の図形は白にする

4. 上の図形をダブルクリック→［色と線］タブ→［塗りつぶし］→［透過性］をスライド→「33%」に設定

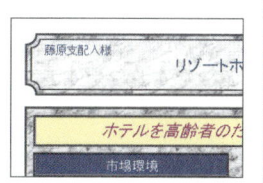

5. 額に入ったようなタイトルスペースができた

ケーススタディ編

067 プレ企画書　　P（問題）＋S（解決）＝問題解決型

アイデア重視と起業の促進を図る組織改革の提案企画書

硬直した企業体質を変えるには、その根本にある問題点の洗い出しから始める。つぎにそれを解決する方策をあらゆる面から検討し、最終的には1つのコンセプトに落とし込む。このコンセプトが明確になることで、そのあとの具体案の方向性も定まってくる。コンセプトは、関わるすべての人に周知徹底させるという効果もある。

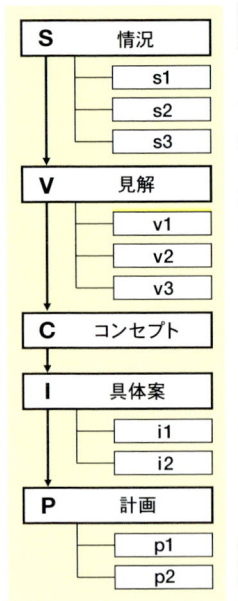

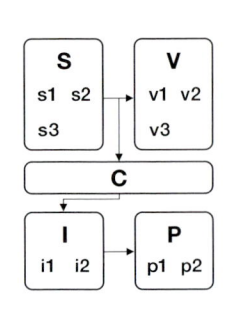

1 企画の特徴

　組織としての停滞の原因はどこにあるのか、どうしたらそれを解決できるのか、という組織改革について考えた企画案です。左上の「問題点」の洗い出しが、現在置かれているS（情況）です。

　それを克服するにはどうすればいいかを示したのが右側の「組織改革の必要性」で、こちらがV（見解）です。SVのタイプは当然、《P（問題）＋S（解決）＝問題解決型》ということになります。

　そうして考え出されたのが「信賞必達」制度を導入すべきだ、ということで、これがC（中核概念）です。ミッション（使命）のことをよく「必達目標」という言い方をしますが、「信賞必達」とは「信賞必罰」をもじったコンセプトワードです。

　そのコンセプトのI（具体案）が、最下段の左の「インセンティブ」です。これは「動機づけ」や「誘因」という意味ですが、ここでは「奨励策」です。ちなみに同様の言葉に「モチベーション」がありますが、こちらは「やる気の喚起」と捉えるとわかりやすいでしょう。

　右側の「実施計画」が新しい制度のP（計画）です。

2 見せ方のポイント

　この企画書は企画を煮詰めてできたというより、「信賞必達」制度という言葉が最初に浮かんで、そこから内容が広がって作られたものです。コンセプト発想にはそのような拡散力があります（P16を参照）。

　したがってもっとも主張したいこのコンセプトワードが最初に目に飛び込んでくるよう、ここだけ暖色に色を変えてあります。

　大きくすると目立つ、というのは実際そうですが、大きくしなくても色や形で目立たせることは可能です。かえってそのほうがセンスよく見せることができ、結局は一番目立つことにつながります。

■ カラーリング

　基調色は鮮やかな緑色と青色です。両者はダブルバランスの関係にあります。強調色は赤色で、黄色は上に赤色を載せるために採用した色で、目立たせるための補助色です。

完成企画書

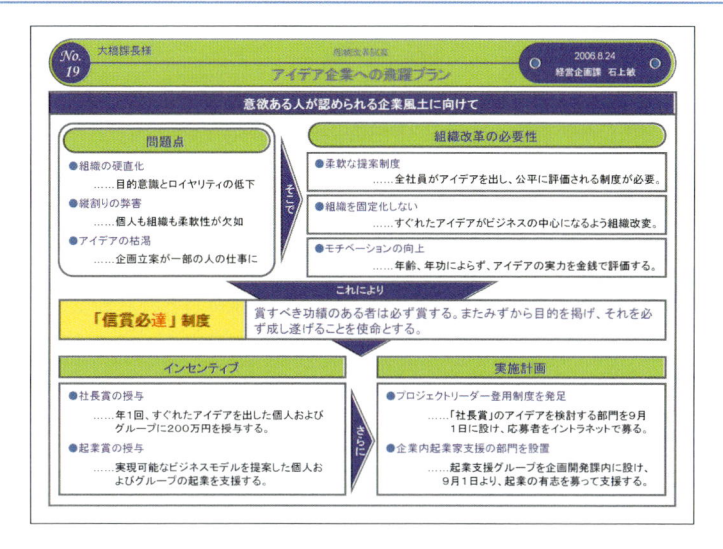

作成ポイント

●カプセル型の
タイトルスペースの描き方

角丸四角形の角を丸くして、円やひと回り小さい角丸四角形と重ね合わせると、タイトルスペースにもアクセントをつけられる。ポイントは重ね合わせる図形の丸みの部分をきれいに合わせるということである。右下図のように、小さな円も組み合わせると、鋲で留めたような味わいを出すことができる。

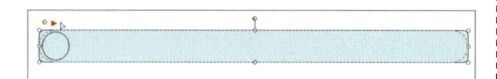

1. ［角丸四角形］を横長に描く
2. ［楕円］で正円を描く（正円は［Shift］キーを押しながら作成する）
3. 正円の外側のカーブときれいに揃うよう、角丸四角形の黄色いハンドルを右側にドラッグする（上図） 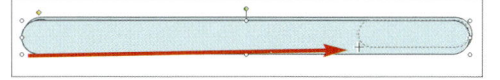
4. ［Shift］キー＋［Ctrl］キーを押しながら下にドラッグしてコピーを作る
5. 角丸四角形の左下のハンドルを右上方向にドラッグして縮小する（上図）
6. センターをきれいに見せるため円を左右に入れた

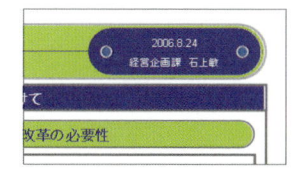

ケーススタディ編

068　プレ企画書　　　B（背景）＋T（課題）＝課題提起型

企業の社会貢献を宣言した
ミッション遂行型企画書

農業とバイオテクノロジーがテーマであるなら、花、草、大地、緑などの写真を使うと、そのイメージが伝わってくる。企画書ではこのように、打ち出したいイメージに合わせて全体のテイスト（醸し出す雰囲気）を1つに統一する。これを「1つのイメージの原則」という。この企画書がその典型的な例のひとつである。

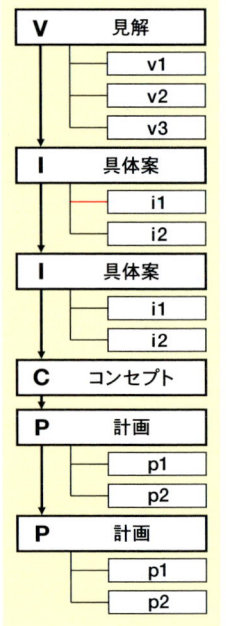

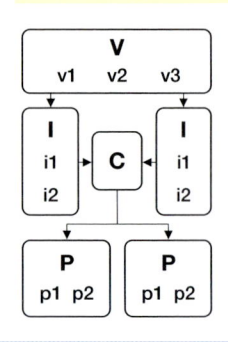

1　企画の特徴

　企業の社会貢献がここでのテーマです。それを「ミッション」（社会的使命）として宣言したのがこの企画書のフェーズ1です。
　内容的にはV（見解）ですが、背景には、世界の後進地域との貧富の格差、貧しい国の劣悪な環境、頻発する自然災害と数多くの被災者が現れているという現状＝S（情況）が踏まえられています。よって、SVのタイプは《B（背景）＋T（課題）＝課題提起型》です。
　C（中核概念）は、宣言の名前にもなっている造語の「Agri-Citizen Company」です。その内容を開いて示したのが、その下の「A」＋「B」＝「C」（世界農業市民・社会貢献企業）という図式です。これがI（具体案）です。
　社会貢献企業になるには、どうすればいいかを「貢献と協力」という見出しで2つの側面、合計4つのポイントで示した最下段がP（計画）です。

2　見せ方のポイント

　この企画のメインは、農業とバイオテクノロジーの融合するところに「世界農業市民・社会貢献企業」なる理念があるというところです。
　そのイメージを花の写真で表しました。写真はポイントになる3ヵ所に配してありますが、タイトルスペースはトリミング、その他は「図の挿入」という別の処理をしています（P10、P61を参照）。
　図形のバックに「A」「B」「C」という"透かし文字"が入っていますが、これは、たまたまそのアルファベットを頭文字とする単語があったので入れたものです。この「ABC」は、「3H」（P121を参照）や、つなげると何かの単語になる「NAP」（P123を参照）などとともに、欧文コンセプトワードの代表的な例です。

■ カラーリング

　全体の色調は花の写真から持ってきたものです。基調色はオレンジ色で、同系色として黄色を使い、強調色はここでは寒色の緑色となっています。タイトルとイラストに使われています。

完成企画書

作成ポイント

●水の入ったタンクの描き方

水の入ったタンクは、「円柱」という図形を描き、それをコピーして、コピーしたほうの上下の高さを低くして、上面の傾きをもとの円柱と同じになるように成形する。そのうえで、もとの円柱の塗りつぶしを白、小さな円柱を水色にして両者を重ね合わせる。こうすると水が入って、しかも後ろの図形が見えないイラストができあがる。

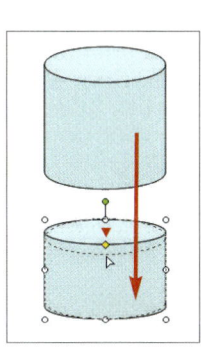

1. ［基本図形］から［円柱］を描く
2. ［Shift］キー＋［Ctrl］キーを押しながら下にドラッグしてコピーを作る
3. 上か下のハンドルをドラッグして高さを低くする
4. 黄色いハンドルをドラッグして、もとの図形の上面と傾きを合わせる
5. ［図形描画］ツールバーの［塗りつぶしの色］→大きな円柱は白、小さな円柱は水色にして、両者を重ね合わせる 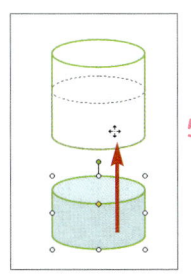
6. 水の入ったタンクが完成した 

137

ケーススタディ編

069　プレ企画書　　　P（問題）＋S（解決）＝問題解決型

他社の動向を見据えて立てる
ブランド改良企画書

商品開発の方針や、競合企業との方向性の違いなどを明確に示すにはイラストが最適である。ただしイラスト入り企画書の場合、解説文と離れていても、対応して見られるよう工夫しなければならない。また、このようなブロック型の場合、コンセプトを目立たせるのが難しいので、トップに要約文を入れるなどの工夫を施す。

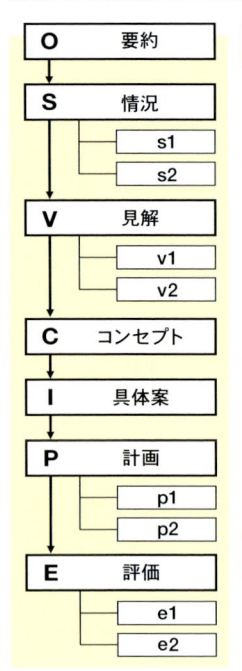

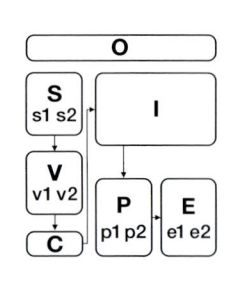

1　企画の特徴

　激しく競い合っている同業他社が、新ブランドを立ち上げ、引き離し作戦に出てきました。しかし同じ会社のブランドどうしが競い合う格好となり、共食いの状態になっています。そうした情況を把握したうえで、今後進んでいくべき道を検討したのがこの企画案です。

　左上の「他社の動向」がS（情況）で、それに対して、現行のブランドを踏襲したものでブランド強化を図るべきだという左中央の「自社ブランドの方向性」がV（見解）です。つまり新商品の投入が遅れても、差別化の明確な商品を出せばうまくいくという作戦です。

　C（中核概念）は、イラスト中にもある「凛」というネーミングと、爆発マークで示された「ペットボトルビール」です。

　この手のブロック型企画書ではコンセプトはそう目立たせることができないので、O（要約）の形でトップに内容を書き入れてあります。

　下段の中央の「イメージ戦略」がI（具体案）、右側の「ブランド展開」がE（評価）ということになります。

2　見せ方のポイント

　他社の動向と、ブランド強化と、差別化という3つのポイントを左一列で説明してありますが、「ブランド差別化」の内容をわかりやすく表したのがメインの図解です。解説の番号と図中の番号とが容易に照合できるよう、赤に白抜きというもっとも目立つ配色にしました。

　ふつうこうしたイラストと解説を見せる場合、左にイラスト、右に解説という配置にするのですが、ここでは反対になっています。

　その理由は、解説文を左上から下への流れまでをひとまとまりのブロックとして（ここからいったんイラストへと目を移し）、そこから左から右へのI（具体案）につながるという形にしたかったからです。

■ カラーリング

　イラストにいくつもの色数を使わなければならないとき、基調色にはあまり主張のない色を使うのがコツです。ここでは薄緑色と青色を使ってあります。赤色が補色（反対色）で、強調色でもあります。

完成企画書

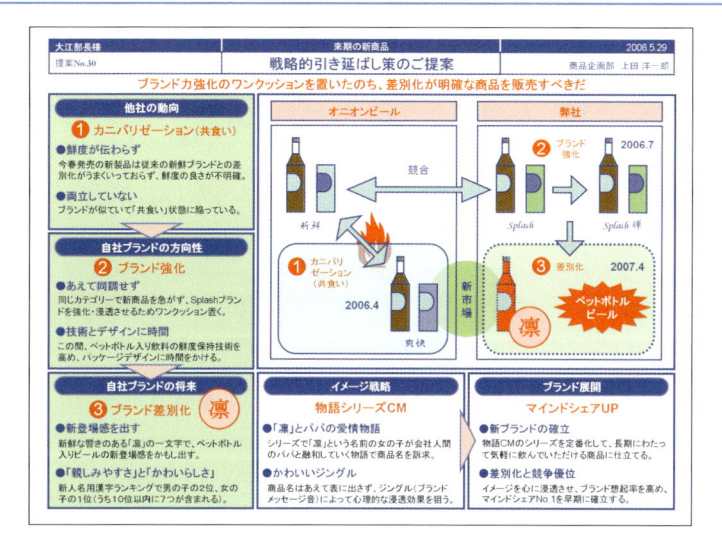

（企画書サンプル図）

→ 作成ポイント

●メラメラ背後で燃えているイラストの描き方

火のイメージがほしいときには「火」でクリップアートの検索をかけてみる。色や形の点で使えそうにないと思っても、この例のように背景を白にして、火を赤色に変えるとイメージどおりのイラストが得られる。上にくる図形は「透過性」の調整を行なうと半透明になる。

1. クリップアートの挿入の仕方はP11を参照
2. [図]ツールバーの[図の色変更]ボタンをクリック
3. [新しい色]の▼をクリックして、黒を赤色に変え、背景を白に変える（上図）

4. 最初とまったく印象が違うイラストになった

5. クリップアートを右クリック→[順序]→[最背面へ移動]をクリック
6. 上に乗せた図形の[透過性]を33％くらいにする（P133を参照） 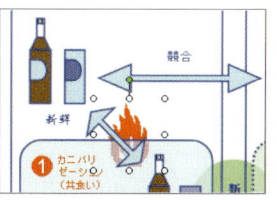
7. メラメラ燃える火が透き通った図形の下に見える

139

ケーススタディ編

070　プレ企画書　　　F（気づき）＋O（提案）＝気づき発想型

女性が待ち合わせ場所に利用するワンショットバー企画書

新しい店舗の設計企画をするとき、その店が誰をメインターゲットにしているか、そしてどのようなコンセプトで、どう受けとってもらいたいかを考慮して、カラー、トーン、テイストにいたるまでひとつのイメージに統一する必要がある。そうした全体のコーディネートができてこそ、見た目にも訴求力のある企画書ができ上がる。

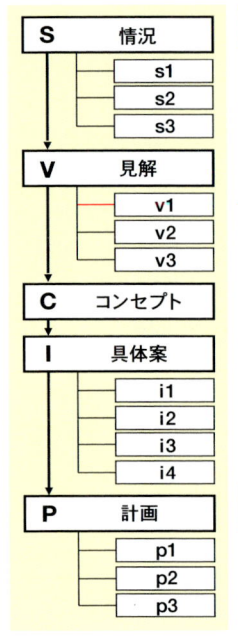

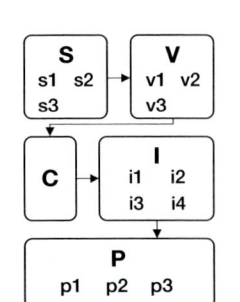

1　企画の特徴

駅チカや駅ナカに、主に女性の待ち合わせ客をメインターゲットにしたワンショットバーを開設しようという企画案です。

他店と差別化をするため、フェーズ1では「ニーズの把握」と「ソリューション」に分けて、それぞれ3つのポイントを列挙しています。これがS（情況）とそのV（見解）で、SVのタイプは、こういうものがあればいいという《F（気づき）＋O（提案）＝気づき発想型》です。

C（中核概念）は中央左側のイラスト上に描かれた「Floral Stand」で、この店の店名にもなっています。その内容を示した右側がI（具体案）です。アーティストなどいろんな人や組織とコラボレーションしていこう、という企画案が述べられています。

この店の開店を成功させる戦術＝「TACTICS」がP（計画）で、3つの方法が列挙されています。どのように実現するかのシミュレーションという位置づけになっています。

2　見せ方のポイント

まずこの企画のコンセプトである「Floral Stand」を全体のコミュニケーションデザインの中心に据えます。花のイメージ写真を1点選び、中心になるよう背景に敷きました。加えて、タイトルスペースにも同じテイストの写真をトリミングして用いました。

これは女性のための企画です。そのテーマを全体のトーンやテイストで表現するため、レターセットをモチーフにしてみました。

写真にかかる文字、図形は、写真の色に合わせます。図形（事例では楕円）と重なった部分が多いと、バックの写真が台無しになってしまうので、透過性を操作して半透明にしてあります。

グラスのイラストがアイキャッチャーとして有効に働いています。

■ カラーリング

色彩は写真からとってきたピンクを基調色に、補色（反対色）には同じく写真の葉の部分の色から拝借した緑色を使ってあります。強調色はここではピンクとは同系色の赤色です。

完成企画書

→ 作成ポイント

●バックの写真を活かすため図形を半透明にする方法

図形の下になった写真を活かすには、図形に「透過性」の設定をする。「透過性」を使うとセロファンを上に重ねたような、きれいな半透明の図形になる。上に乗せるテキストも同系色にすると、センスある表現と見てもらえる。

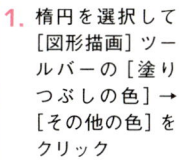

1. 楕円を選択して[図形描画]ツールバーの[塗りつぶしの色]→[その他の色]をクリック

2. [標準]タブをクリック→ピンク系の適当な色を選択する

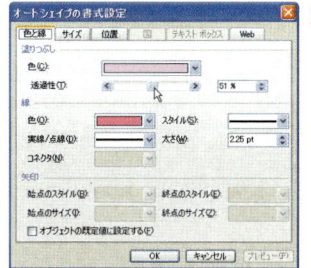

3. 楕円をダブルクリックして[塗りつぶし]→[透過性]のボタンをスライド→「50%」あたりに設定する

4. バックの写真がきれいに透けて見えている

141

ケーススタディ編

071　プレ企画書　　　　　　B（背景）＋T（課題）＝課題提起型

会員制クラブで商品開発等を行なう
テストマーケティング企画書

大きなマーケットを対象にシェア争いを繰り広げる行き方とは一線を画し、特定の人を対象に末長くおつき合いして、結果的に高いシェアを獲得するのがライフタイムバリューである。この企画では、会員制組織を作り、質の高い意見を聴取して、仕入れや商品開発に活かそうというテストマーケティングの提案を行なっている。

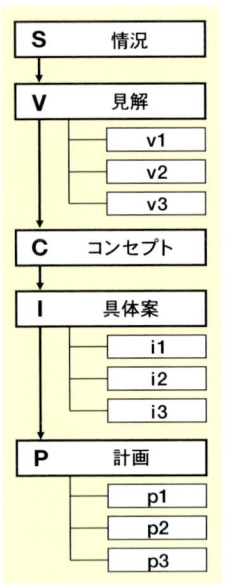

1 企画の特徴

　ワインを購入して飲む、というとカップルや仲間が集まってのパーティーというイメージがありますが、意外と最近は、自分の楽しみのためにという人が増えています。これは、そんな自分へのご褒美のために定期的に購入してくれる顧客に対しての企画案です。
　アンケートで得られた「ライフシーン」がS（情況）で、「ひとりで」飲む人が10％いたというのがF（事実）です。
　そうした事実に対するアクションが上段右の「企画目標」で、V（見解）にあたるものです。SVのタイプでいうと《B（背景）＋T（課題）＝課題提起型》となります。
　下段左の「コンセプト」の「おうちワイン、ごほう日ワイン」がC（中核概念）で、下に続く内容がI（具体案）です。
　それを実行するE（評価）が右側の「企画効果」です。ワン・ツー・ワン・マーケティングできめ細かな対応をして、同時に、仕入れや商品開発の参考にさせていただこうという方針が示されています。

2 見せ方のポイント

　コンセプトの「おうちワイン、ごほう日ワイン」には、ポップなフォントを使ってみました。それを絵にしたのが左図です。
　ワインのイラストは四角形と台形を組み合わせて作りました。本体は田の字型の「Z型フロー」の単純な図ですが、このワインの商品イメージがアイキャッチャー的なポイントになっています。
　もうひとつ単調さを回避しているのが「商品」「企画の概要」と入った上のスペースです。これは「れんが（斜め）」というパターンを用い、全体で、ドールハウスのようなかわいいテイストを醸し出しています。ターゲットである若い独身女性を意識したものです。

■ カラーリング
　紫色に近い青色が基調色で、ベージュが補色（反対色）に近い色で、互いに非常に相性のいい配色です。それぞれの同系色として水色とマゼンタが白ワイン、赤ワインの色に使われています。

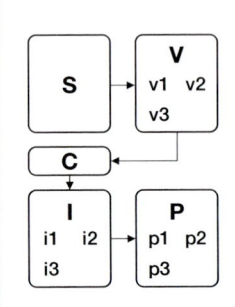

完 成 企 画 書

作成ポイント

●ワインの入ったボトルの描き方

用意する図形は、四角形が3つ、台形が1つ、ラベル用の「フローチャート：論理積ゲート」という図形、それにテキストボックスである。これらをセンターラインを確認しながら成形し、最後にグループ化しておくと、1つの図形として扱うことができる。

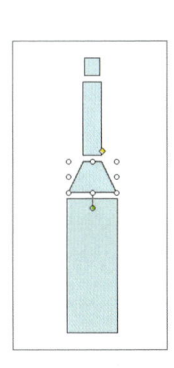

1. ［四角形］を3つ描いたあと、［台形］を四角形に合わせて描き、上下を逆にする（P125を参照）

2. すべての図形を［左右中央揃え］にする（P5を参照）

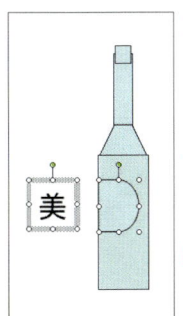

3. ［オートシェイプ］→［フローチャート］→［フローチャート：論理積ゲート］を描く

4. ［テキストボックス］を別に設けて「美」と入力する

5. ［フォント］の▼をクリック→［HGP行書体］を選択する

6. 各パーツに色をつけ、グループ化して完成

ケーススタディ編

072 プレ企画書　　　B（背景）＋T（課題）＝課題提起型

雑誌特集企画を立案するための
海外視察リポート企画書

現地を視察し、情報を取材して、その報告をリポートの形で行うことがある。報告書であり、企画書の前段階でもあるこのようなプレ企画書では、持っているイメージを写真で伝えたい。写真を小さくしたくないのであれば、その上にテキストを乗せるという見せ方もできる。ここではコンセプトの見せ方にも工夫を凝らした。

1　見せ方のポイント

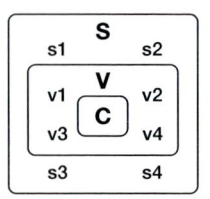

北欧4ヵ国の代表的なシーンをとり上げ、そのメリットをテキストで表現しています。記述は「客観的な事実」と「意見や感想」を上下に分け、中間には中が透明になった矢印を入れてあります。

北欧各国の写真はイメージ写真の扱いで、これは上に乗せたテキストが読めるよう、ダブルクリックをして「図」タブの「イメージコントロール」で明るさを約70から80％に調整したものです。国名はわずかにずらして二重にして、下になったテキストを白にしてあります。

「北欧神話」はテレビ番組「世界遺産」のロゴを模してあります。

■ **カラーリング**

写真を複数使うと色数が多くなるので、黒と白のダブルバランスで統一して、その国をイメージした4つの色をポイントに使いました。

| 073 | プレ企画書 | P（問題）＋S（解決）＝問題解決型 |

新しいセクションを創設した組織図比較企画書

旧体制から新体制へ組織を改革しよう、という提案では、両者を左右で見比べられるようにしておくといい。人間の目は左右に視野が広く、左右に同じようなものが並んでいて、どこかに違いがあると自然と見比べるものである。こうしたケースでは当然、流れは左から右で、タイトルスペースでもそうした流れを表現している。

1 見せ方のポイント

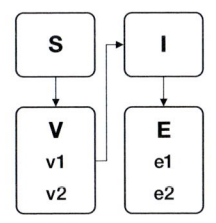

新旧体制のデメリットとメリットがよくわかるようにするには「×」と「○」を"透かし文字"にして入れておくといいでしょう。これが全体のアイキャッチャーにもなっています。

組織図は、簡易図表作成ツールである「図表ギャラリー」でも作ることができますが、角丸四角形と「カギ線コネクタ」を使っても描くことができます。こちらのほうが操作がしやすく、融通が効きます。

タイトルスペースの右側の図形はオートシェイプにはありませんが、「山形」という図形と四角形を組み合わせて作ることができます。

■ カラーリング

基調色は青色で補色（反対色）に黄色を用いました。左右の組織図の違いを明確に示すためのものなので、強調色は使ってありません。

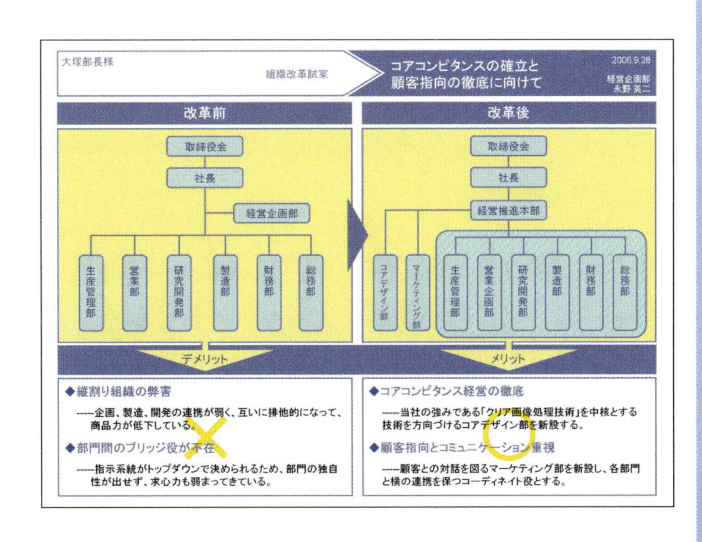

ケーススタディ編

074　プレ企画書　　　B（背景）＋T（課題）＝課題提起型

マーケットのニーズを反映した
男性の料理スクール企画書

クッキングスクールというと女性のもので、花嫁修業というイメージがあるが、料理好きの男性や、家事を受け持つ"主夫"で積極的に学びたいという人に向けてスクールを開校しようという企画案である。とった手法は、マーケット・セグメンテーション（市場細分化）の変数から、最適ターゲットを特定するというものである。

1　見せ方のポイント

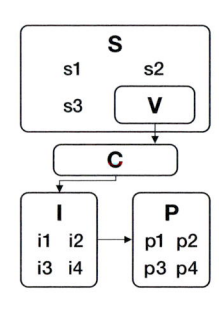

　中央やや下にある「コンセプト」は、通常だと見出しが「コンセプト」で、その下にコンセプトワードが入るところですが、このように「コンセプト」を「CONCEPT」に変えて、バックに大きく敷くという方法もあります。グラフィック・デザインでよく見かける処理の仕方です。上のテキストにはワードアートが使われています。
　このタイトルスペースのようにグラデーションを効果的に用いると、「立った」印象を与えることができます。平板になってしまった企画書にアクセントをつけるときに採用するといいでしょう。

■ カラーリング
　クッキングスクールの企画ということでチョコレート色を基調色に選びました。黄色が同系色で、強調色には赤色が用いられています。

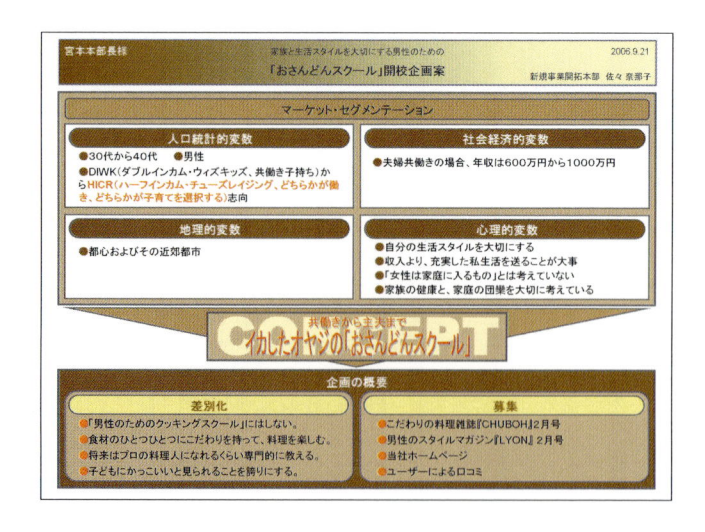

| 075 | プレ企画書 | P（問題）＋S（解決）＝問題解決型 |

売り上げが低迷している
宅配店の改革企画書

売り上げが低迷している業種や業態、あるいは個々の店舗などは、マクロ（不景気やトレンドの変化）かミクロ（店員のサービス感覚の欠如など）に原因があるはずで、そうした情況を分析したうえで企画に入っていく必要がある。ここではミクロに関する2種類のデータを相互補完的に使って、複数のアイデアを提案している。

1 見せ方のポイント

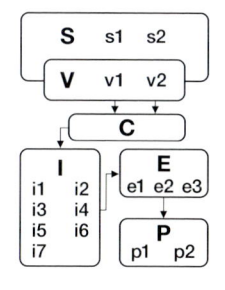

2つの別の観点によるデータをとり上げ、そこから企画を詰めていくときよく利用されるのが、この企画書にある「Z型フロー」です。

こういう表し方をすると、上段と下段に分けて見せることができ、自然な流れを構成することができます。また相互のブロック間を離してゆとりを持たせると、矢印のフローが見やすくなります。

グラフは「1つのポイントの原則」（P126を参照）にのっとって、ポイントになる横棒部分に色をつけたり、円や角丸四角形で囲んだり、吹き出しでコメントをつけたりしています。

■ カラーリング

基調色は濃い緑色で、補色（反対色）が赤色ですが、これがこの宅配ピザ屋さんのロゴカラーという設定になっています。

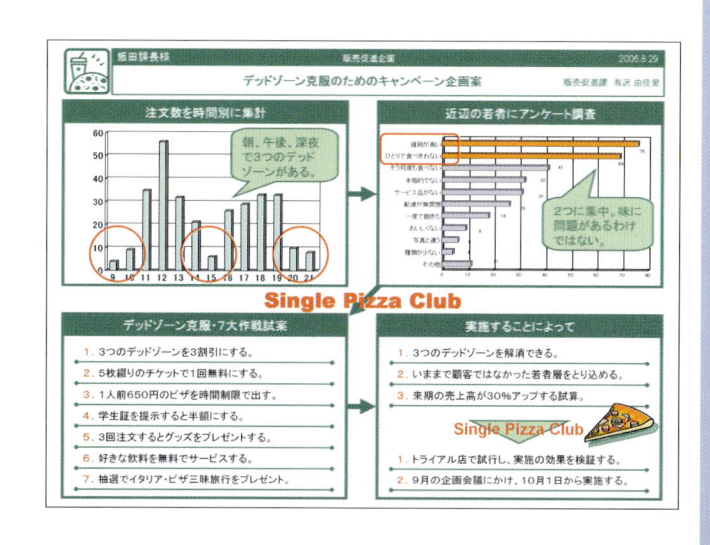

ケーススタディ編

076 プレ企画書　　　F（気づき）＋O（提案）＝気づき発想型

都会における同窓会ニーズに応える
パーティースペース企画書

新しいショップを発想したとき、それがどのような時代背景から生まれ、どのような具体的なイメージを持ったもので、どういう人たちに来てもらいたいのかを明確にしておく。これは、都会で同窓生が集まる傾向を見て、かつてをしのぶ懐かしい空間を提供すると多くの集客を期待できるのでは、と考え企画した企画案である。

1 見せ方のポイント

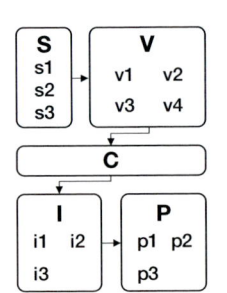

昔学んだ懐かしい学舎で同窓生が集まれるよう、地方の廃校になった小学校を倉庫内に移設しようという企画です。「木目」というテクスチャを全体に用い、温かみのある木の雰囲気を醸し出しています。

それと街で見かけた看板のキャラクターの絵がおもしろいと感じたので、これに似たものを採用してはどうかと提案してあります。

全体のフローのパターンは「Z型フロー」で、それぞれの部分にはSVCIP理論の基本形どおりの要素が入っている、もっともオーソドックスな企画書だといえるでしょう。

■ カラーリング

基調色は「木目」のテクスチャの茶色で、同系色には看板のイラストから黄色を拝借しました。これらを全体に及ぼしてあります。

077　プレ企画書　　F（気づき）＋O（提案）＝気づき発想型

音楽配信サービスをシステム化した
ビジネスモデル企画書

> メロディーはわかるが、誰の何という曲かはわからない。そんなとき、携帯電話に向かって不明の曲をハミングすると、Webサイトに自動的にリストアップされ、それを聴いた一般の人が曲目を教えてくれ、音楽配信サービスに結びつける、というシステム。耳で聞くと難しいが、図で見ると簡単に理解できる企画書である。

1　見せ方のポイント

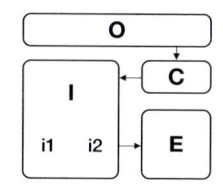

　もっとも大切なことは、これを見た瞬間、矢印の流れで、システマティックに機能しているものだと想像できるということです。いかにも煩雑なシステムだと思われると、企画を通すのは難しくなります。

　煩雑さを回避する工夫のひとつが、ふさわしい場所に適当なイラストを配置するというものです。もしこの図にイラストの要素がないと、考え込んでしまいます。考え込むものは図解とはいえません。

　イラストのテイストは統一します。たとえば、かしこまったものとマンガ的なものが混じっていると下品に見えてしまいます。

■ カラーリング

　基調色の緑の濃淡と、補色（反対色）に近いオレンジ色とのダブルバランスになっています。使用するパートを明確に分けてあります。

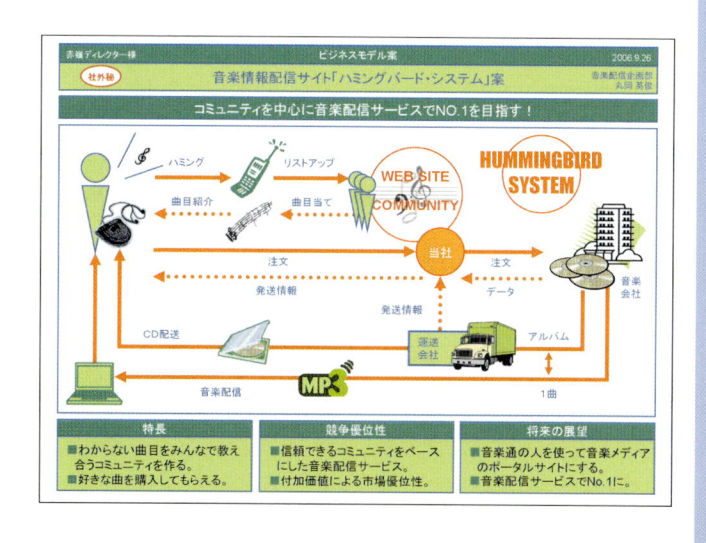

ケーススタディ編

078　完全企画書　　　F（気づき）＋O（提案）＝気づき発想型

葬儀の相談件数を増やすための
販促ツールの企画書

これは葬儀会社の企画案で、いざというとき相談してもらえるよう、各家庭の電話の付近に吊り下げておいていただく便利帳のようなものを考えている。吊り下げて利用できるイメージは既存のイラストにはないので基本図形を使って描き、ポイントを3点に絞って解説した。配布方法、部数、予算などトータルに提案している。

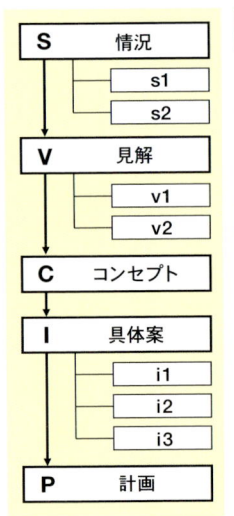

1 企画の特徴

　葬儀会社の企画案で、いざというときに相談に乗ってあげ、その親身の対応で顧客を獲得していこうというものです。そのための有効なツールとサービスのシステムをイラスト入りで解説してあります。
　S（情況）は「お年寄りは不安」という現状です。それに対してV（見解）にあたるのは、その現状の把握を踏まえた「不安に応えたい」という「当社」のとるべきポジションということになります。
　こういうものがあればもっと相談されるだろう、という発想なのでSVのタイプは《F（気づき）＋O（提案）＝気づき発想型》です。
　ここから接続語句を下につなげ、C（中核概念）は「PINK AIDE」というサービス名になっています。
　サービス名だけではよくわからないので、それを図と解説で示したのがP（具体案）で、解説は3点に絞って書かれています。
　電話の近くに吊るしておいてもらう「もしも」のツールをどう配布するのかを最下段に示してあります。これがP（計画）です。
　全体が3つのパートで成り立っているので、このフローをヨコ位置企画書で見た「王型フロー」と呼ぶこともできます（P25を参照）。

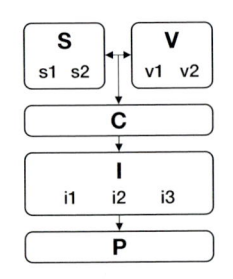

2 見せ方のポイント

　社会的な潜在ニーズに対して、自社の社会的使命が相互に向き合っているので、形も「矢印吹き出し」を上下に使いました。
　「王型フロー」で3つのパートに分かれているなかでも、中央にはイラストが描かれているので、これがアイキャッチャーとなって、企画書にメリハリを与えています。
　イラストは「左ビジュアルの原則」（P92を参照）にしたがって左側に入っています。引出線付きの説明文は簡潔に表現するのがコツです。

■ カラーリング
　基調色を紫色にしたのは、この企画書が葬儀を請け負う会社だからです。それと相性のいい色がピンクですが、両者は同系色というより濃淡の関係にあります。強調色には赤色を使いました。

完成企画書

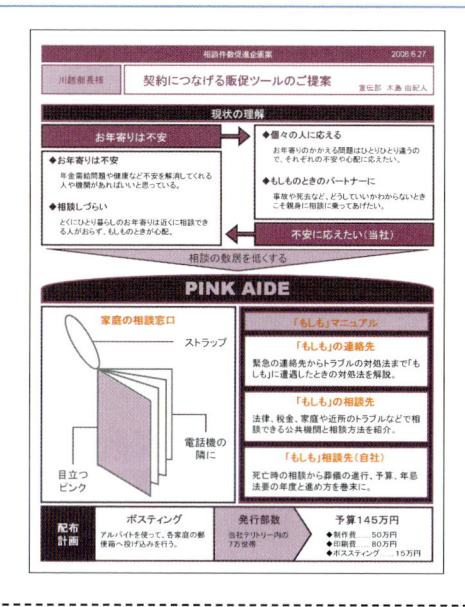

作成ポイント

●ストラップ付き冊子の
イラストの作り方

ページのある本や雑誌などの冊子は、1個の四角形といくつかの平行四辺形を組み合わせると作成できる。中間に挿入されるページはハンドルを操作して成形を加えていく。これを丹念に行なえば数ページにわたる本も自作することができる。ストラップの部分は楕円を使った。

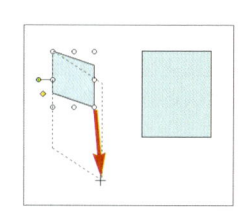

1. [四角形]を描いたあと、[平行四辺形]を描いて緑色の回転ハンドルを[Shift]キーを押しながらドラッグして左90度傾ける

2. 四角形の上下に合うよう右下のハンドルをドラッグして縦長に成形する(上図)

3. [Shift]キー+[Ctrl]キーを押しながらドラッグして、中間にコピーを作る(下図左)

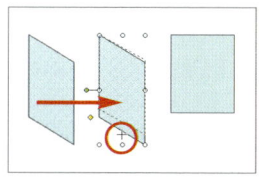

4. 中央下のハンドルを上にドラッグして上下を縮める

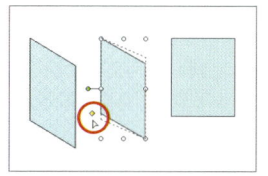

5. 黄色いハンドルを下へとドラッグして、より四角形に近い形にする

6. [楕円]でストラップをつけると完成

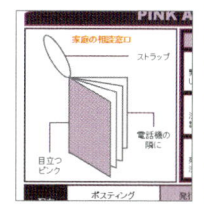

ケーススタディ編

079　完全企画書　　　　　　　　　　　　B（背景）＋T（課題）＝課題提起型

本書もこれを作成して生まれた「1枚企画書」の企画書

これは**書籍執筆**という特殊な分野の企画書であるが、「どうして企画したのか」（WHY）と、「どのようなものにすべきか」（WHAT）＋「どのように実行すべきか」（HOW）という2つのフェーズを明確にしてある典型的な企画書例の1つとして紹介する。実際に、本書執筆のために出版社に提出された企画書である。

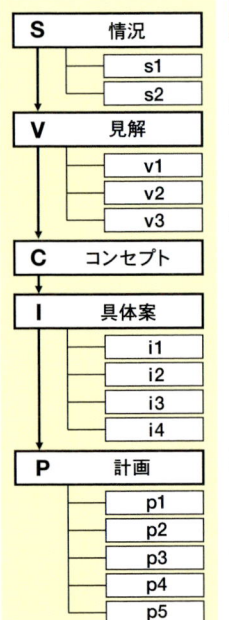

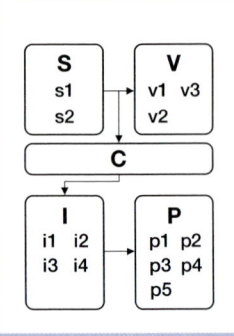

1 企画の特徴

　本書のような書籍も、企画を通すことによってはじめて仕事として成立します。提案に使ったのがまさに「1枚企画書」でした。これは、他の分野の企画書にも応用できるのでとり上げることにしました。

　全体を上下で見ると、上段は左の「企画理由」がS（情況）で、右が「競合」という脅威の条件も含めたV（見解）で、「どうしてこの本が必要か？」と書かれているように「WHY」を追求するフェーズ1です。

　中央が、上のフェーズ1を受けて企画したこの本のタイトル案で、C（中核概念）にあたるものです。

　下段は「どのような本にすべきか？」という「WHAT」と、「どのように売っていくか？」という「HOW」がテーマで、左がI（具体案）、右がP（計画）となっています。こちらがフェーズ2です。

　すべての基本要素がそろったスタンダードな「1枚企画書」です。

2 見せ方のポイント

　上段と下段に、左から右への流れがある、というのがヨコ位置「1枚企画書」のオーソドックスな形ですが、上下で図形の形態を変えると目先も変わるので、どこがどう違っているのだろう、と相手の注意を喚起することができます（P158を参照）。

　この企画書でもそうで、下は「ブロック矢印」の「右矢印」で流れを見せているのに対し、上は「ホームベース」を使用しています。

　「企画目標」の右隣の「競合」（SWOT分析でいう「脅威」、P82参照）は「企画目標」に付随する条件ですが、「爆発1」というオートシェイプを使用したもので、動きの表現に適しています。

　この「爆発1」のような斜線を使ったパターンは、色数をむやみに増やしたくないときに用いるのに適しています。

■ カラーリング

　全体を基調色の青色で統一し、コンセプト＝本のタイトル案の提示は一番目立たせたいので、反対色のマゼンタが用いられています。マゼンタの部分を限定して、一番に目がいくよう配慮してあります。

完成企画書

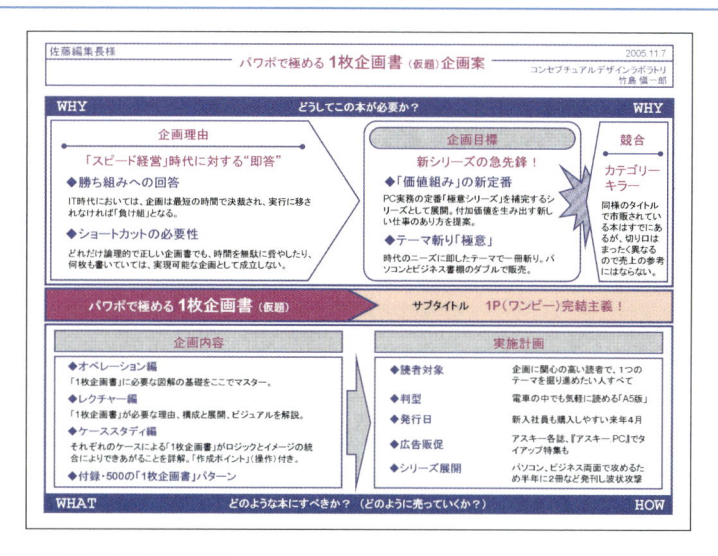

→ 作成ポイント

●爆発マークと
　パターンのつけ方

「競合からの脅威がある」という意味を表現したいときには、オートシェイプの「爆発」を使うとダイナミックな表現ができる。「爆発」には1と2があり、2のほうが傾きがあって動きの表現に向いているが、ここでは1をやや太めの縦長にする方法をとっている。

1. ［オートシェイプ］→［星とリボン］→［爆発1］をクリック
2. 右側上のハンドルを右上方向へドラッグ
3. ［図形描画］ツールバーの［塗りつぶしの色］→［塗りつぶし効果］をクリック
4. ［パターン］タブをクリック→［右上がり対角線（反転）］を選択
5. ［前景］の▼をクリック→［ユーザー設定］をクリック
6. 斜線のパターンのついた爆発マークが完成した

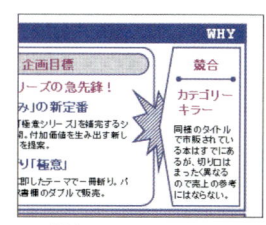

153

> ケーススタディ編

080　完全企画書　　　　P（問題）＋S（解決）＝問題解決型

ラーメンチェーン店を見直す
ブログマーケティング企画書

あるラーメンのチェーン店が、顧客の実態を把握するためにブログを使ったマーケティング・リサーチ法を活用するという設定である。こういう企画案では、概要の部分を相関関係図で表すと効果的である。図というのは本来、ヨコ位置企画書の得意分野であるが、こうしたタテ位置にも利用できるという格好の見本である。

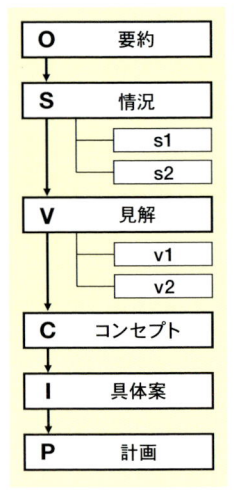

1　企画の特徴

　ラーメンのチェーン店を営む会社が、ほんとうに顧客に支持されているのかどうかを調査したいと立てたのがこの企画書です。
　S（情況）は収集した「生の声」です。それに対する「課題」がここでのV（見解）ということになります。その両者がGAP（背離）の関係にある、という課題の提起の仕方をしています。
　SVのタイプは《P（問題）＋S（解決）＝問題解決型》です。
　そのGAPを補うために考え出したのが、ラーメンのうんちくを語るブログを運営し、そこで得られた意見を集約して商品開発に活かそうという企画案です。これをコンパクトに言い表した「ラーメンうんちく大王プラン」がC（中核概念）ということになります。
　そのI（具体案）は、コンセプトの下に概要図の形で表しました。
　これを実行に移すための「予算」がP（計画）です。
　この企画書でひとつ特徴的なのは、企画書全体を言い表したOverview（展望・要約）の部分があるという点です（P20を参照）。問題提起ではじまる企画の典型的な例です。

2　見せ方のポイント

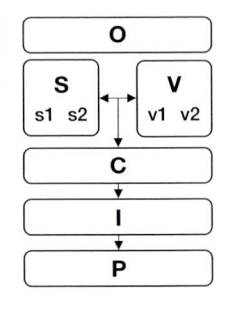

　対立項から新たな価値が生まれる「正・反・合」の関係が、フェーズ1の根底にあります。それを「GAP」を中心にした「衝突T型フロー」（P78、P90、P132を参照）の形で表現してあります。
　コンセプト（ブログマーケティングのサイト名）が、そこから飛び出すようなイメージにしてあります。コンセプトはエンブレム的な表現にして、ここを一番に見てほしいという形にしてあります。
　下段の概要図はフィードバックする回転型の図解で、こうした図解ではシンプルな配色のほうが効果的です。

■ カラーリング
　黄色とオレンジ色の同系色によるダブルバランスになっています。これはラーメン店の熱くておいしいイメージを色で表したものです。ただこれでは熱苦しいので、反対色の紫色がそれを鎮めています。

完成企画書

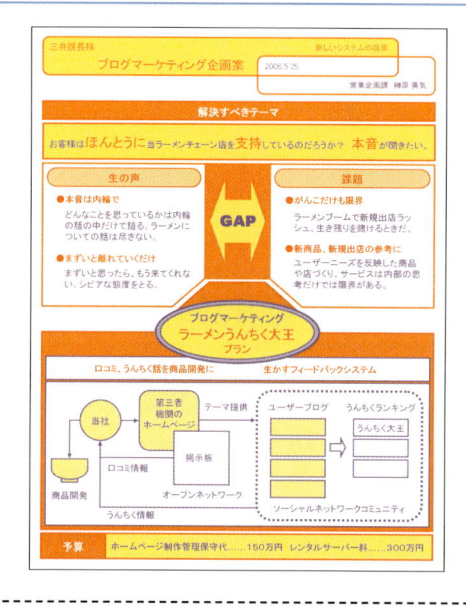

作成ポイント

●重なった図形を白く抜く方法

このタイトルスペースのようにするには、ふつうに角丸四角形の一部を重ねるだけではできない（重なった部分の下の枠線が隠れてしまう）。そこで、枠線なしの図形＋白の図形のペアと、枠線だけのペアに分けて、上下にぴったり重ね合わせると、下の図形の枠線が見えるような形になる。

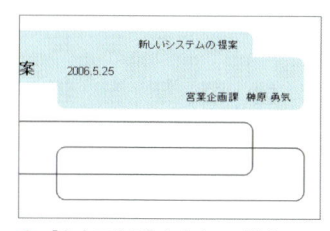

1. ［角丸四角形］を大小2つ描く
2. 2つの図形を選択して［Shift］キー＋［Ctrl］キーを押しながらドラッグして下にコピーを作る
3. コピーした図形は［図形描画］ツールバーの［塗りつぶしの色］で［塗りつぶしなし］、もとの図形は同じく［線の色］で［線なし］を選択する
4. コピーした図形の［線の色］でオレンジ色を選択し、もとの図形の［塗りつぶしの色］を白と薄いオレンジ色にそれぞれ塗り分ける 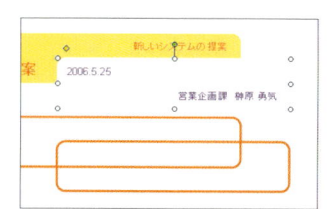
5. 図形が重なった部分が白くなっている

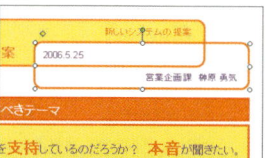

ケーススタディ編

081 完全企画書　　　P（問題）＋S（解決）＝問題解決型

町を舞台としたコンクールで活性化を図る
町起こしイベント企画書

> 活気をなくした地方の街を活性化させるさまざまな取り組みが行われているが、町起こしにも戦略的な企画が必要となる。進め方としては、なぜ沈滞しているのかという理由を探り、資源の洗い出しを行い、可能なことをコンセプトに落とし込んで具体案を詰めていく。実行に必要な広告媒体や予算なども併せて書き記しておく。

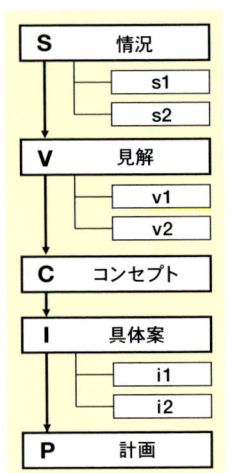

1　企画の特徴

　実際には、魅力的な観光や産業・農業資源があるのに、遠方からの客を引き寄せることができない地方の町が舞台です。

　そこで考えたのが、全国に向けて「映画化原作コンクール」を開くというもので、映画の原作になれば、それを観光の目玉に多くの客が招けるのでは、と考え企画したのがこの企画書です。先を急げば、「映画化原作コンクール」がC（中核概念）です。

　そう考えるにいたったフェーズ1は、上段左の「問題点」と「資源の活用」がS（情況）のように見えますが、後者を持ち出した背景には「こういう資源があるから前面に出してPRすべきだ」というV（見解）の気持ちが込められています。

　下段の左の「小説コンテスト」と中央の「映画化」がI（具体案）で、これを実行に移すときに必要になってくる一番右側の「広告宣伝」がP（計画）ということになります。

2　見せ方のポイント

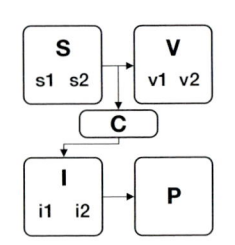

　フェーズ1で問題点とその解決について述べ、コンセプトを中間にして、その下に具体的なアイデアを広げていくこの「工型フロー」を別名「砂時計型」といいます。

　ただここではコンセプトの両側に写真が入っているので、見かけ上は「砂時計型」のようには見えません。これは上段の「問題点」と「資源の活用」に合う写真があったので、あとからイメージ的に挿入したものです。上の説明と下の写真がそれぞれ対応しています。

　写真を使うときに気にしてほしいのは、いくつもカットを撮っておいて、左に使うものなら左に広がるイメージのもの（顔写真なら左右とも中央に向かせる）を使うということです（P174を参照）。

■ カラーリング

　基調色はエンジ色で、補助色として黄色が使われています。全体が暖色の場合は強調色は寒色となり、ここではテキストの紫色ですが、エンジ色とは寒暖の差があっても同系色の関係にあります。

完成企画書

作成ポイント

●写真にきれいに枠をつける方法

写真の枠線は「線の色」で色をつけて、「線のスタイル」で太さを選択すればつけられるが、きれいに描かれないことがある。そうならないようにするには、適当なサイズの四角形をいったん描き、写真の縦と横の長さをコピーする。地の色を透明にしたら（[塗りつぶしなし]の設定にしたら）、写真の上にぴったり重ね合わせる。

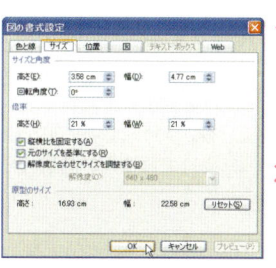

1. 写真をドラッグ＆ドロップで挿入し、適当な大きさに縮小してレイアウトする
2. ダブルクリック→［サイズ］タブをクリック→［高さ］の数値をコピーする
3. ［四角形］を描き、ダブルクリック
4. ［サイズ］タブをクリック→写真の［高さ］の数値をペーストする
5. ［幅］の数値でも同じことを繰り返すと、写真と同サイズの枠線が完成する
6. 写真にきれいに枠線がつけられている

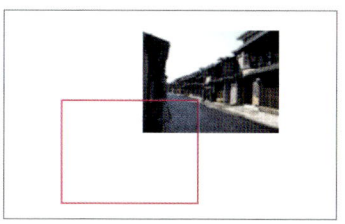

157

ケーススタディ編

082 完全企画書　　　P（問題）＋S（解決）＝問題解決型

老舗のイメージを脱却するためのブランド改革企画書

CI改革まではいかなくとも、新しいブランドを社名のように独立させて使うことがよくある。ここでは、老化した企業風土を刷新し、若い人を抜擢して幅広いマーケットに対して訴求していこうというケースをとりあげる。新採用のロゴイメージは、想定しているものに近いフォントを使って自作すると、それだけ訴求力が増す。

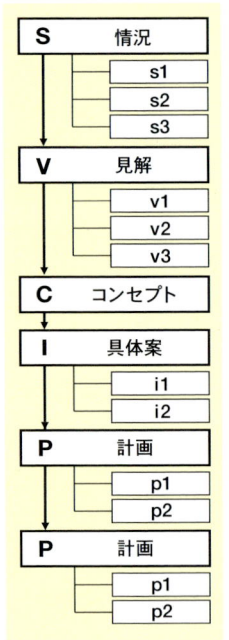

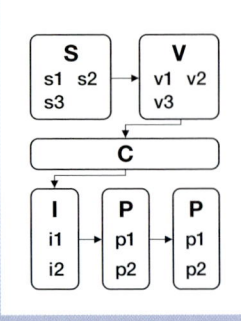

1 企画の特徴

　老舗和菓子というと里帰りのお土産にはいいかもしれませんが、若い人がこぞって買い求めるかというとそうでもありません。高齢者に支持されているといっても、その地位は安泰ではありません。
　そこで老化した企業風土を改める意味合いも込めて、若い人を登用した新ブランドを立ち上げようというのがこの企画書です。
　上段左が現在かかえる問題点でS（情況）です。それを克服するために考えた「ブランド戦略」がV（見解）で、ヨコ位置「1枚企画書」のオーソドックスな形となっています。SVのタイプは《P（問題）＋S（解決）＝問題解決型》です。
　C（中核概念）はその下のロゴで、このロゴを主体とした統一ブランドを確立することでブレイクスルーが期待できる、としています。
　そのためのI（具体案）が、下段の左側です。そして中央と右側がそれを実行に移すための広告と予算で、P（計画）という位置づけになっています。

2 見せ方のポイント

　まずこの企画書で訴えたいことは統一ロゴによるブランド戦略なので、何をおいてもロゴが目立つように配慮します。これを中心に上段と下段が構成された「砂時計型」の企画書になっています（前節参照）。
　フェーズ1とフェーズ2というのはデザイン的に統一されているより、持っている意味合いがまったく違う場合、別のテイストのものを考えるようにしたほうがいいでしょう（P152を参照）。
　文頭のオレンジ色の「●」印は、沈みがちな色調に温かみを持ち込むために施したデザイン的な処理です。寒色と暖色、角ばった図形と柔らかな印象の図形はバランスよく使うことが肝心です。

■ カラーリング
　基調色は紫がかった青色で、補色（反対色）がオレンジ、その同系色の赤色が強調色になっています。ただし発想は逆で、この場合、ロゴの赤色が先に決まって、相性のいい色というので青色を選んでいます。

完成企画書

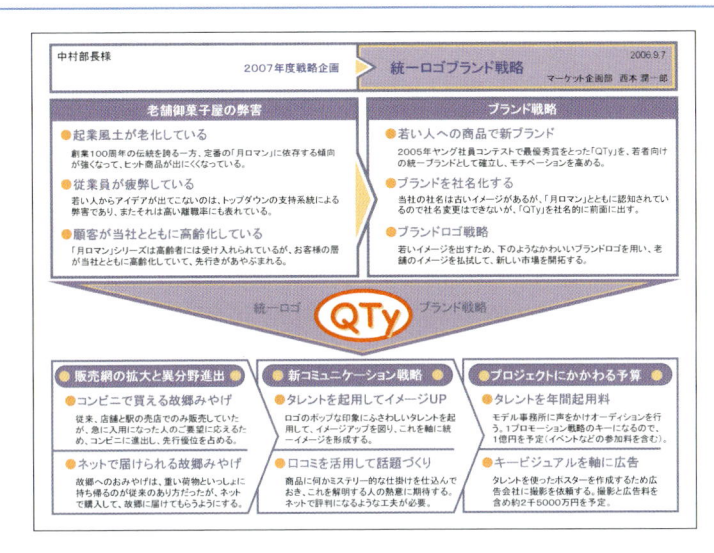

作成ポイント

●四角形から三角形が突き出た図形の作り方

オートシェイプには、このような四角形から三角形が突き出た図形はない。これは、四角形の枠線と同じ色の三角形をつなげ、その上に白い三角形を重ね合わせたものである。さらに、その上にベージュの三角形を重ねて、デザイン的な効果を狙っている。P161のショップのイラストも同様の操作で作成できる。

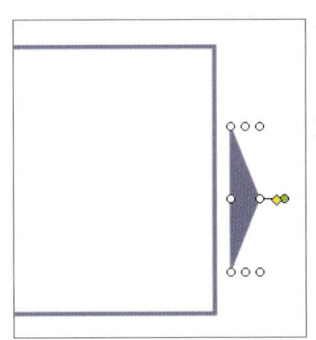

1. [四角形]と[二等辺三角形]を描く

2. 二等辺三角形を[Shift]キー＋[Ctrl]キーを押しながら左側にドラッグしてコピーを作る

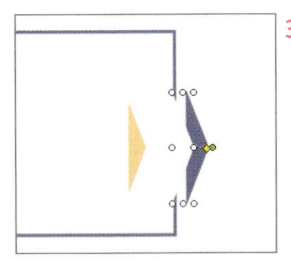

3. コピーしたほうを白に、さらにそれよりひとまわり小さい二等辺三角形を描いて、ベージュにする

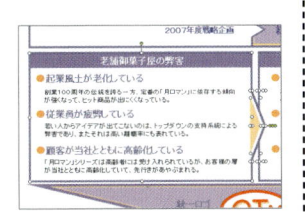

4. 4つの図形をきれいに重ね合わせた

ケーススタディ編

083 完全企画書　　F（気づき）＋O（提案）＝気づき発想型

アジアの屋台を一堂に集めた
フードテーマパークの企画書

いくつもの店を集めて、それぞれが競争し合って発展させていこうというフードテーマパークがひとつの分野を切り開いている。そうした複合施設を、アジア料理をテーマに新規出店しようというのがこの企画案である。ポイントはリアルな写真を入れて説得力を持たせることと、図形でショップの雰囲気を出す、の2点である。

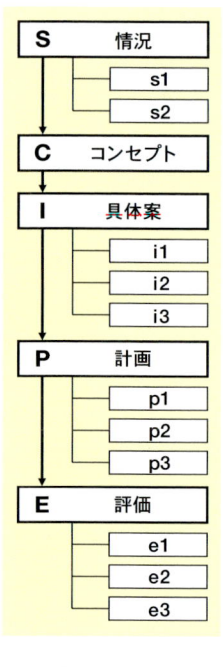

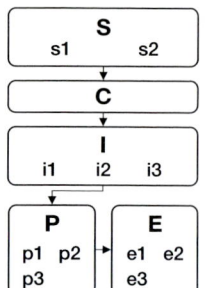

1 企画の特徴

　ラーメン、カレー、餃子などのフードテーマパークが日本各地で造られていますが、視点を換えて、アジア各国の料理を一堂に集めてはどうだろうかと考え、企画したのがこの企画書です。
　企画に説得力を持たせるため、ここでは事前に視察したタイの写真を使っています。タイでは露店の屋台のほかに、冷房の効いたデパートの中にフードコートがあり、現地の人や観光客で賑わっています。これに習おうというものです。写真とコメントがS（情況）で、V（見解）はここでは自明のことなのでカットしてあります。
　「ショップ名とコンセプト」にある「Asian Foods Complex」がC（中核概念）で、その内容にあたるものが、下に示された3つのI（具体案）です。
　そのための「準備」がP（計画）で、右側の「目標」が、今後予想され得る自己E（評価）ということになります。

2 見せ方のポイント

　まずこれが何についての、どのような企画なのかをひと目でわかるようにしました。「何についての」は2つの写真で、「どのような企画なのか」は、ショップの形を模した図形で表しました。これでアジアの屋台村のようなものを企画しているのだとすぐにわかります。
　企画書では「1つのイメージの原則」に徹します。ここではショップの看板の三角の部分をタイトルスペースにも及ぼしてあります。
　またそれとは一見矛盾するようですが、「1枚企画書」中ではスクエア（角ばった）イメージにはラウンド（丸っこく柔らかい）イメージを組み合わせて、全体としてのバランスをとります。三角形の看板が前者で、最下段の角丸四角形が後者です。

■ カラーリング
　色彩は、その企画が扱っているイメージから借りることが少なくありません。ここではアジア料理のホットでスパイシーな味わいがテーマで、オレンジと黄色の同系色によるダブルバランスとなっています。

完成企画書

作成ポイント

●屋根瓦をリアルに描く方法

屋根瓦は「うろこ」というパターンを使ってリアルに描くことができる。地に色をつけるには「背景」で、模様の部分は「前景」で着色する。ほかにも、「れんが（斜め）」を選択すればレンガの模様がつけられる（P143を参照）。看板のようなイラストの作り方についてはP159を参照。

1. ［図形描画］ツールバーの［塗りつぶしの色］→［塗りつぶし効果］をクリック
2. ［パターン］タブをクリック→［前景］の▼をクリック→［その他の色］をクリック
3. ［標準］タブ→適当な色を選択（左図）
4. 同じように［背景］で黄色を選択する
5. ［パターン］タブをクリック→［うろこ］を選択（左図）
6. ショップの屋根らしいパターンがついた

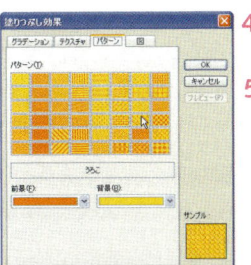

ケーススタディ編

084 完全企画書　　F（気づき）＋O（提案）＝気づき発想型

ブロックに分けて紹介する
複合商品のアイデア企画書

想定している商品イメージを伝えるには、基本図形を使って簡単なイラストを描くのに限る。機能などを説明するのは引出線を使ってイラストの付近に、一方、概念的なこと、コンセプト、実行に関することは周囲のブロックを用いて、両者を書き分ける。このように分けて整理すると、かなりの情報量でも1枚の中に盛り込める。

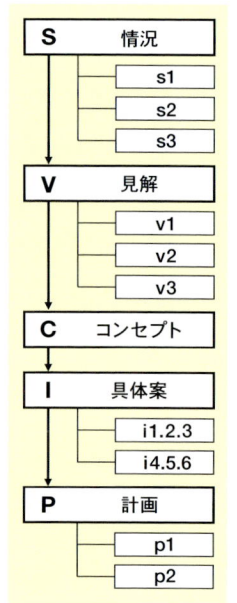

1　企画の特徴

　パンダの目が目覚まし時計の針になっていて、メモリカードを挿入すれば音楽が聴けたり、その音楽をアラーム音代わりにできたり、そのときの気分を察知して自動的に選曲してくれ、プレゼントに贈ると、愛の告白のお手伝いをしてくれる商品……と説明すると、何となくわかったようでも、具体的なものはイメージできません。
　そんなとき、この企画書のように引出線付きのイラスト入りにすると、すぐにどのような商品かを理解してもらえます。
　S（情況）は想定される顧客層で、上段右の「ターゲット」がそうです。それらの人たちに売り込むには「差別化」が必要だというのがこの企画者の判断で、V（見解）ということになります。
　C（中核概念）は下段左の「コンセプト」です。そして、その上の上段左の図がI（具体案）です。SVCIPは複雑に交差しているように思えますが、モノを先に提示して、それが生まれた条件を述べて、コンセプトを見せるという説明にしたがった見せ方になっています。
　下段の「プロモーション」と「価格&流通」がP（計画）です。

2　見せ方のポイント

　この企画書で最初に目がいき、もっともインパクトを受けるのはピンクのパンダのイラストです。このくらいの絵であれば、基本図形を用いて簡単に描くことができます。
　「どのような使い方をするか」という機能面は、イラストから引出線を伸ばして書き入れ、一方、「どう売っていけばいいか」という条件的なことは、周囲のブロックに書き入れ、メリハリをつけます。
　この「1枚企画書」は9分割のブロックがもとになっていますが、単調に見えないよう、各ブロックの右上をデザインしてあります。

■ カラーリング
　基調色はもちろんピンクで、同系色として黄色が用いられています。ピンクばかりだともっとも見せたいことが目立たないので「コンセプト」内のネーミング案にはワードアートが用いられています。

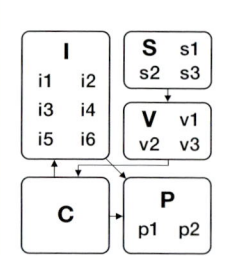

完成企画書

➡ 作成ポイント

●背景にグラデーションをつける方法

強調色を何ヵ所にも使うと、一番強調したいテキストが相対的に目立たなくなってしまう。そんなときにはワードアートを使うといい。白抜き文字も作れ、バックに楕円のグラデーションを敷けばさらに「立った」印象を与えることができる。ワードアートの作り方についてはP11を参照。

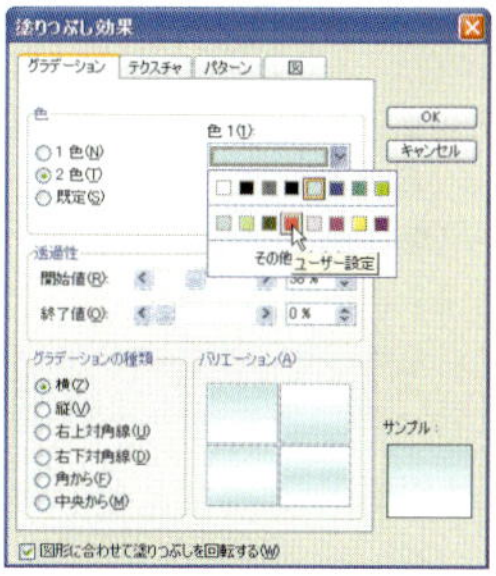

1. ［楕円］を横長に描く
2. ［図形描画］ツールバーの［塗りつぶしの色］→［塗りつぶし効果］をクリック
3. ［グラデーション］タブをクリック→［色］→［2色］をクリックしてオンにする
4. ［色］の▼をクリックし、［ユーザー設定］に登録されている色を選択する
5. ［グラデーション］タブをクリック→［グラデーションの種類］→［バリエーション］を図のような設定にする 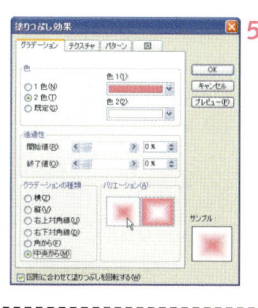
6. ワードアートの下に敷くと目立つ

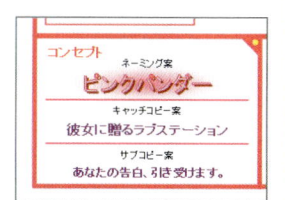

ケーススタディ編

085　完全企画書　　　　　　　　B（背景）＋T（課題）＝課題提起型

現場の生の声を聴取してできた
テーマ旅行企画書

窓口でつねにお客さんに近い位置にいる現場担当者の場合、データという数値的な前提なしに、いきなり本題に入っても構わないことがよくある。顧客のことをよく知っている人の直感が、いい企画につながるからである。ここでは旅行企画をとり上げたが、金融業や流通業など、生の声を活かして作り上げる企画にも広く応用できる。

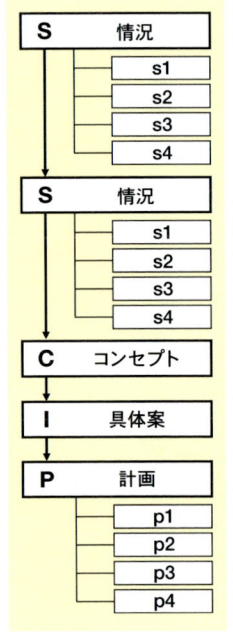

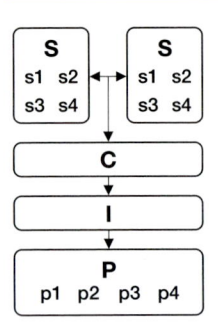

1　企画の特徴

　旅行会社の企画で、比較的注目されることが少ないが、ぜひお勧めしたい地域があって、そんな旅先への旅行を促進するというものです。
　お客様の生の声をつねに耳に入れている営業窓口担当者の場合、前提となるものをかならずしもデータ化する必要はありません。こういうニーズがあると確信すれば、そのままコンセプトにつなげます。
　最上段の「A」と「B」とある内容がS（情況）を踏まえたV（見解）で、《B（背景）＋T（課題）＝課題提起型》の企画です。
　C（中核概念）はキャッチコピーになっています。南国のイメージの強い「リゾート」と「氷島」のミスマッチに注目してください。その下はコンセプトを開いた、根拠となるデータです。
　I（具体案）はリーフレット（1枚刷りの簡単な印刷物）で、その内容は中段の写真とデータです。P（計画）が4点示されています。

2　見せ方のポイント

　S（情況）を踏まえたV（見解）を併記した上段は、併記なので「A」と「B」としてあります。そして本文箇条書きは、内容が埋もれてしまわぬよう、重要な部分を太字で濃紺にして、すぐに目に飛び込んでくるようにしました。
　C（中核概念）のキャッチコピーは、島をモチーフにした「フローチャート：論理積ゲート」という図形の上に乗せる形になっています。
　写真の幅と左サイドの縦長の長方形の左右の幅は同じにしてあります。写真は挿入する前に、あらかじめ入れるスペースを確保しておき、数値を入力してサイズを決定します（「作成ポイント」を参照）。
　数値を正確に入力しさえすれば、アイスランドの国旗のようなイラストも設計したとおりに描くことができます。

■カラーリング
　基調色の濃紺はアイスランドの国旗から持ってきました。濃紺の補色（反対色）が薄い黄色で両者は相性のいい配色です。強調色は赤色で、これと黄色とは補助色の関係になっています。

完 成 企 画 書

作 成 ポ イ ン ト

●同じ大きさの写真を挿入する方法

このように同じ写真を数点並べる場合、写真の縦と横と比率が同じ四角形を縮小し、ダミーとしてレイアウトする。つぎに、縮小した四角形の縦の数値をこれから挿入する写真に入力する。すると横は縦の長さにしたがって幅が自動的に決まる。これをそれ以外の写真にも適用する。

1. 挿入する写真をダブルクリックして、[サイズ]タブをクリック→[高さ]と[幅]の数値をコピーして、同じ比率の四角形を作成する

2. 四角形を縮小してきれいにレイアウトする(左図)

3. 挿入する写真をダブルクリックして、縮小した四角形の[高さ]の数値をコピーする

4. 同サイズになった四角形の上に重ねる

5. 右クリック→[順序]→[最背面へ移動]をクリック

6. きれいにレイアウトした四角形に収まっている

ケーススタディ編

086　完全企画書　　　　　　　　B（背景）＋T（課題）＝課題提起型

「安全、安心、安い」をコンセプトにした新規出店の企画書

新規出店計画では、どういった点が既存の店舗との差別化になっているのかということを解き明かさなければならない。コンセプトをもとにしたキャッチフレーズ、親しみやすいキャラクターの提案、コミュニケーション・デザインとしてのロゴイメージの提示に加え、具体的な将来の目標も数字とともに明示しておきたい。

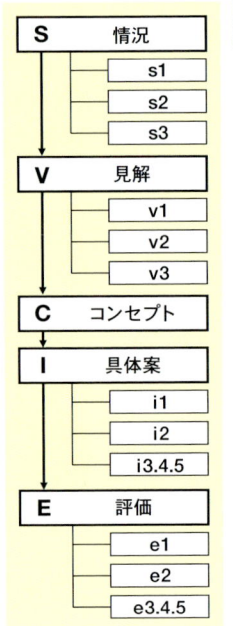

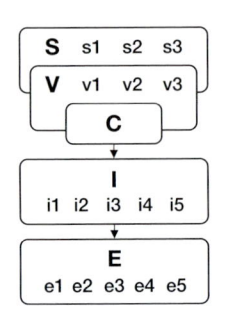

1　企画の特徴

　コロッケの全国チェーン店はありますが、老舗豆腐店がやむなく捨てていた卯の花（おから）を差別化の材料に、純和風の街道茶屋のようなコロッケ店を企業内起業しようという企画案です。
　健康志向という時代背景を踏まえて3つのポイントで解説した上段の白い部分3つにS（情況）＋V（見解）の要素が含まれています。よってSVのタイプは《B（背景）＋T（課題）＝課題提起型》です。
　それらをキーワードで括ると「安」のワンワードによるC（中核概念）が得られました。そこからI（具体案）をまとめたのが「3安」とコロッケに書いた左上と、中段の「コミュニケーション・デザイン」の部分です。それぞれ、ショップのコンセプトと、打ち出しのイメージ戦略という位置づけになっています。
　下段の「目標」は出店戦術で、これがP（計画）です。

2　見せ方のポイント

　和風のイメージを前面に出すため、「木目」のテクスチャを随所に用いました。これとキャラクターのアイキャッチャーがこの企画書全体のテイストを決定づけています。
　どのように顧客との接点を作っていくかという点で、ブランドロゴのイメージをあらかじめ想定しておくことは意味があります。またキャラクターのイメージがあるなら、基本図形で表すといいでしょう。
　コロッケの出店企画なので、角丸四角形を成形したコロッケ型を2ヵ所に象徴的に入れてみました。テキストを斜めに乗せてあります。
　上段の回転のイメージは図解企画書ならではの表現で、上から下の単純なフローに変化をもたらしています。リサイクル社会への参画というミッション（使命）を視覚的に表現したものでもあります。

■ カラーリング

　和風イメージの「木目」のテクスチャのこげ茶色を基調色に、同系色としてオレンジ色を用い、強調色には赤色が使われています。タイトルスペースの白抜き処理が陰の主役になっています。

完成企画書

作成ポイント

●整然と並ぶ白い箱の作り方

正方形を手動で、つなぎ目がきれいになるよう横にぴったり並べるのは難しい。こういうときは、「表の挿入」という機能を使う。線の色や太さは［罫線と塗りつぶし］から［表のフォーマット］ダイアログボックスで、セルはハンドルで適当なサイズに調整することができる。

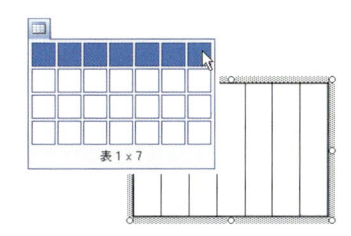

1. ［標準］メニュー→［表の挿入］ボタンをクリック
2. ［表1×7］までをドラッグ
3. 表の上で右クリックをして［罫線と塗りつぶし］をクリックし、［罫線］タブの［色］の▼をクリックして白色を選択、［幅］で［1 1/2pt］を選択し、右側のパレットの罫線をクリック 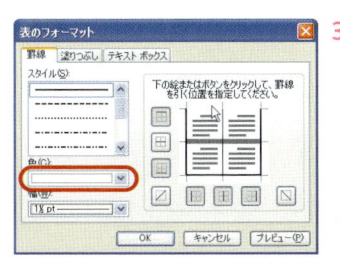
4. 適当なサイズに成形してからテキスト入力した

ケーススタディ編

087 完全企画書　　B（背景）＋T（課題）＝課題提起型

親の仕事を見学して社会勉強をする
社内イベント企画書

少し前までは、子どもは親の家業から仕事や社会を学ぶことができたが、サラリーマン社会の現在では難しく、そのことがいろんな弊害を引き起こしている。これを解決しようと考え出された社内イベントの企画案である。実際の運営に向けての具体的な日時や場所といった情報も盛り込み、シミュレーション可能なものにしてある。

1 見せ方のポイント

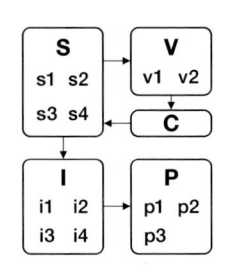

子どもが主役の企画なので全体をパステル調にしてあります。「課題」や「理想」と入れた見出しも大きく、ファンシーに見せています。

コンセプトの部分はよく目立つように、黄色の下地に「CONCEPT」と"透かし文字"を入れました（P146を参照）。

右上の四角形から三角形が飛び出た図形は「四角形吹き出し」という図形ですが、この飛び出た形の三角形のデザインをあちこちに使用しています。書くという視点だと個々の部分に注意がいってしまいがちですが、デザインの視点では、全体でどう見られるかを考えます。

■ カラーリング

ピンクが基調色で、黄色とのダブルバランスで成り立っています。強調色は赤色で、ピンクとは同系色の関係になります。

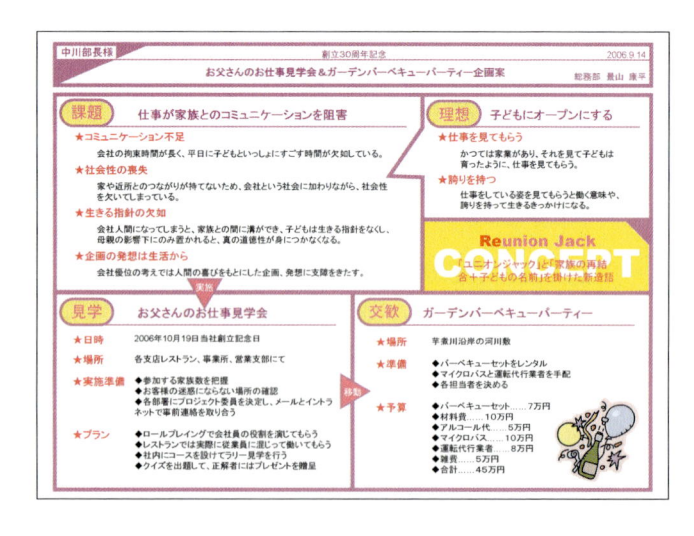

168

088　完全企画書　　　　　　　　　　　P（問題）＋S（解決）＝問題解決型

新機軸を打ち立てるスケジュール入り結婚披露宴の企画書

老朽化した結婚式場をいかにして建て直すかという企画で、旧邸宅を買い取って、そこで披露宴パーティーをするのが最適との改善案を示してある。この企画のように予定をともなう企画の場合、スケジュール表の形にして時系列で追っていけるようにして、企画の前提（フェーズ1）と分けて示すと見やすく、理解もしやすい。

1 見せ方のポイント

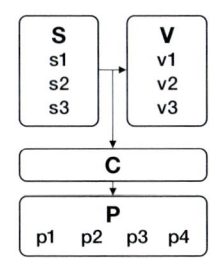

上段に現状と改善ポイントを対比して見られるようにしてあり、左右で3つの項目がそれぞれ対応しています。

これを実行に移すスケジュールが下段です。上下段はそれぞれ異なる内容なのでフローのタイプは「二型フロー」ということになります。

「OCEAN VIEW WEDDING」というコンセプトは青色の下地に、白抜きで入れ、単語の頭文字の色をピンクにしてアクセントをつけてあります。スケジュールでは、緑がかった青から紫がかった青にグラデーションがかかっていて、視線の移動を助けています。

■ **カラーリング**

「オーシャンビュー・ウエディング」がコンセプトなので青色が基調色です。緑系、紫系を同系色に使い、ピンクが強調色です。

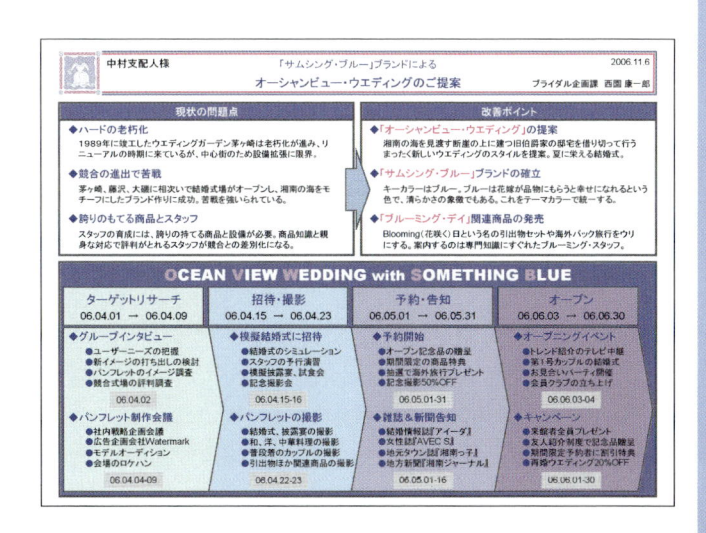

ケーススタディ編

089　完全企画書　　F（気づき）＋O（提案）＝気づき発想型

役人への社会不満を背景に生まれた
育成ゲームソフト企画書

ゲームソフトのテーマを見てみると、現代という時代性を反映したものが多い。国家公務員の不正が続々発覚し、民間との賃金格差が社会不満として燻っているなら、それをおちょくる育成シミュレーションゲームがあってもいい。そう考えて企画したのがこの企画案である。「役人天国」というネーミングがすべてを物語っている。

1　見せ方のポイント

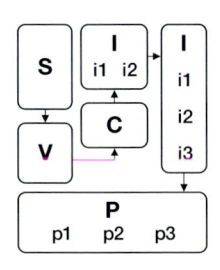

　この企画書はタイトルで決まりです。「役人天国」というネーミングとコンセプトがすべてなので中央に持ってきました。クリップアートでそれらしいものを探して、顔にも「小役人」と入れました。

　さらにタイトルスペースにも、いくつもの「役人天国」をあしらって、テーマのおもしろさをたたみかけています。

　全体的に見ると、典型的な9分割を基本にしたバリエーションです。「口」の字の筆記順どおりの見せ方にしたいので、四角形の間に三角形による矢印をつけておきました。

■ カラーリング

　基調色のピンクは「役人」のイラストから借りてきたものです。補色（反対色）の青紫色とも、パステル調の柔らかな色彩を使いました。

| 090 | 完全企画書 | B（背景）＋T（課題）＝課題提起型 |

効果的な広告を組み合わせて利用する
メディアミックス戦略企画書

前節で紹介した「役人天国」の広告メディアミックス戦略企画書である。内容は、いろいろな広告を打っていきたいが、「集中」と「連係」によって、限られた広告費の中で、有効にメディアを活用しようというものである。広告戦略だけだとP（計画）であるが、ここにコンセプトを与えると、それ自体が1つの戦略的企画案となる。

1 見せ方のポイント

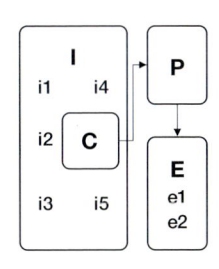

　この企画書は予算をどう配分して、全体としていくらになるか、ということが問題ではなく、「Concentration & Combination」というコンセプトをいかに徹底し、目標を到達するかが課題となっています。そのことをインパクトある見せ方で示してあります。
　バックにテキストを敷く"透かし文字"についてはすでに説明しましたが（P9を参照）、ここでは薄いピンクの図形を上にかぶせてあります。最初に目に飛び込んでくるのが、この「C&C」の「C」をデザインしたもので、これにより全体の力学が伝わってきます。

■ カラーリング

　基調色は緑色の濃淡で、「アーチ」という図形で作った「C」とコンセプトワードはピンクの濃淡で、補色（反対色）の関係になります。

ケーススタディ編

091 完全企画書　　B（背景）＋T（課題）＝課題提起型

既存の事業領域の見直しを図る
ドメインの再定義企画書

これはドメイン（事業領域）の再定義といって、たとえば鉄道会社が「輸送業」から「サービス産業」にドメインを変更すれば、乗車時間をいかに楽しんでもらうかに事業がシフトするように、事業の根幹を見直そうという企画案である。その再定義が求心力を持つには、明快なコンセプトワードの提示が必要になってくる。

1　見せ方のポイント

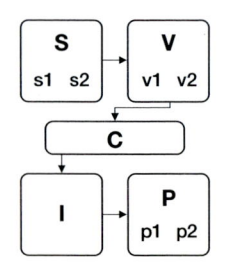

　明快なコンセプトワードにと考えたのが「自信ファクトリー」です。これだけでもコンセプトの意味は通じるのですが、下に英語を併記して、対照的な2色を使ってデザイン的にきれいに見せています。
　選んだカラーは新しく採用するブランドカラーにもなっていて、それを補足説明しているのが「Fanatic」「Cool」（冷めた熱狂）というところです。このようにロゴやブランドのカラーは、企画の時点である程度、こういったイメージにしようという方針を決めておき、企画書の色として提示するといいでしょう。

■ カラーリング
　マゼンタと鮮やかな青色は互いに補色（反対色）の関係にあるダブルバランスです。それぞれ濃淡（ピンクと空色）が同系色です。

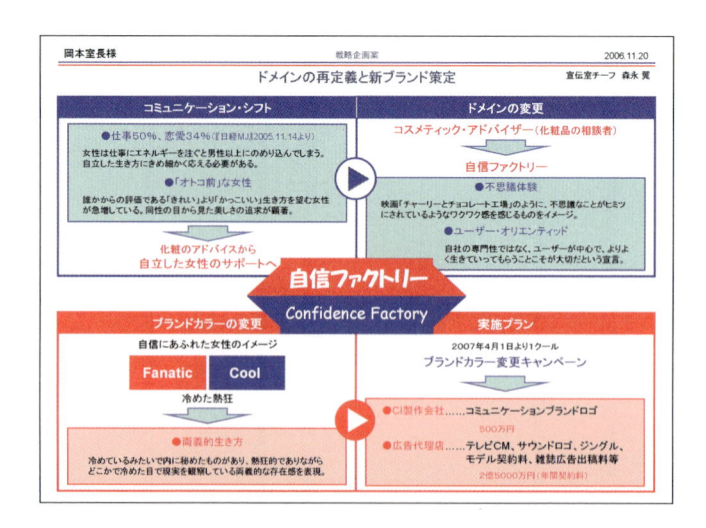

| 092 | 完全企画書 | P（問題）＋S（解決）＝問題解決型 |

社内ネット化でコストを削減する
社内報の改革企画書

これまで印刷で配布されてきた社内報を見直し、社内ネット化してコストの削減や省力化などを図ろうという企画案である。システムとは物理的、人的、コスト的、スケジュール的など、さまざまなものがからんで有効性が高まるものであるが、そうした要素をすべて、別個の図解で表そうとしたところにこの企画書の特徴がある。

1 見せ方のポイント

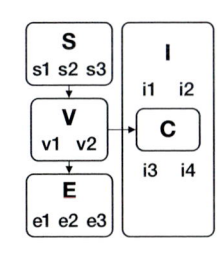

企画の前提となる左側は、「and」「so」という接続語で結んで、上から下への流れを見やすくしています。

右側の田の字型図解は、開いた本をモチーフにしたものです。4つの区分はカラフルな4色に分けてありますが、本の形の図形の陰になっていて、けばけばしさは抑制されています。

4つの区分は、それぞれ文章や箇条書きではなく、図で処理されています。その分、余計な文言はいっさい省かれています。かなりの情報量を盛り込んでありますが、目で追うだけで理解できます。

■ カラーリング

右側にはカラフルな色彩が用いられていますが、全体として見ると、基調色が緑色で、同系色が黄色というシンプルな構成です。

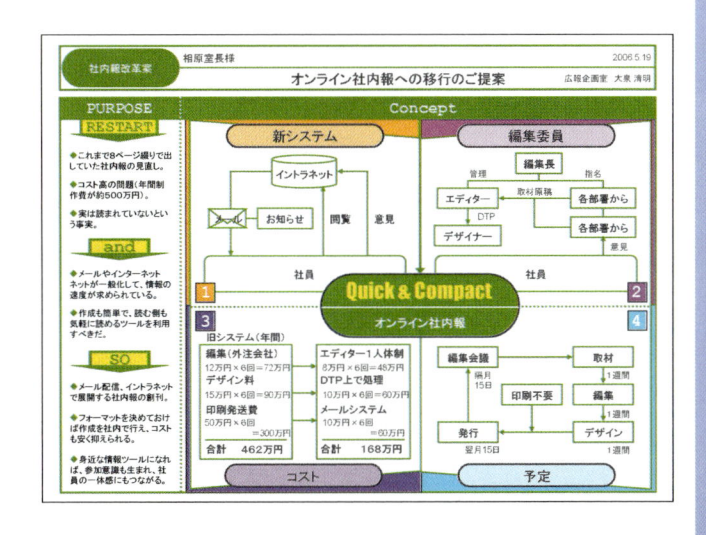

093 完全企画書　　P（問題）＋S（解決）＝問題解決型

自由な発想を手帳活用で伸ばす
講演会の開催企画書

講演会を開くだけなら単なるプランだが、それを行う必然的な理由があり、何らかの問題解決を目指すものなら、それは立派な企画である。このケースでは「社員からアイデアが出てこない」「発言を求めても当たりさわりのない応答しかできない」という問題の解決を目指している。講演者の顔写真を入れる点がポイントである。

1　見せ方のポイント

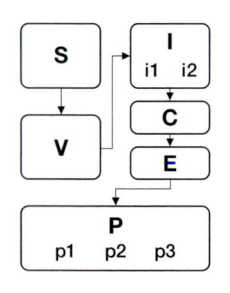

　講演者あっての企画なので、写真はぜひ入れておきたいものです。ただ写真を四角形のまま入れるより、縦長の楕円の中に収まるようにしたほうがマイルドに見えます（入れ方はP61を参照）。
　手帳の写真はクリップアートにあるものを採用したものですが、実は、右側に講演者の写真を入れたことでバランスが右側に片寄ってしまったので、それを補正するために入れたものです。
　これは講演会に関する企画書の項目が網羅されているので、そのままフォーマットとして利用することができます。

■ カラーリング

　基調色は手帳の写真の色から持ってきたこげ茶色で、トーンを落としてベージュに近くなったものが同系色です。強調色はオレンジ色です。

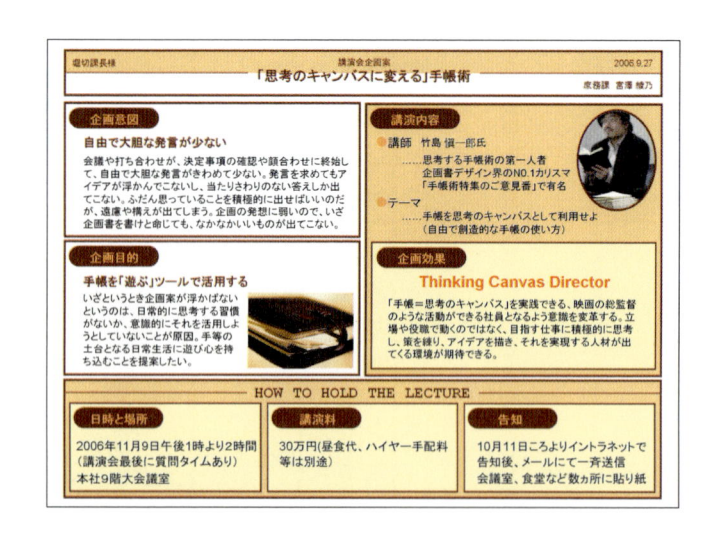

094　完全企画書　　　B（背景）＋T（課題）＝課題提起型

1枚でも、複数枚に発展しても使える
コンセプトマップ企画書

「1枚企画書」として作成したものが、複数枚の企画書に発展することもある。こうした場合、最初に作成した「1枚企画書」にノンブル（ページナンバー）を書き入れて、目次のように（代わりに）最初のページに入れることができる。企画の概略を先にまとめて示すこのようなページを「コンセプトマップ」と呼んでいる。

1　見せ方のポイント

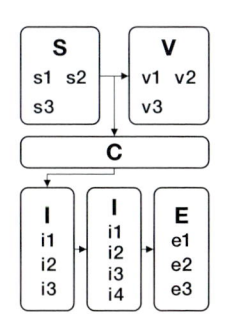

最初「1枚企画書」として書かれたものが、P181までの合計6ページよりなる企画書に発展したので、その先頭のページに持ってきて「コンセプトマップ」として利用したものです。

タイトルスペースの右下は、もとは作成者の名前でしたが、表紙にすでに記載されているので「コンセプトマップ」になっています。

全体の概略を述べるページなので飾りのようなものを省いた、とてもシンプルな作りになっています。ノンブル（ページナンバー）の下に直角三角形を敷いてさりげなく目立つ工夫をしました。

■ カラーリング

基調色は鮮やかな青紫色で、同系色として薄い緑色を使いました。強調色はマゼンタで、下地には補助色のピンクを用いました。

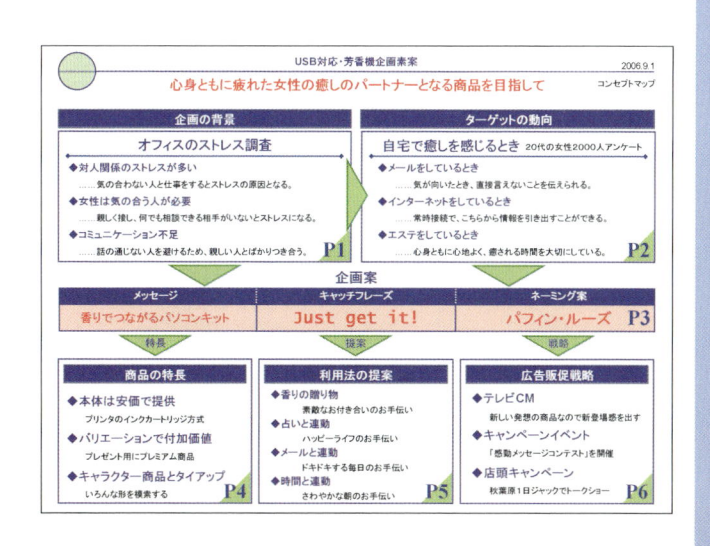

報告書／サジェスチョン／プッシュ提案書／プレ企画書／完全企画書

175

ケーススタディ編

095　完全企画書　　　　　　　　　B（背景）＋T（課題）＝課題提起型

リサーチの結果をグラフ化した
ポイント指摘企画書

「1枚企画書」でいうとS（情況）説明から分析を行うV（見解）までをカバーするページで、つぎのページとともにマーケティング・リサーチによって得られたデータをグラフによって視覚化し、明確なポイントを指摘している。これらは前ページのコンセプトマップにあるように3ページ目（P178）のC（中核概念）に統合される。

1　見せ方のポイント

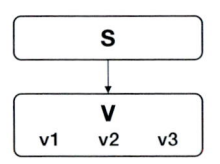

　グラフの「1つのポイントの原則」にしたがって、このグラフでもっとも主張したいポイントに「○」と、注意を引く矢印マークをつけてあります。「この3点に注目してください」という意味です。
　3点それぞれについて分析した解説が下段の3つの「Feature」（目立った特徴という意味）です。
　上段は横棒グラフを挿入したので、P177とは違って横幅いっぱいを使ってあります。左下のイラストはイメージカットですが、空いているスペースをきれいに見せる効果を狙ったものでもあります。

■ カラーリング
　「Feature」の部分は、この複数枚の企画書が3色で成り立っているので、緑色を使うためにわざわざデザイン的に設けたものです。

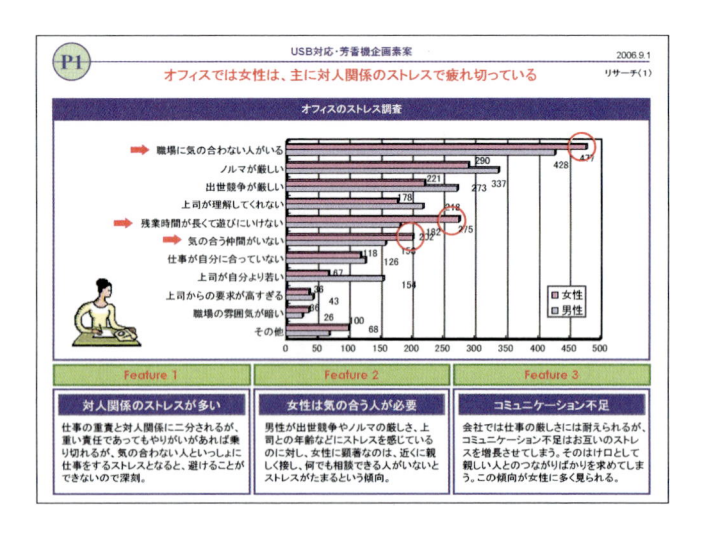

```
    S
    ↓
    V
 v1 v2 v3
```

P1　USB対応・芳香機企画素案　2006.9.1
オフィスでは女性は、主に対人関係のストレスで疲れ切っている　リサーチ(1)

オフィスのストレス調査

職場に気の合わない人がいる　428　437
ノルマが厳しい　290
出世競争が厳しい　221　337
上司が理解してくれない　78　273
残業時間が長くて遊びにいけない　218　275
気の合う仲間がいない　212　154
仕事が自分に合っていない　118　126
上司が自分より偉い　67
上司からの要求が高すぎる　159
職場の雰囲気が暗い　43
その他　26　100　68

□女性　□男性

Feature 1	Feature 2	Feature 3
対人関係のストレスが多い	女性は気の合う人が必要	コミュニケーション不足
仕事の重責と対人関係に二分されるが、重い責任であってもやりがいがあれば乗り切れるが、気の合わない人といっしょに仕事をするストレスとなると、避けることができないので深刻。	男性が出世競争やノルマの厳しさ、上司との年齢などにストレスを感じているのに対し、女性に顕著なのは、近くに親しく接し、何でも相談できる人がいないとストレスがたまるという傾向。	会社では仕事の厳しさには耐えられるが、コミュニケーション不足はお互いのストレスを増長させてしまう。そのはけ口として親しい人とのつながりばかりを求めてしまう。この傾向が女性に多く見られる。

| 096 | 完全企画書 | B（背景）＋T（課題）＝課題提起型 |

グラフに色をつけて重要点を指摘した
リサーチ分析企画書

このページもつぎのC（中核概念）のページに引き継がれる、マーケティング・リサーチの2ページ目である。3つのデータに着目している点では前ページと同様であるが、こちらはターゲットの生活シーンを想像し、具体的な商品イメージにつながる、よりビジネスチャンス寄りの分析を施している点に注目してほしい。

1 見せ方のポイント

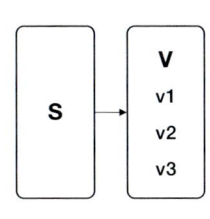

```
S → V
    v1
    v2
    v3
```

縦棒グラフを採用しただけでは、数値的に多いか少ないかという違いを述べたにすぎませんが、ここでは、そのデータが持つ意味を説明するため、引出線を右側のブロックに伸ばして分析を施しています。

左側と右側とでは、データを提示する部分と、そのデータから引き出された分析、というように異なる役割を担うものなので、すこしテイストを変えるため、右のブロックの見出しをラウンド（丸い）デザインにしてあります。緑色の丸い帯も、単調になりがちなページにメリハリをつけるために用いたものです。

■ カラーリング

これも前ページと同じく緑色をバックに用いたのは色バランスを保つためです。統一する色は企画書全体に及ぼす必要があります。

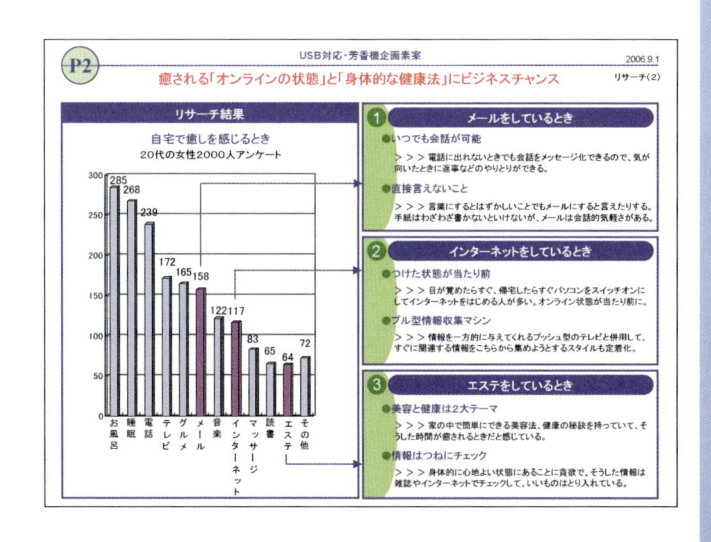

ケーススタディ編

097　完全企画書　　　　　　　　B（背景）＋T（課題）＝課題提起型

複数枚の企画書の中心になる
ネーミング案企画書

前2ページのS（情況）→V（見解）を受けるC（中核概念）のページで、"起承転結"＋"具計"の「結」である。コンセプトのページであるが、この1ページ内にもS（情況）→V（見解）→、C（中核概念）→I（具体案）という流れがある。「ネーミング案を提示してほしい」という要望なら、これを「1枚企画書」として提出する。

1 見せ方のポイント

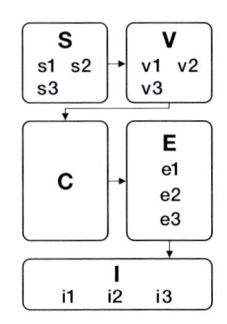

　SVCIP理論でいうと、上段左がS（情況）で、右がV（見解）、中段がC（中核概念）、下段がI（具体案）ということになります。
　これを三角形の矢印の流れで見せていくわけですが、単純に同じ図形で展開させると単調に見えてしまうので、図形の形を、スクエア（角張った）デザインから、下にいくほどラウンド（丸い）デザインへと変化する、という見せ方をしてみました。
　単調になりがちなデザインの目先を変えることによって、結果として、書いてある内容に意識を集中させる、という効果も企画書デザインの重要なポイントのひとつです。

■ カラーリング
　最下段は緑色のバックなので、「パフィン」のイラストも同系色の濃い緑にしました。イラストは企画書に合わせて色調を変えます。

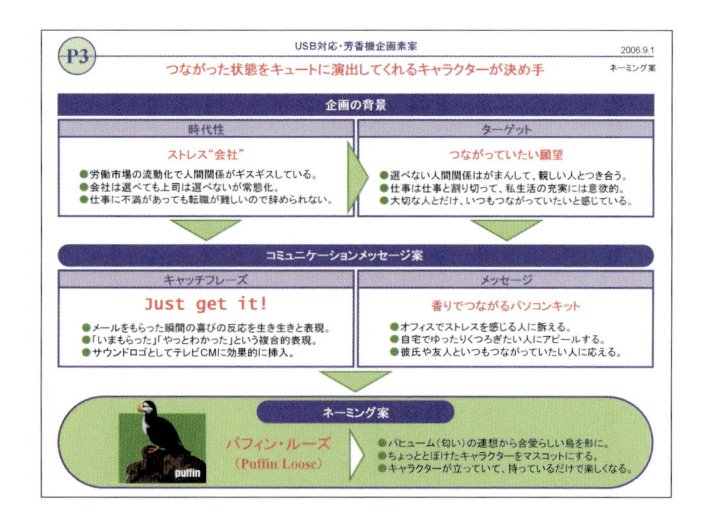

098　完全企画書　　　　　　　　　　　B（背景）＋T（課題）＝課題提起型

具体的な提案をイメージで伝える
イラスト解説企画書

前ページのC（中核概念）のI（具体案）がこのページである。ここでは「製品の概要」をイラスト入りで説明し、下段で3つのポイントの解説をしている。アイデアの提示が目的なので、前ページと同様、「具体的にはどのようなものを考えているのか」という個別の要求に応えるなら、「1枚企画書」としての提出が可能である。

1　見せ方のポイント

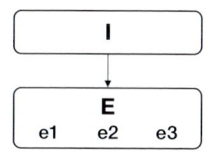

商品の提案をする初期の段階では、モックアップと呼ばれる模型など存在しない状態で行われるのがふつうです。しかしそれは何も示さなくてもいいという意味ではありません。「具体的にイメージできるものがないから通すのはどうか……」という理由でボツになるケースが多く、これでは企画を提案する意味がありません。

想定している商品のイメージは簡単なイラストで提案するといいでしょう。事例のように、影をつければよりリアルに見せることも可能です。パソコンのモニターと同じく、光線が左上からあたっています。

■ **カラーリング**

イラストとその説明が見せ場ですが、テキストはすべて青紫色に変えました。同色をテキストまで及ぼすとシックな印象に仕上がります。

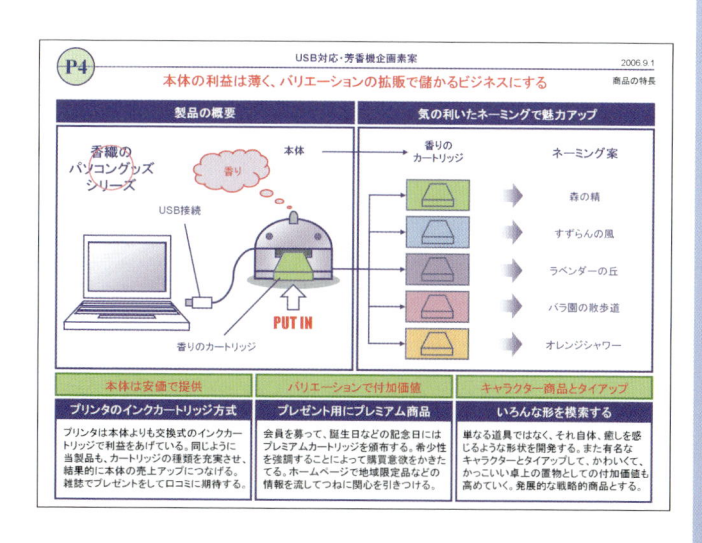

ケーススタディ編

099　完全企画書　　　　　B（背景）＋T（課題）＝課題提起型

4つの生活シーンを提案する「田の字型」企画書

前ページが機能面でのI（具体案）だったのに対し、これはお客様の生活シーンを想定し、実際に購入していただくとどのような使い方ができるか、という提案をしたI（具体案）のページである。生活シーンなので、個人のつぶやきや、イメージしやすいイラストなどを挿入しておくと、企画書がそれだけ「立って」見える。

1 見せ方のポイント

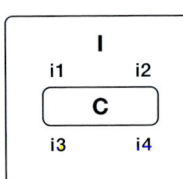

　商品のイメージをたたみかけるため同じイラストを使い回します。「田の字型＋案山子立ち」（P76を参照）の典型的なパターンです。
　4つのブロックには、顧客に使っていただいた生活シーンを想定して、それを「つぶやき文」で表現し、リアルに見せています。
　それぞれ具体的なイメージを持っているので、「贈り物」なら「包装してリボンをかけたプレゼントの箱」のイラストを隅に入れています。入れるだけだとさみしいので、直角三角形の飾りをバックに敷きました。飾りですが、あるのとないのとでは大きな違いがあります。

■ カラーリング

　中央だけに緑色が入っているのでは物足りないと感じたら、四隅にも入れる、というように常に色バランスのことを考えます。

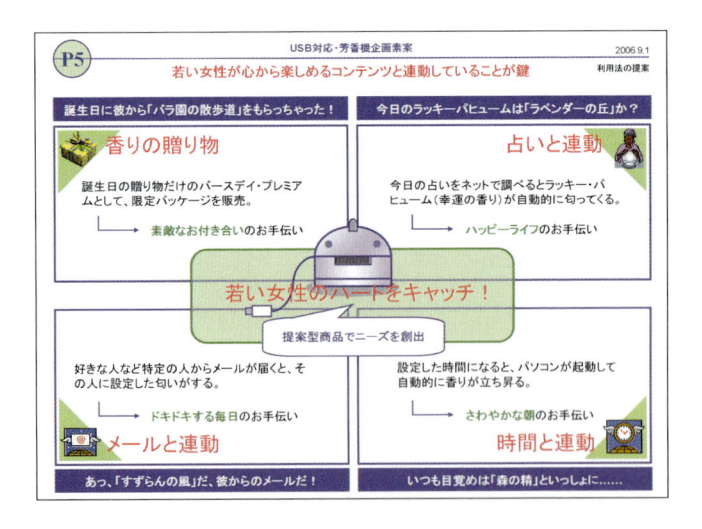

| 100 | 完全企画書 | B（背景）＋T（課題）＝課題提起型 |

イラスト入りでリアルに表した
CM&キャンペーン企画書

最後のページはP（計画）で、具体的には、CM（上段と中段）とキャンペーン（下段）企画である。CMも生活シーンを想定したものが必要なので、具体的なイラストを使って、リアルに実感してもらえるよう絵作りをする。吹き出しを使ったり、ストーリーを横に添えておけば、いっそう生き生きとした表現が可能となる。

1 見せ方のポイント

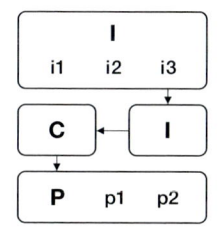

この企画書は、「コ」の字の書き順どおりに見せていきますが、自然な視線の動きなのでとくに矢印は示してありません。ただ「ストーリー案」というブロック内は、場面の展開があるので三角形による矢印を使ってあります。これは左側のイラストの説明にあたります。

このような新しい商品企画でイラストを用いる場合、シーンを変え、何度もたたみかけて見せると非常に効果があります。吹き出しを使うとマンガ的なおもしろみを出すこともできます。こうした表現が合わさることで、容易に商品をイメージすることができるのです。

■ カラーリング

この企画書のフィナーレにあたるページなのでイラストのバックに3色使ってあります。その分、見出しの表現は控え目にしました。

ケーススタディ編

ケーススタディ編で自作したイラスト集

付録

APPENDIX
600例の
企画書パターン

ヨコ位置企画書

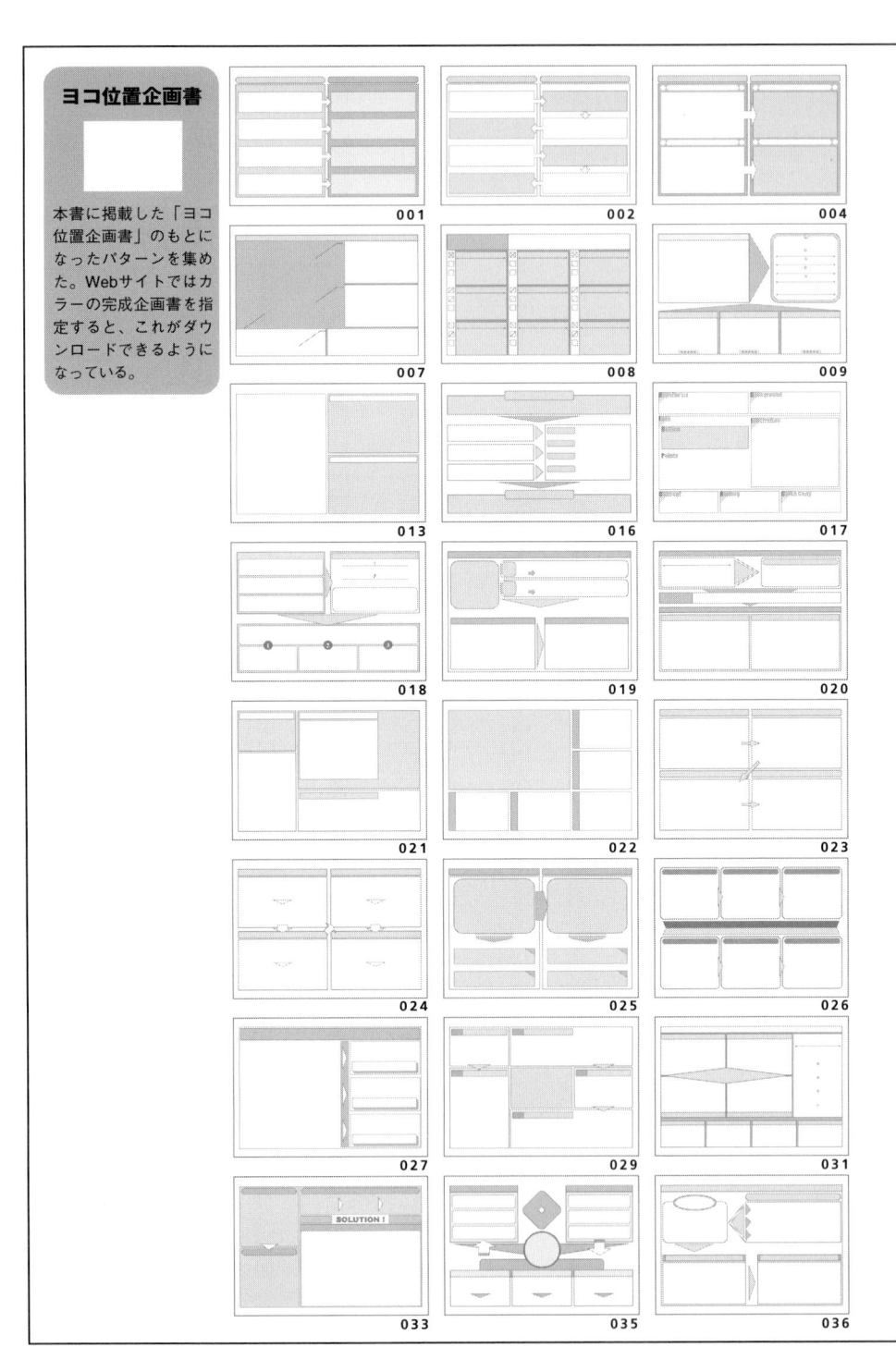

本書に掲載した「ヨコ位置企画書」のもとになったパターンを集めた。Webサイトではカラーの完成企画書を指定すると、これがダウンロードできるようになっている。

001　002　004
007　008　009
013　016　017
018　019　020
021　022　023
024　025　026
027　029　031
033　035　036

184

185

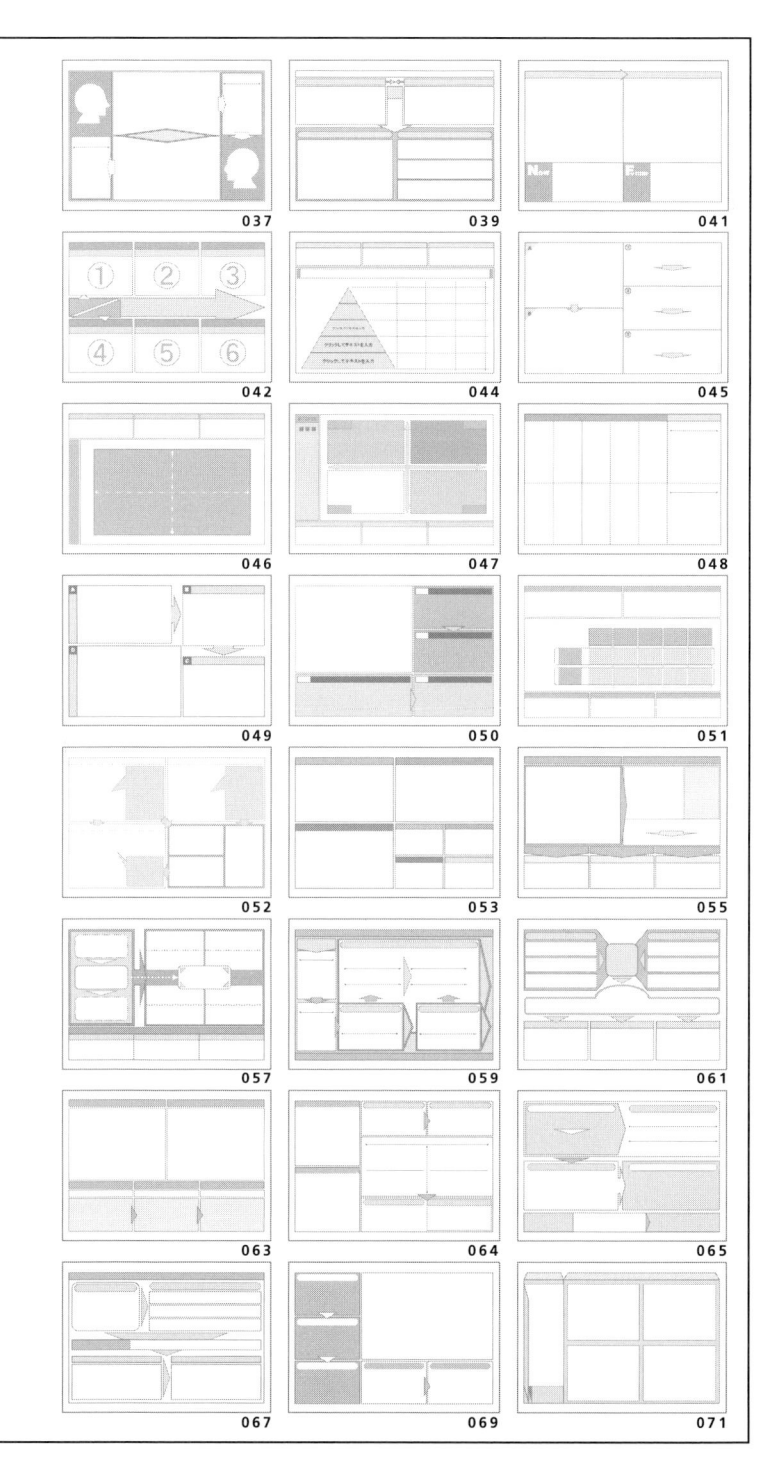

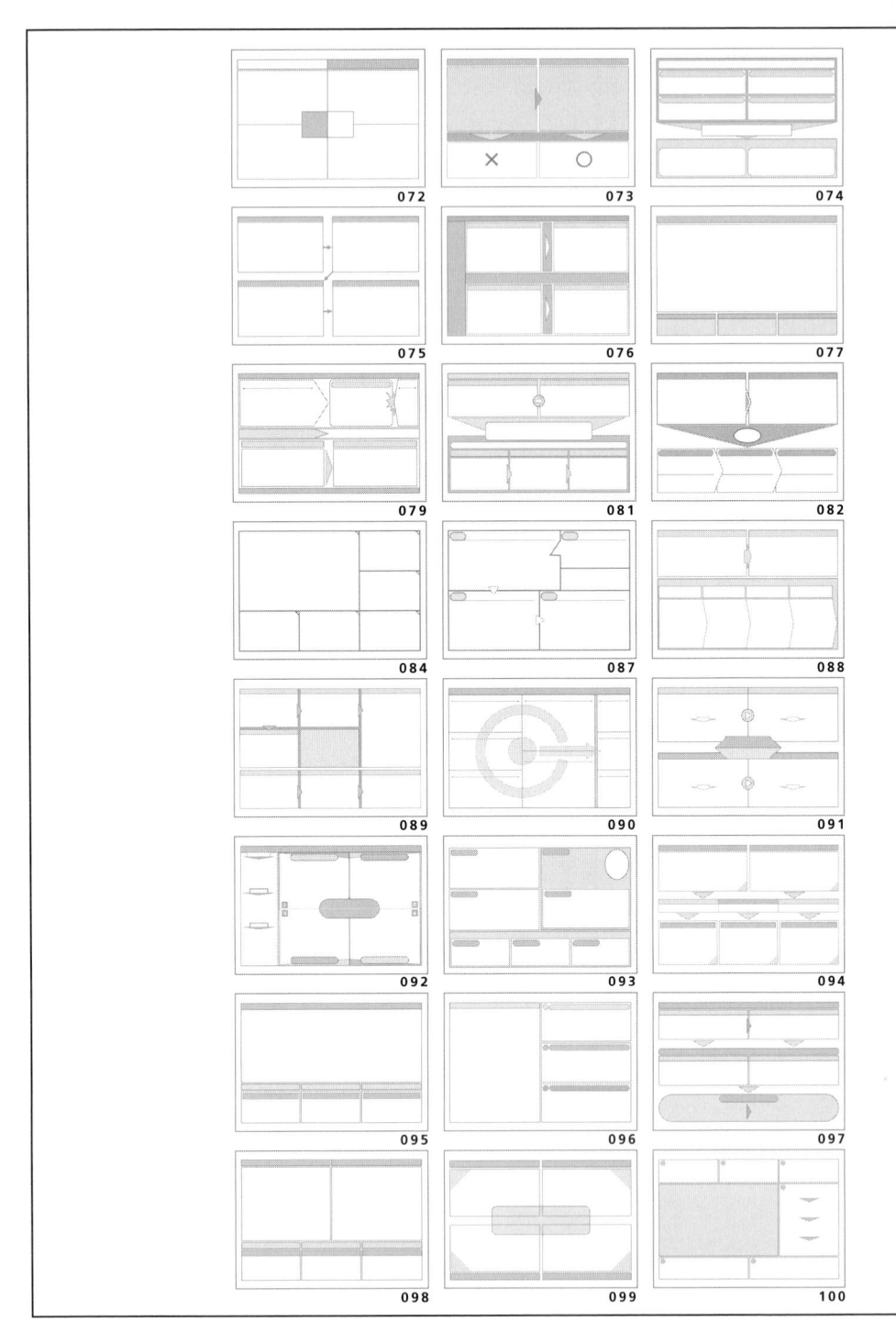

072 073 074
075 076 077
079 081 082
084 087 088
089 090 091
092 093 094
095 096 097
098 099 100

タテ位置企画書

本書に掲載した「タテ位置企画書」のもとになったパターンを集めた。Webサイトではカラーの完成企画書を指定すると、これがダウンロードできるようになっている。

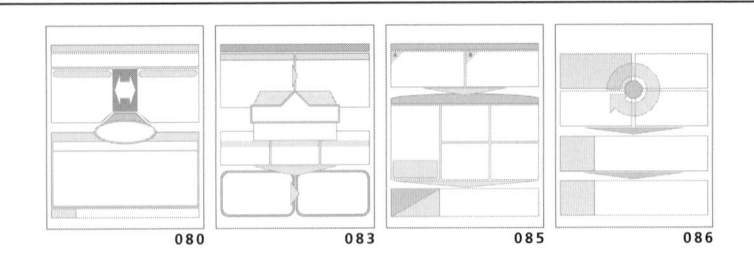

080　083　085　086

II型フロー

左右2つの縦の流れで成り立つフローである。流れの基本は左右ともに上から下であるが、左右で対比させたり、左右交互に視線が動く形もここに含めて考えることにする。

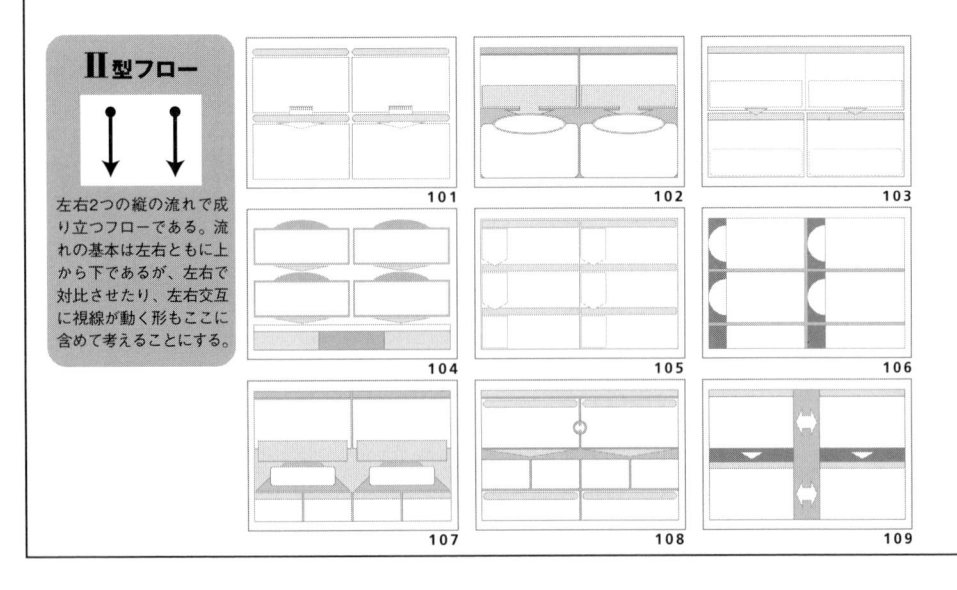

101　102　103
104　105　106
107　108　109

III型フロー

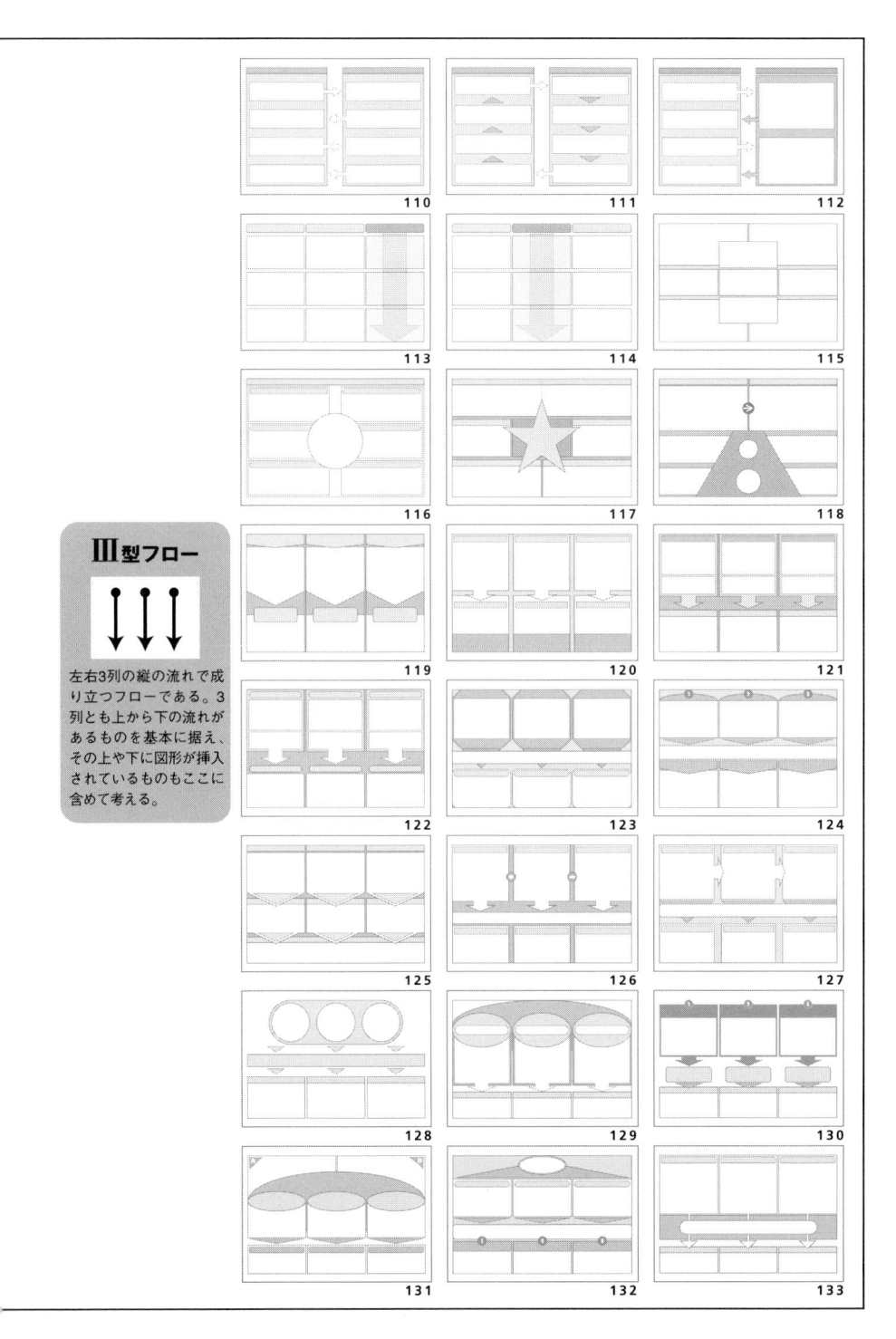

左右3列の縦の流れで成り立つフローである。3列とも上から下の流れがあるものを基本に据え、その上や下に図形が挿入されているものもここに含めて考える。

H型フロー

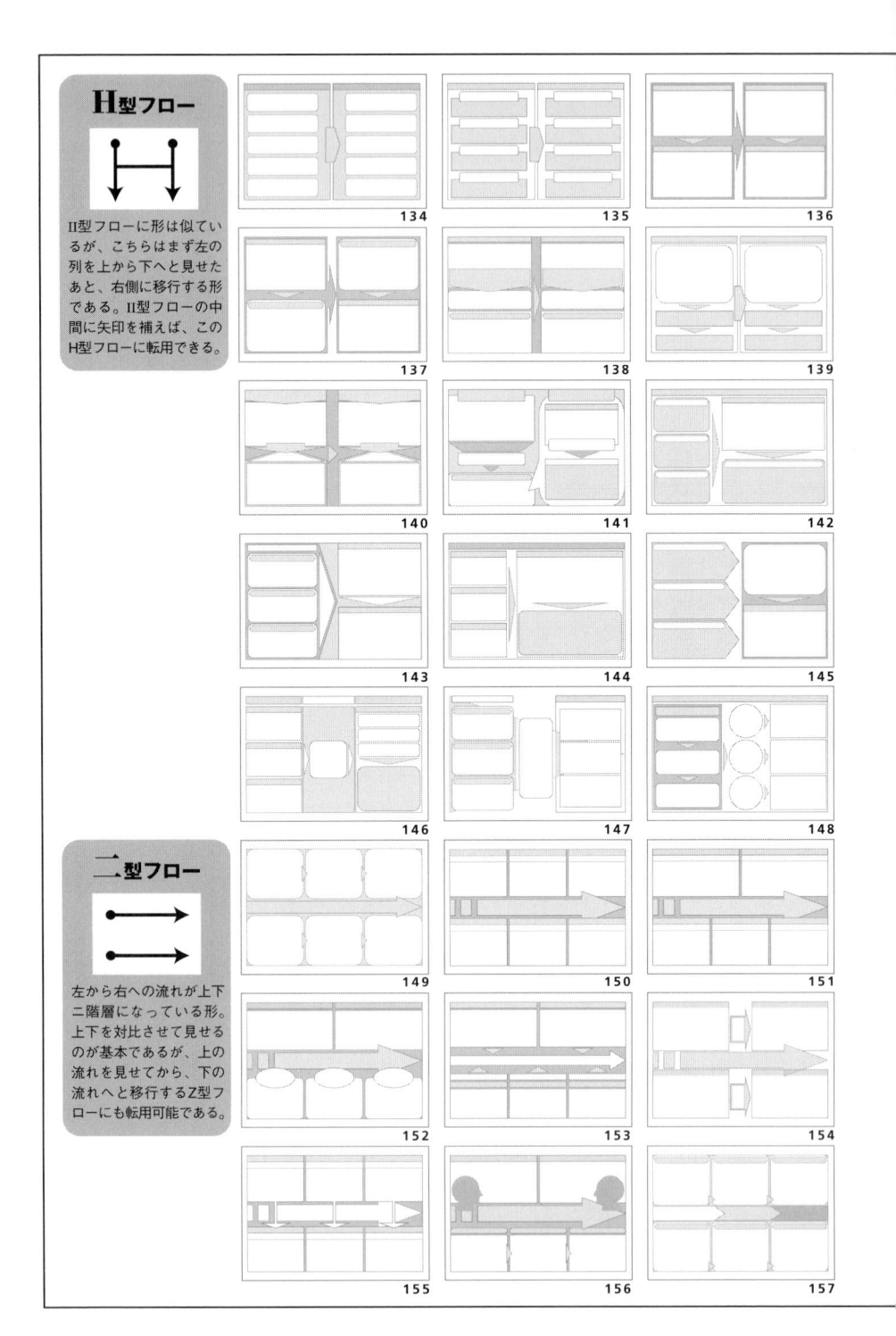

H型フローに形は似ているが、こちらはまず左の列を上から下へと見せたあと、右側に移行する形である。II型フローの中間に矢印を補えば、このH型フローに転用できる。

二型フロー

左から右への流れが上下二階層になっている形。上下を対比させて見せるのが基本であるが、上の流れを見せてから、下の流れへと移行するZ型フローにも転用可能である。

三型フロー

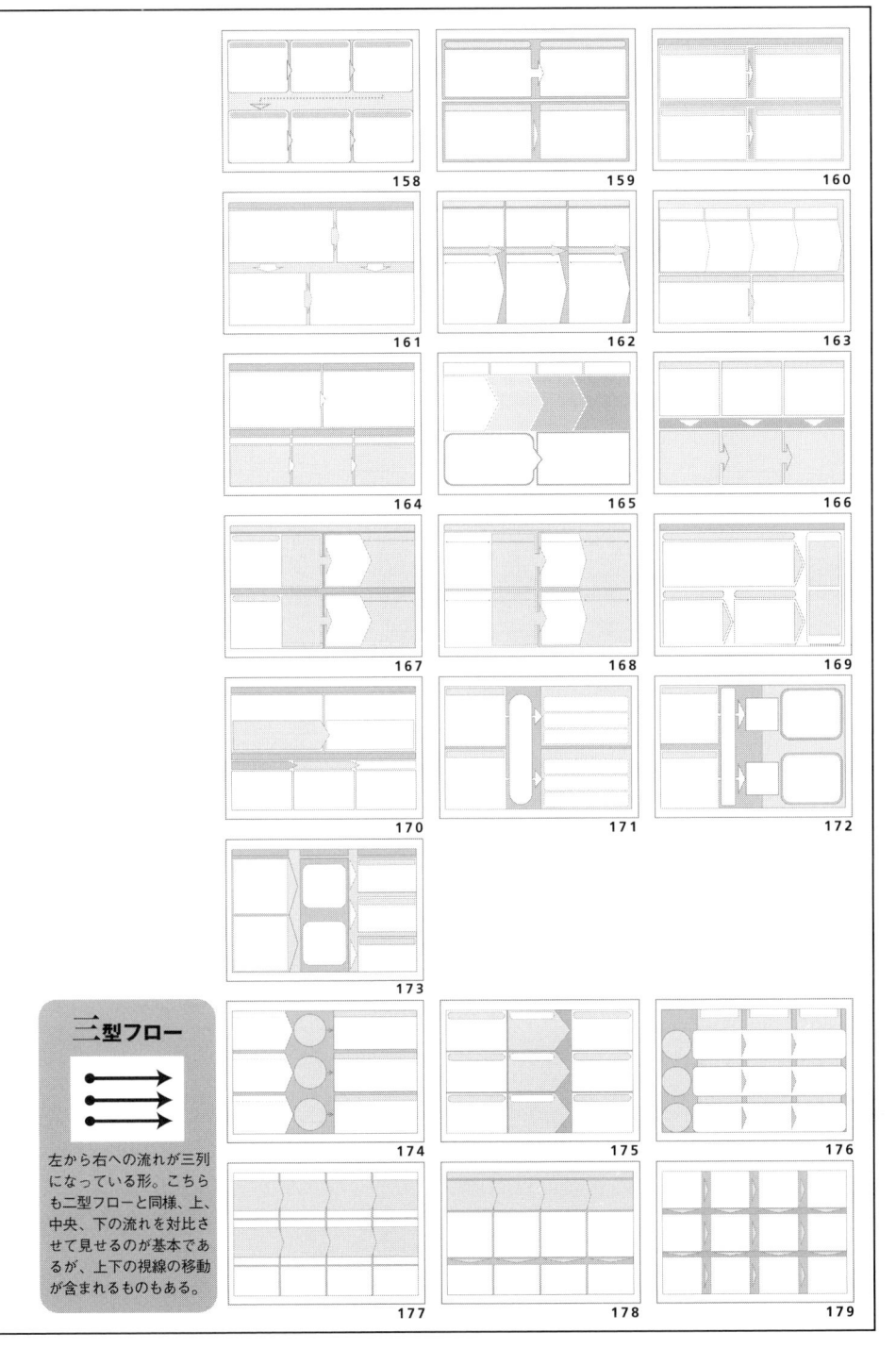

左から右への流れが三列になっている形。こちらも二型フローと同様、上、中央、下の流れを対比させて見せるのが基本であるが、上下の視線の移動が含まれるものもある。

工型フロー [並列]

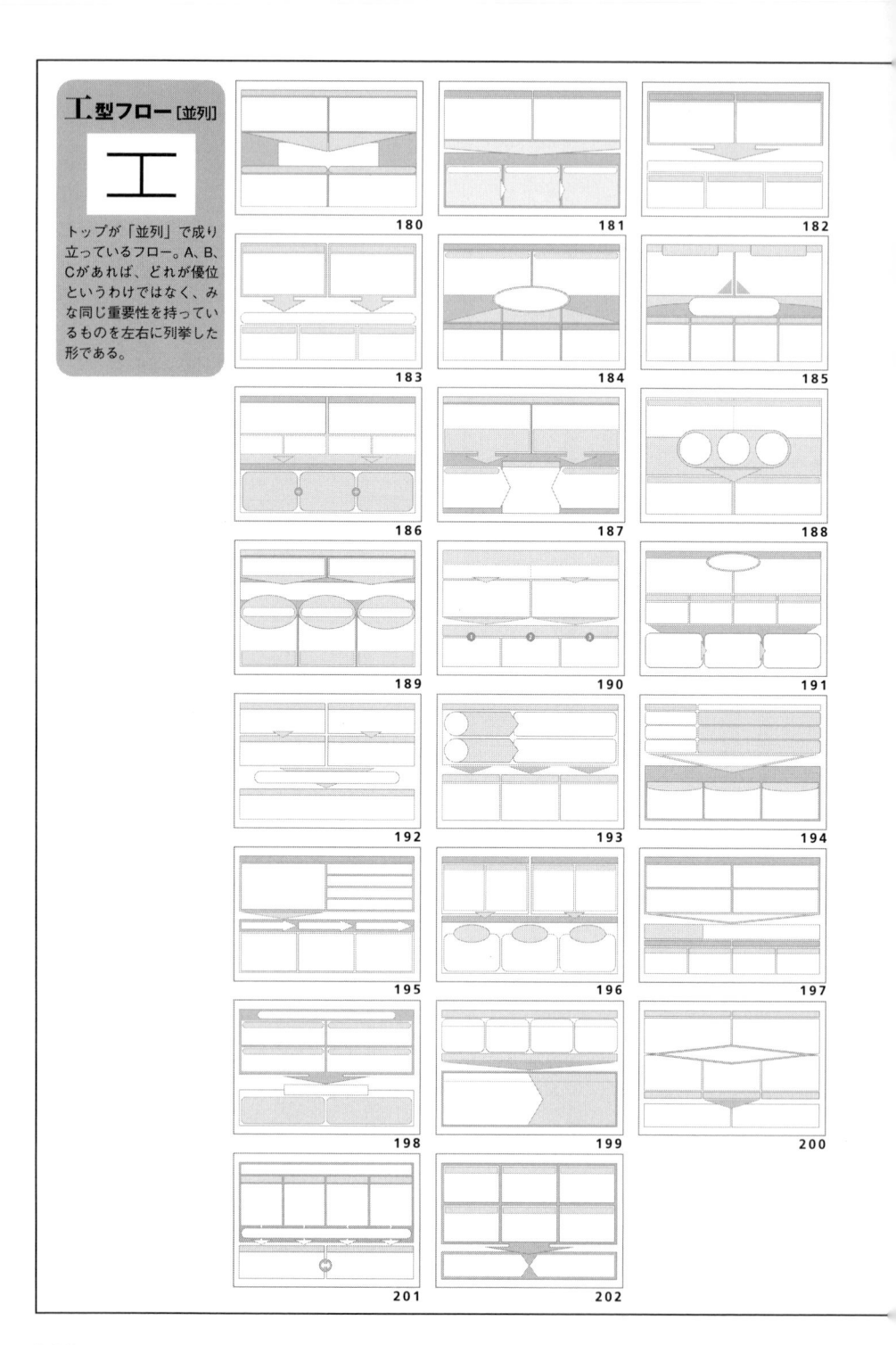

トップが「並列」で成り立っているフロー。A、B、Cがあれば、どれが優位というわけではなく、みな同じ重要性を持っているものを左右に列挙した形である。

工型フロー[移行]

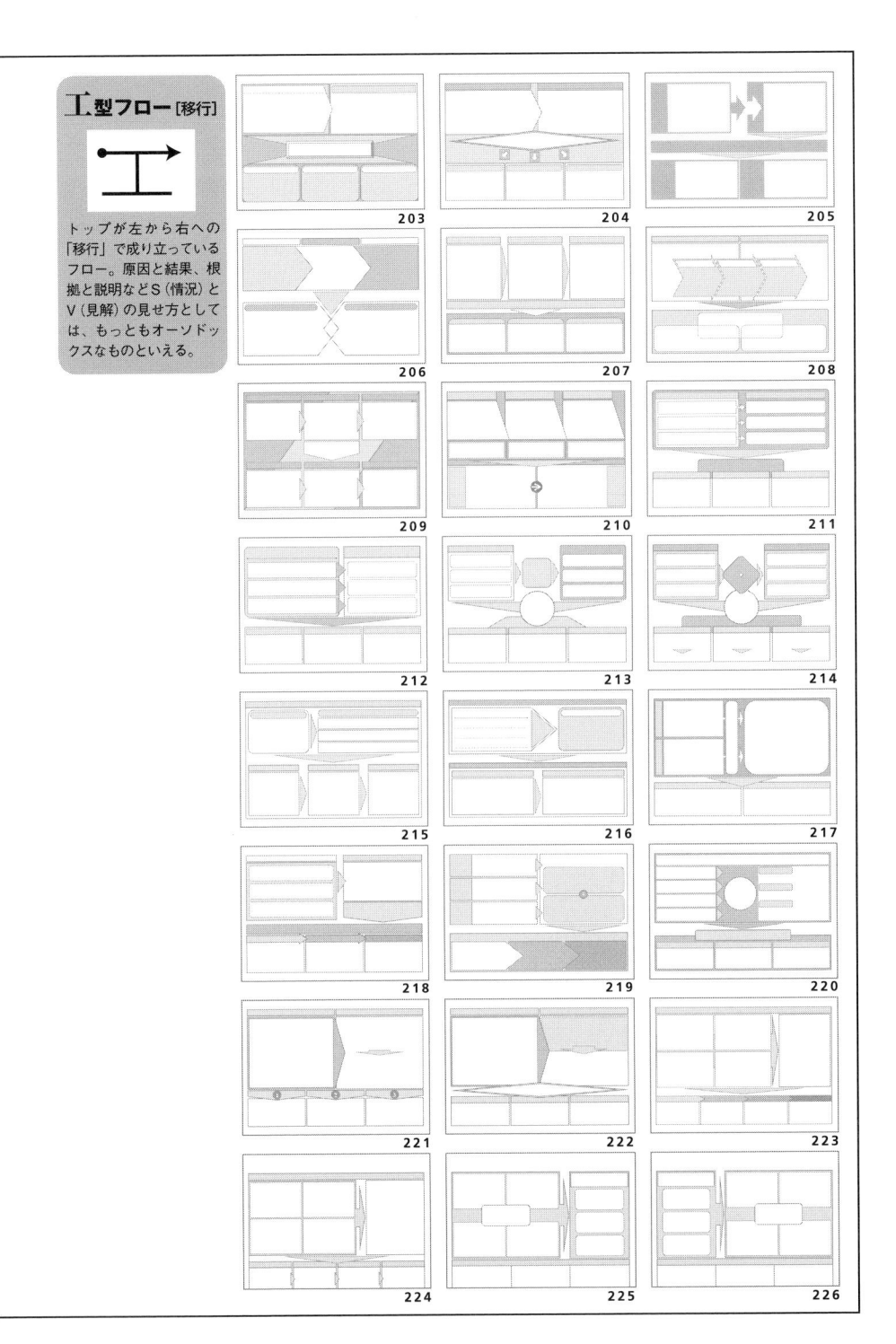

トップが左から右への「移行」で成り立っているフロー。原因と結果、根拠と説明などS（情況）とV（見解）の見せ方としては、もっともオーソドックスなものといえる。

工型フロー[対比]

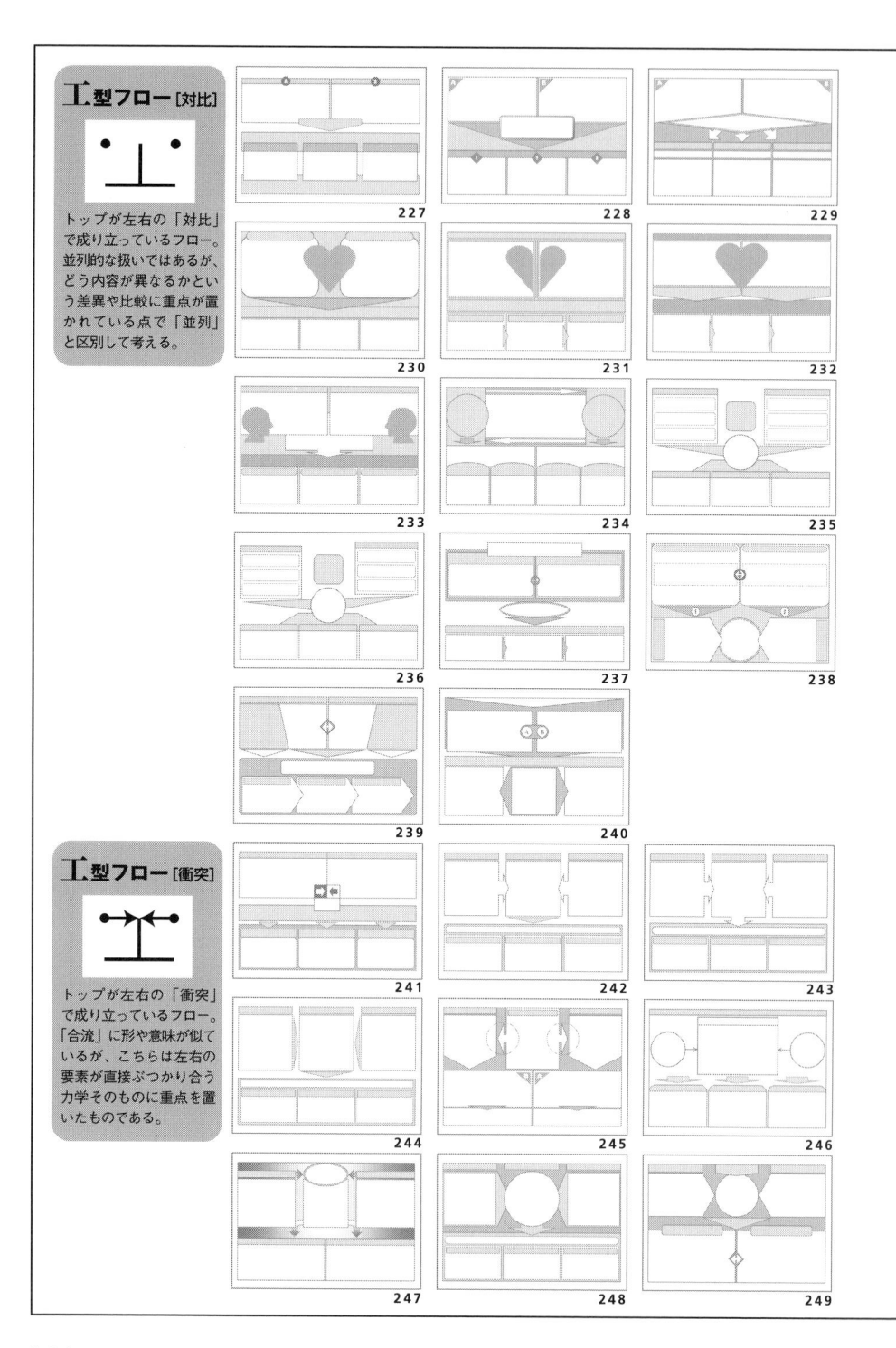

トップが左右の「対比」で成り立っているフロー。並列的な扱いではあるが、どう内容が異なるかという差異や比較に重点が置かれている点で「並列」と区別して考える。

工型フロー[衝突]

トップが左右の「衝突」で成り立っているフロー。「合流」に形や意味が似ているが、こちらは左右の要素が直接ぶつかり合う力学そのものに重点を置いたものである。

工型フロー[合流]

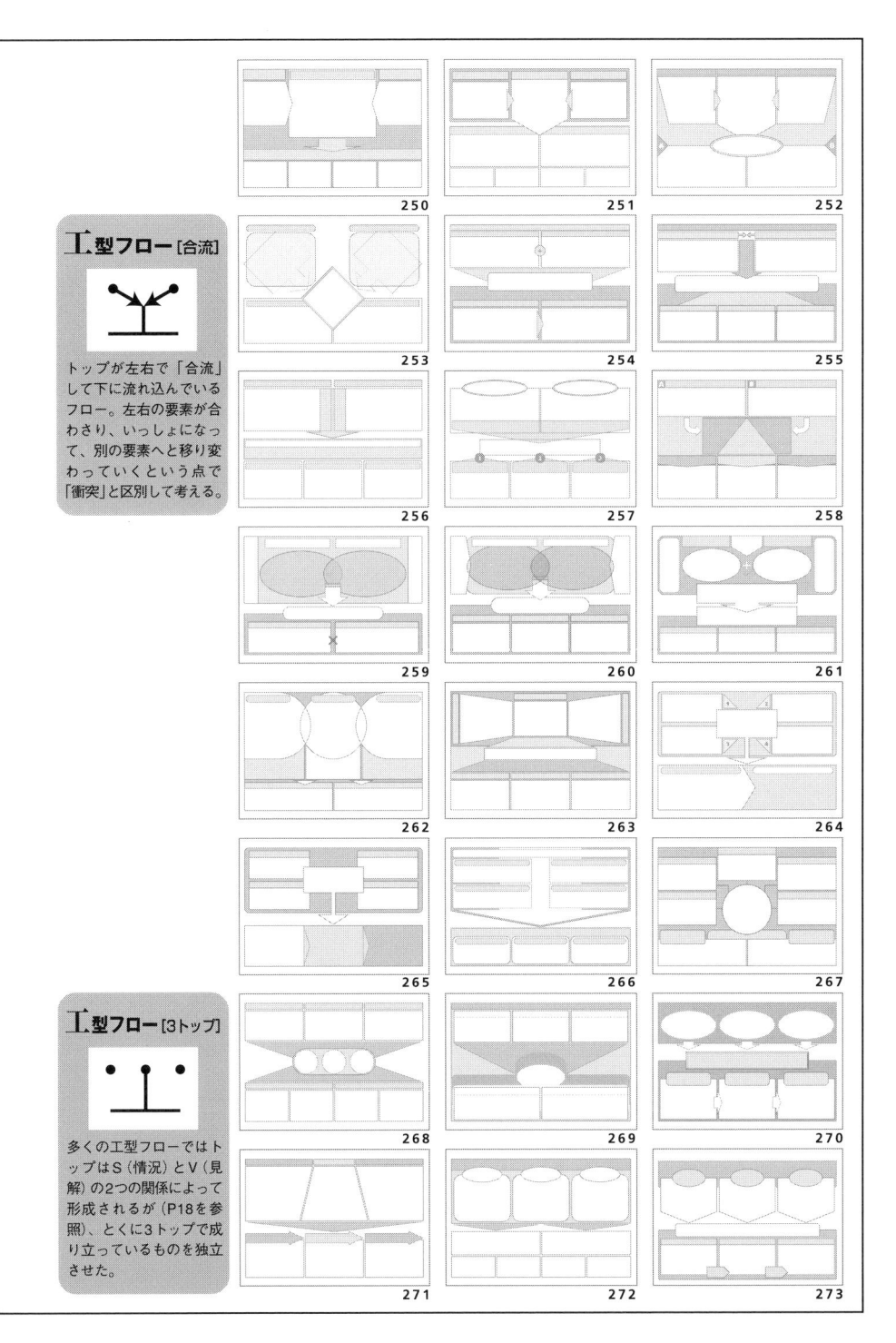

トップが左右で「合流」して下に流れ込んでいるフロー。左右の要素が合わさり、いっしょになって、別の要素へと移り変わっていくという点で「衝突」と区別して考える。

工型フロー[3トップ]

多くの工型フローではトップはS（情況）とV（見解）の2つの関係によって形成されるが（P18を参照）、とくに3トップで成り立っているものを独立させた。

195

王型フロー

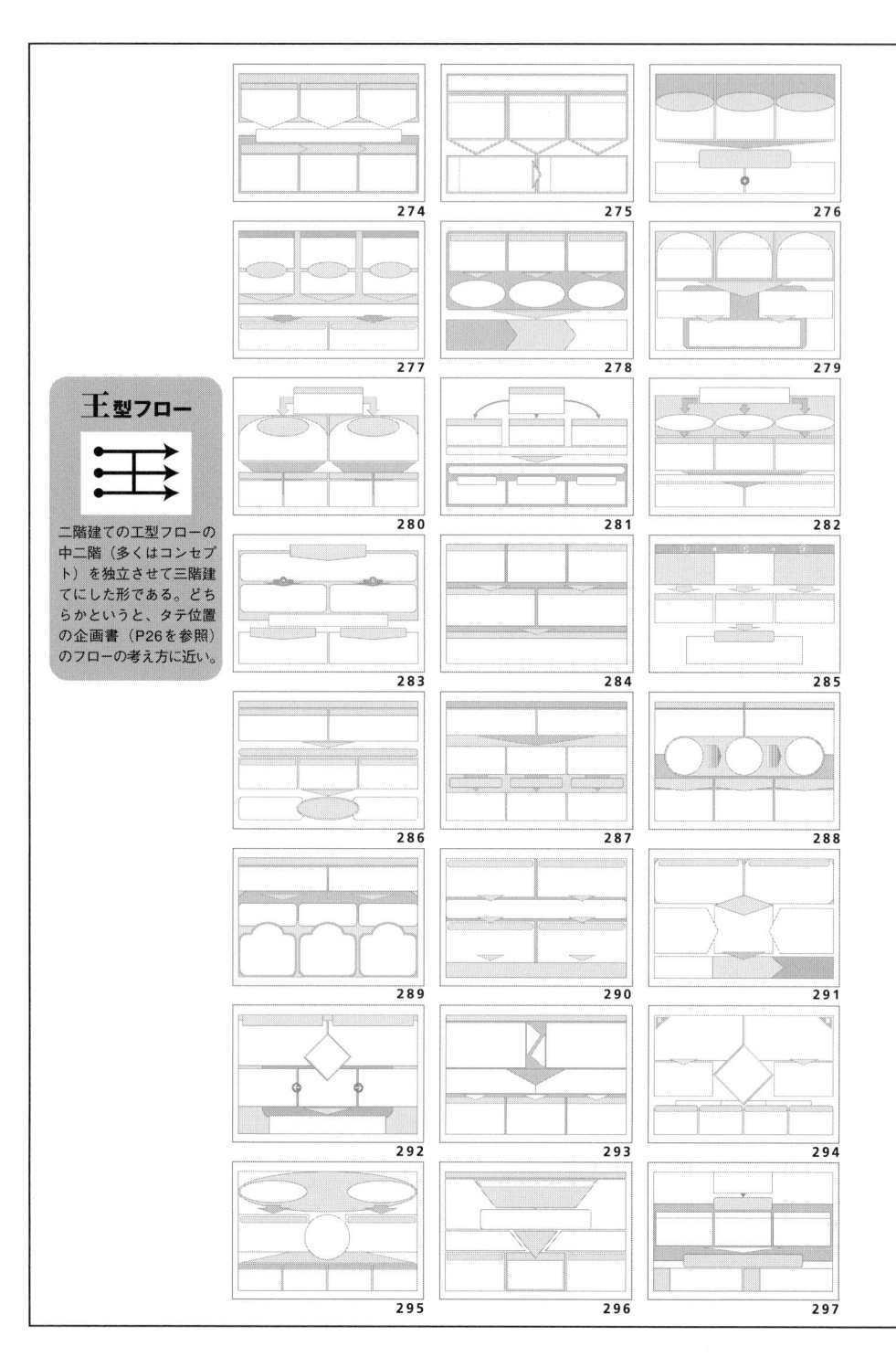

二階建ての工型フローの中二階（多くはコンセプト）を独立させて三階建てにした形である。どちらかというと、タテ位置の企画書（P26を参照）のフローの考え方に近い。

Z型フロー・その他

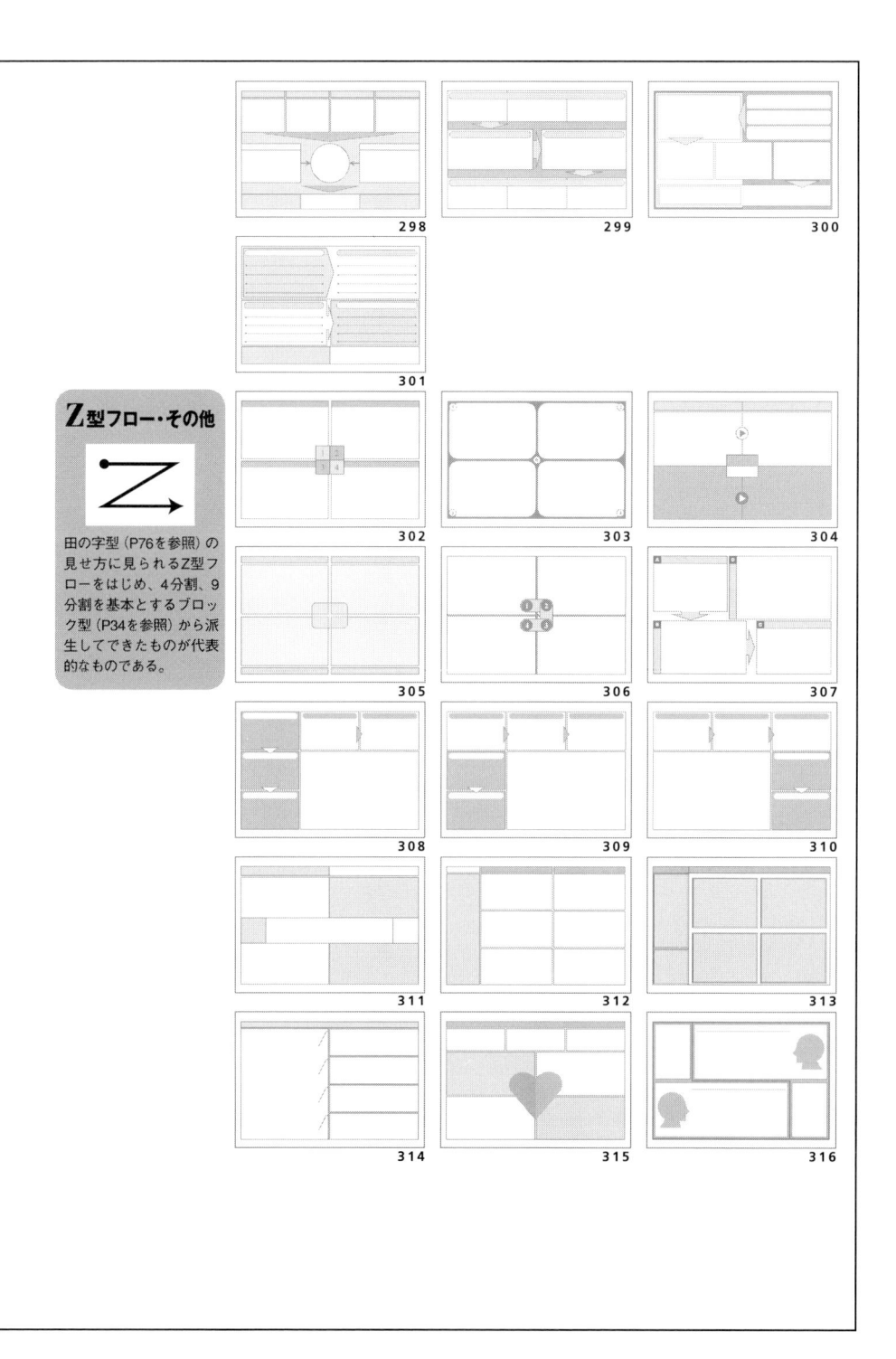

田の字型（P76を参照）の見せ方に見られるZ型フローをはじめ、4分割、9分割を基本とするブロック型（P34を参照）から派生してできたものが代表的なものである。

I型フロー

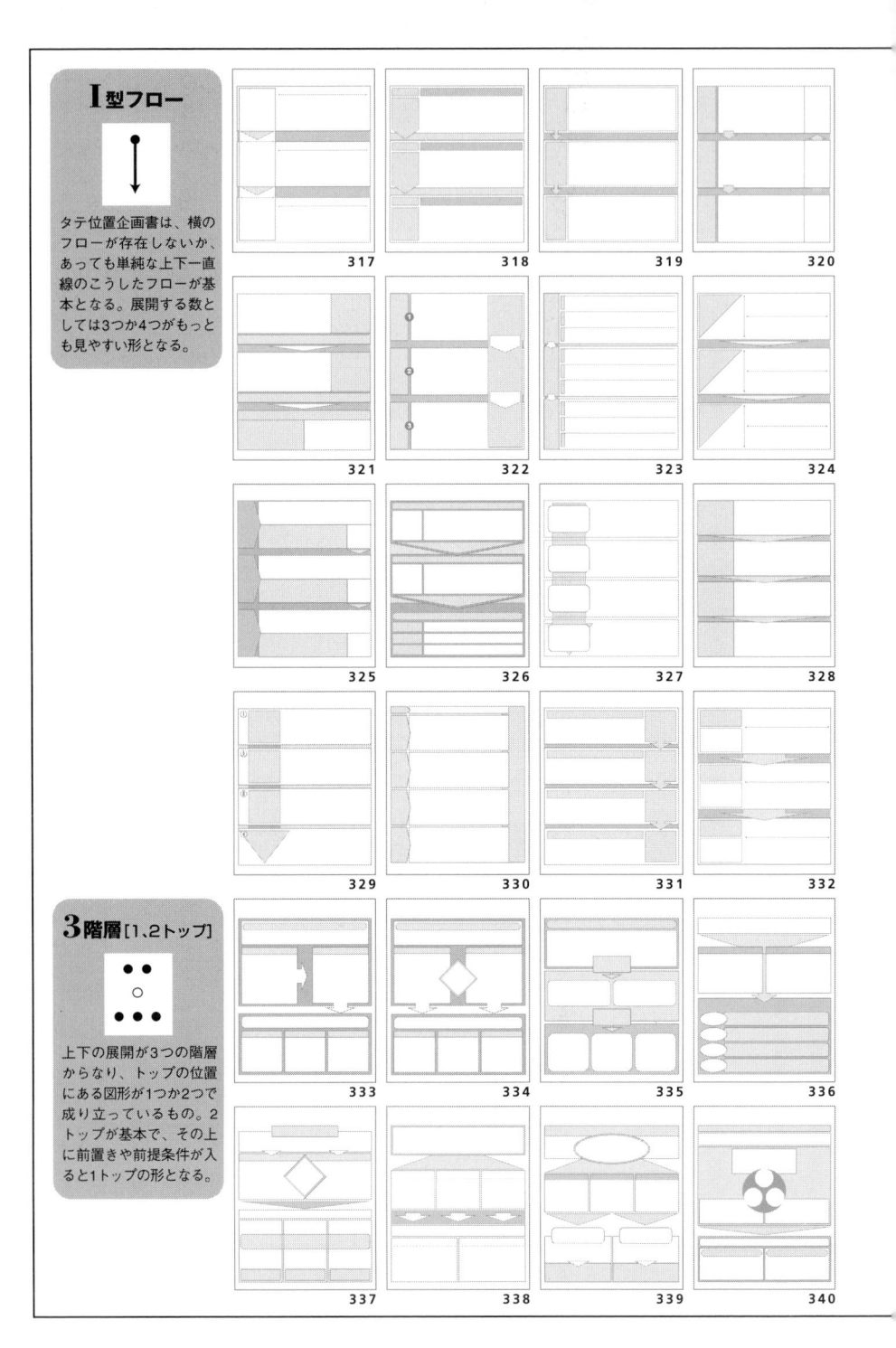

タテ位置企画書は、横のフローが存在しないか、あっても単純な上下一直線のこうしたフローが基本となる。展開する数としては3つか4つがもっとも見やすい形となる。

317 318 319 320
321 322 323 324
325 326 327 328
329 330 331 332

3階層［1、2トップ］

上下の展開が3つの階層からなり、トップの位置にある図形が1つか2つで成り立っているもの。2トップが基本で、その上に前置きや前提条件が入ると1トップの形となる。

333 334 335 336
337 338 339 340

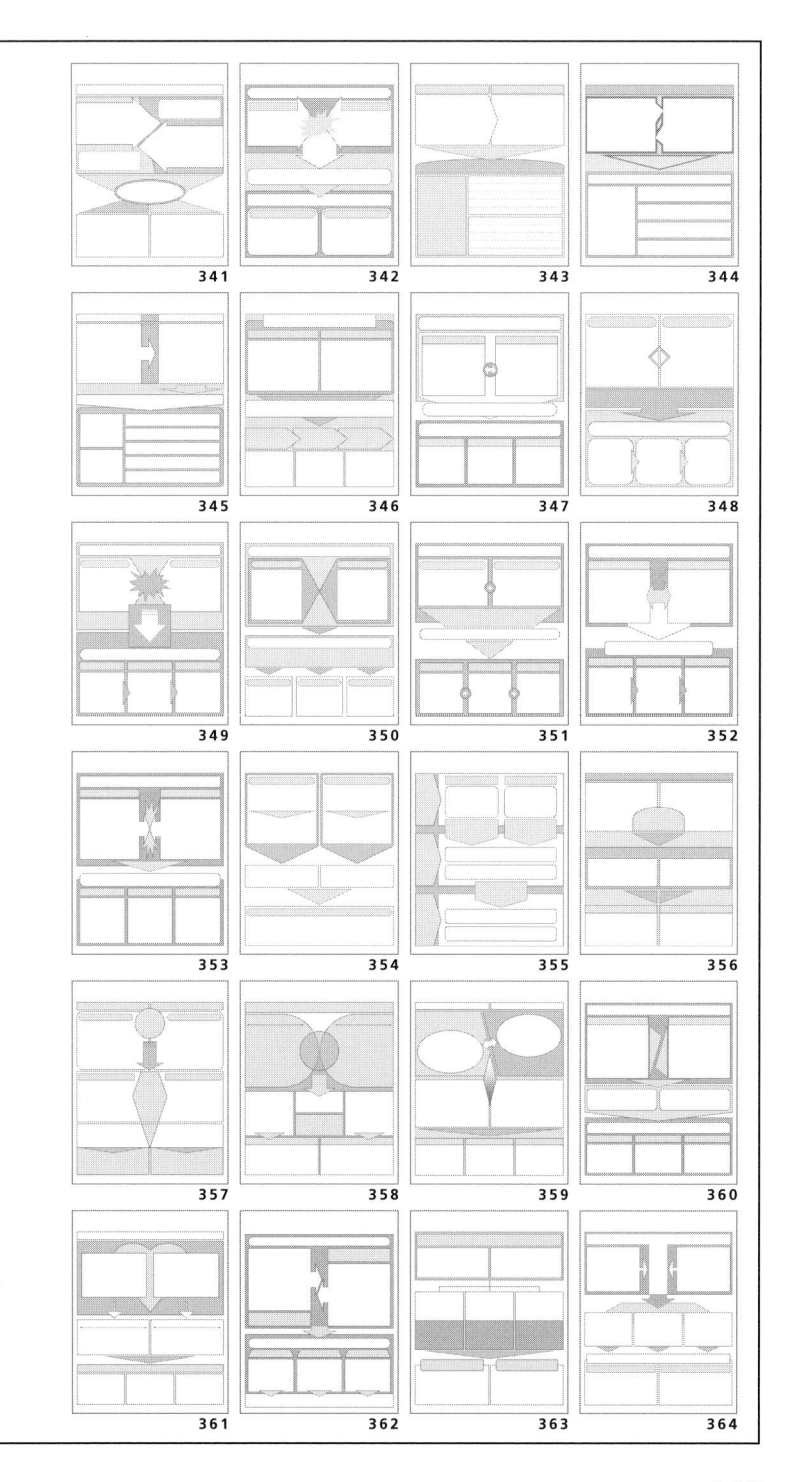

341	342	343	344
345	346	347	348
349	350	351	352
353	354	355	356
357	358	359	360
361	362	363	364

199

3階層[3トップ以上]

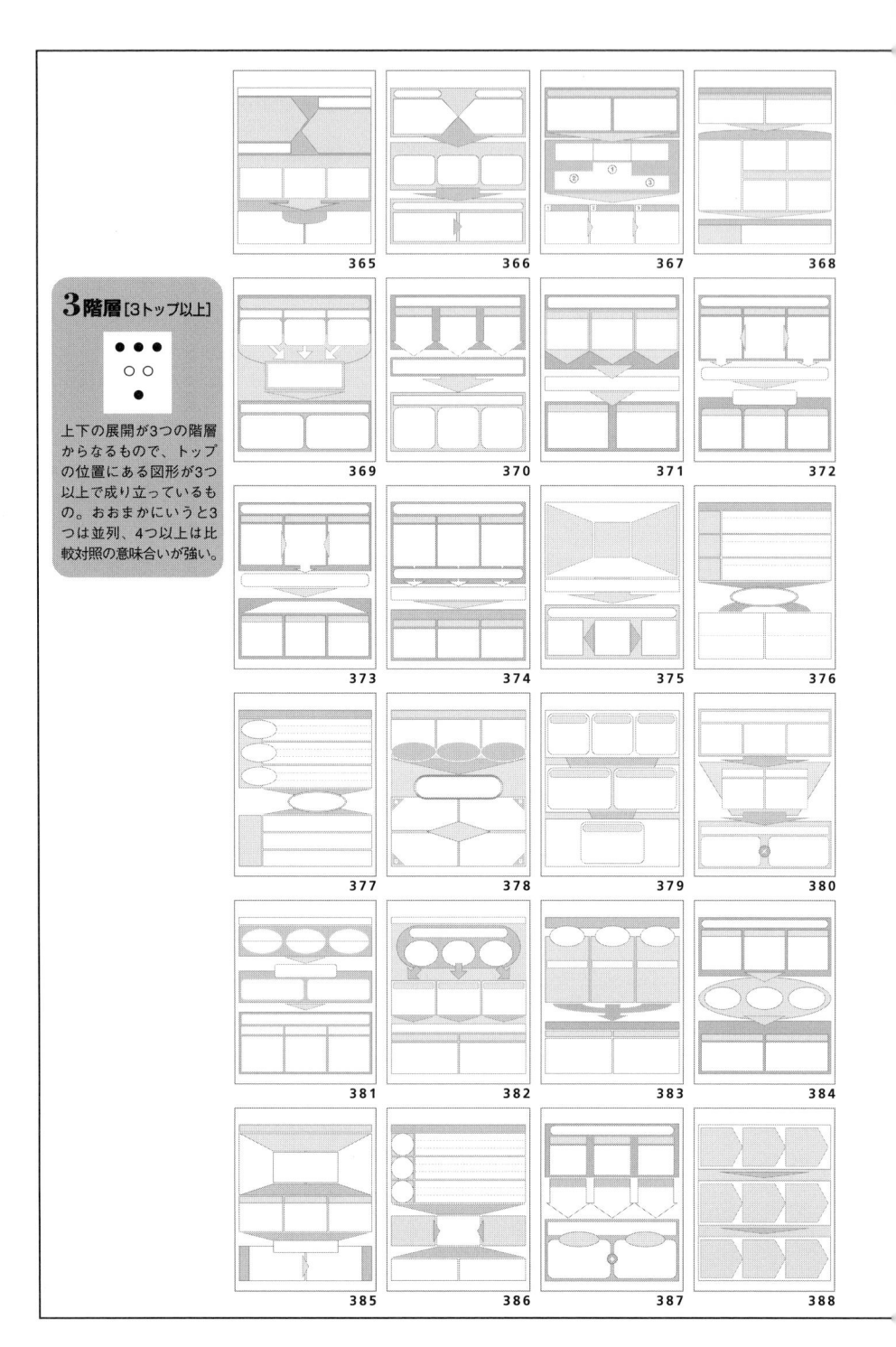

上下の展開が3つの階層からなるもので、トップの位置にある図形が3つ以上で成り立っているもの。おおまかにいうと3つは並列、4つ以上は比較対照の意味合いが強い。

4.階層 [1、2トップ]

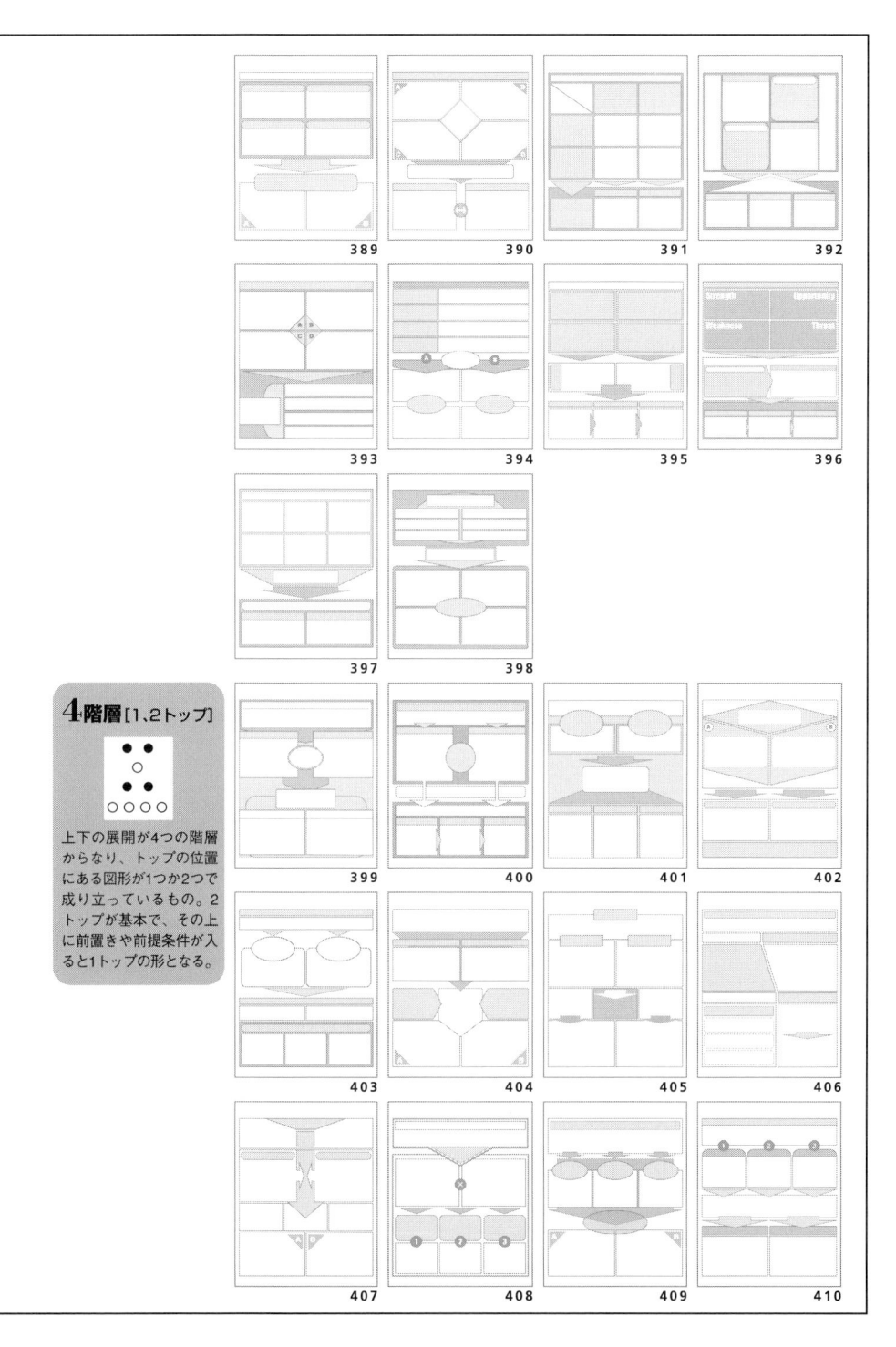

上下の展開が4つの階層からなり、トップの位置にある図形が1つか2つで成り立っているもの。2トップが基本で、その上に前置きや前提条件が入ると1トップの形となる。

202

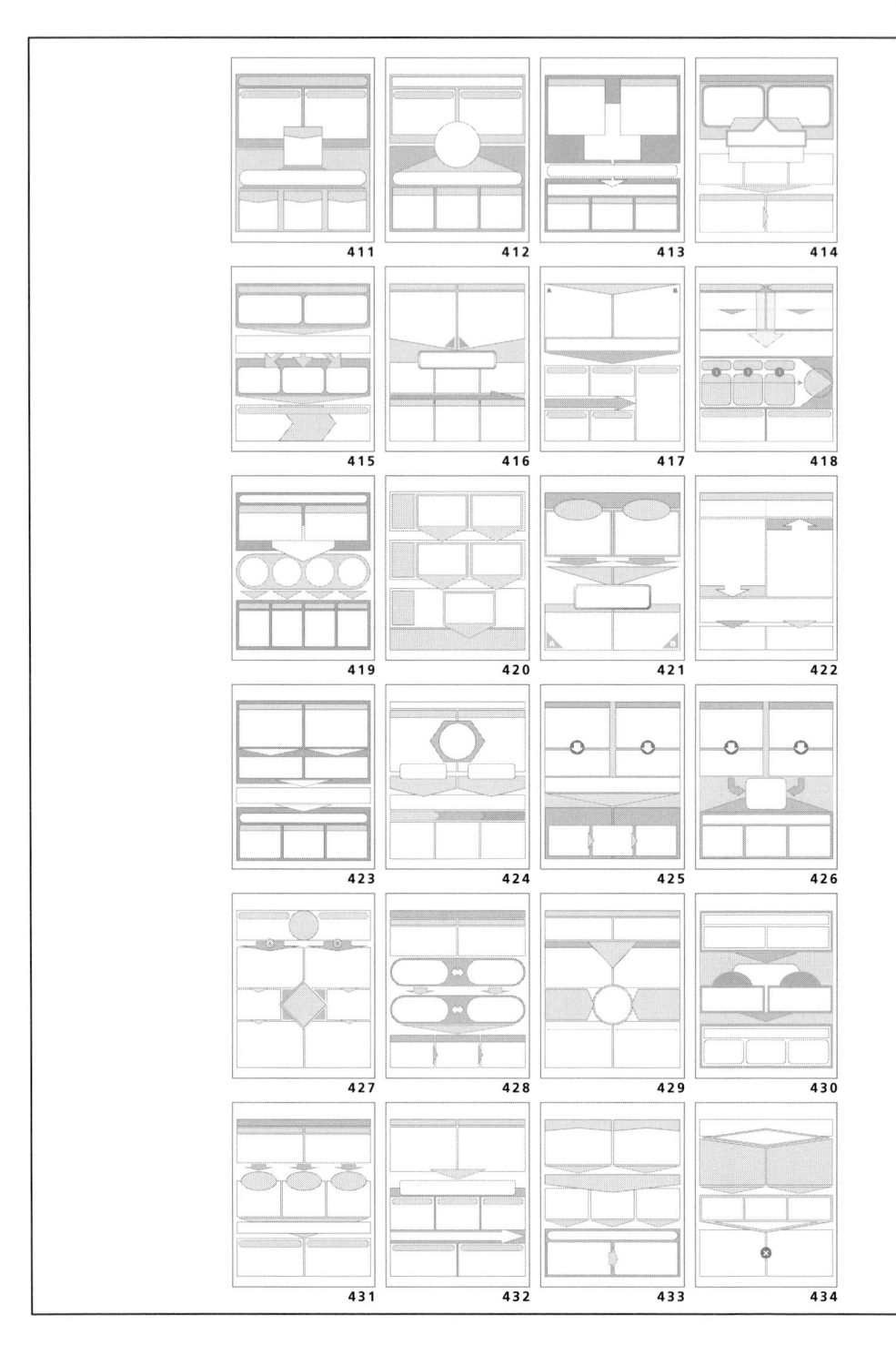

4階層 [3トップ以上]

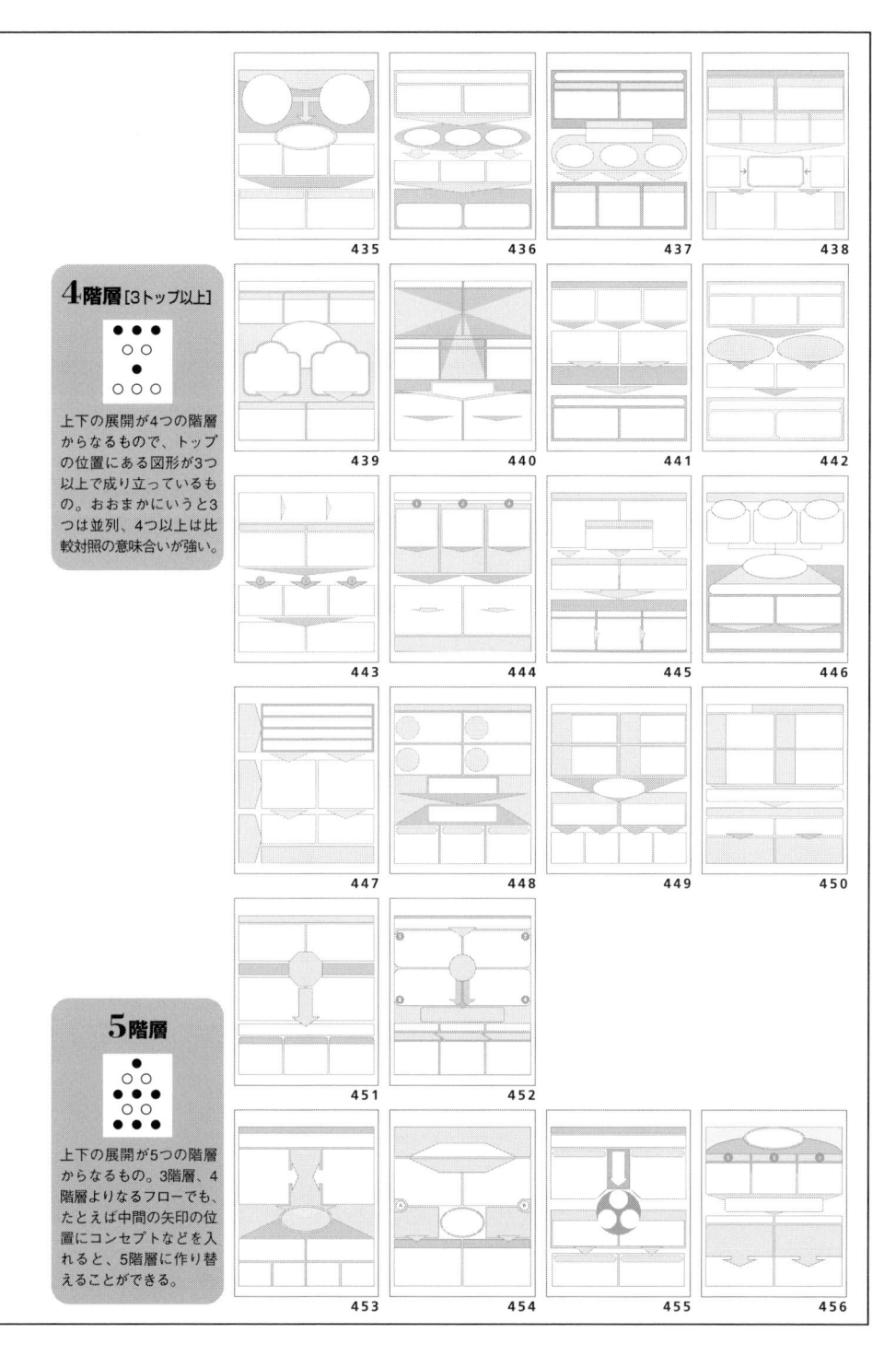

上下の展開が4つの階層からなるもので、トップの位置にある図形が3つ以上で成り立っているもの。おおまかにいうと3つは並列、4つ以上は比較対照の意味合いが強い。

435 436 437 438
439 440 441 442
443 444 445 446
447 448 449 450

5階層

上下の展開が5つの階層からなるもの。3階層、4階層よりなるフローでも、たとえば中間の矢印の位置にコンセプトなどを入れると、5階層に作り替えることができる。

451 452
453 454 455 456

204

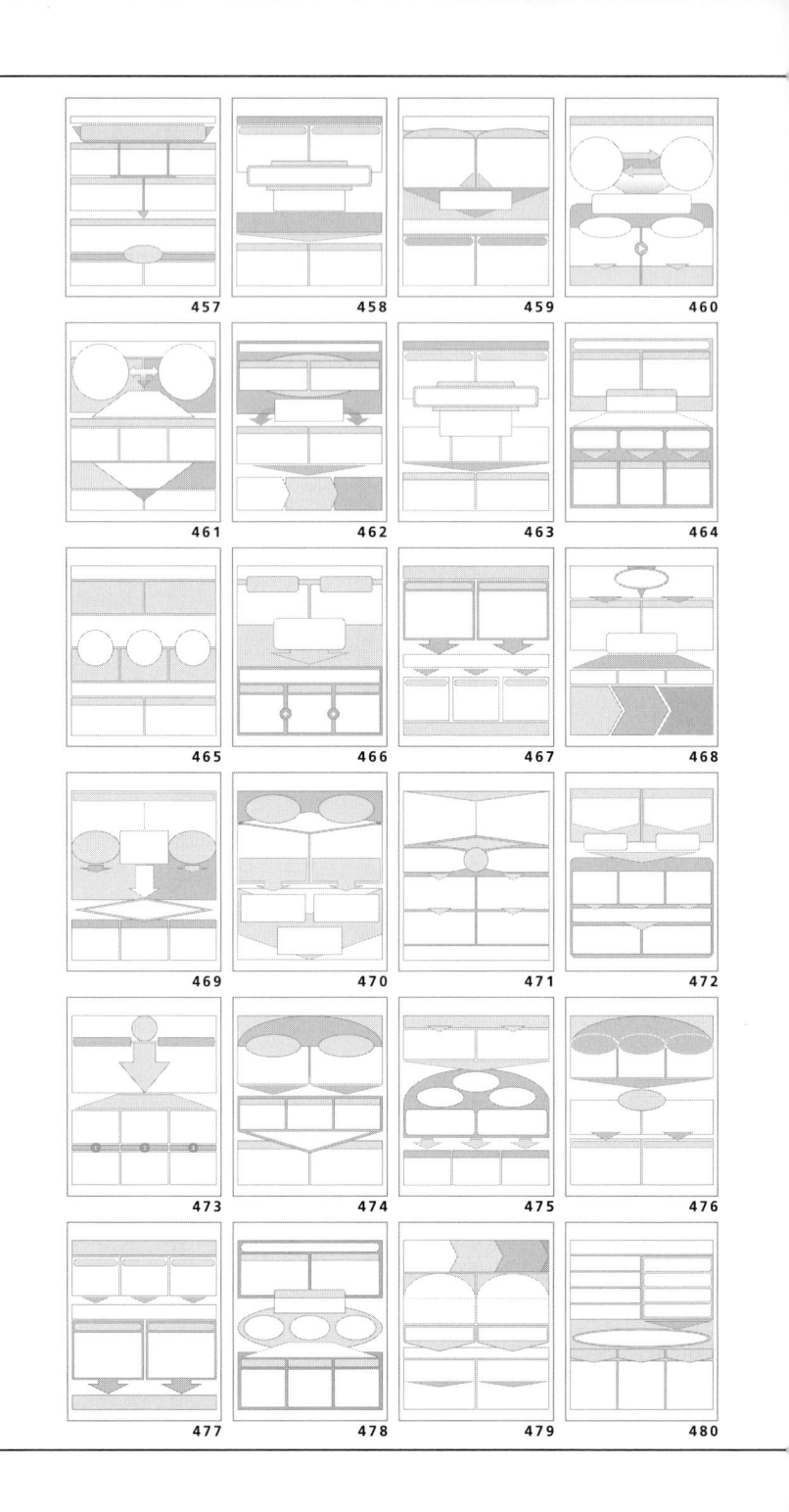

交差型図解入り

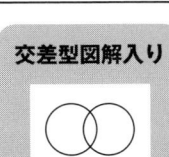

要素の一部が重なり合って、重なった部分に何らかの意味合いが見出せるもの。重複部分がなく、何らかの関わりのあるものは「相関型」か「対比型」の図解となる。

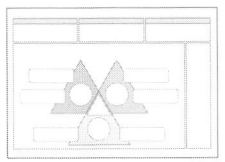

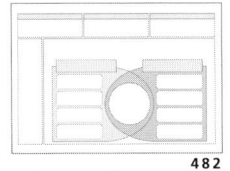

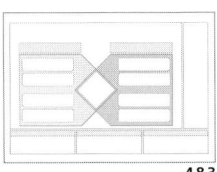

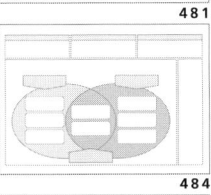

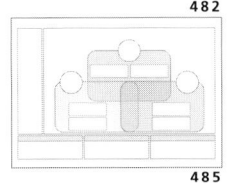

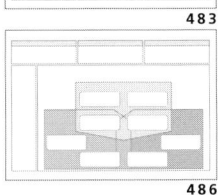

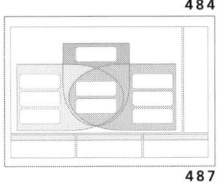

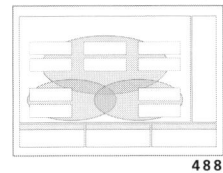

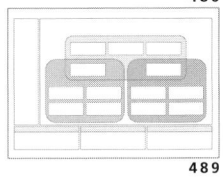

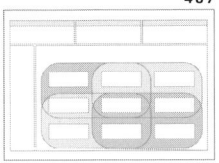

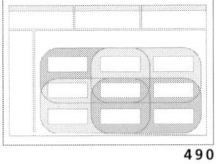

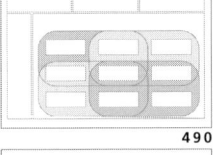

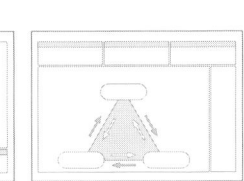

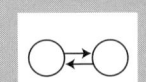

481 482 483
484 485 486
487 488 489
490

相関型図解入り

2つ以上の要素が「交差型」のような単純な重なり合いではなく、相互に関わり合っているもの。複雑な移動や交換、相互関係はすべて矢印によるフローで表される。

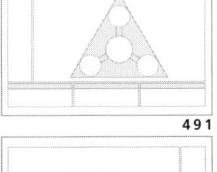

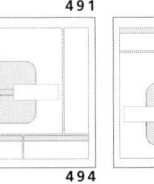

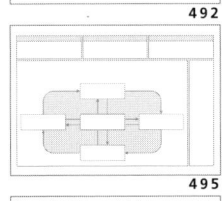

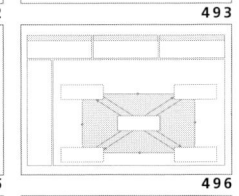

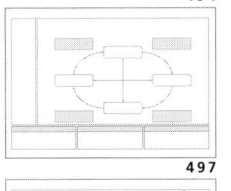

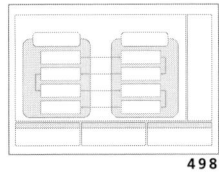

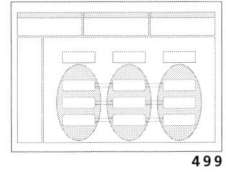

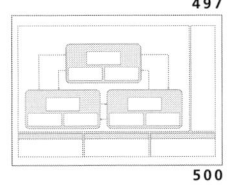

491 492 493
494 495 496
497 498 499
500

205

外延型図解入り

1つの中心をとり巻くように複数の要素が存在し、中心と周縁という関係を形成しているもの。単純な「外周」の形と、外に拡がる「拡散」の2つの概念に分けられる。

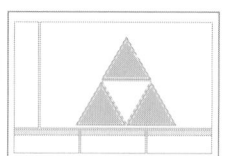

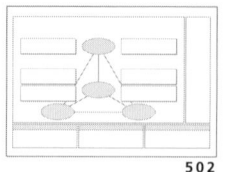

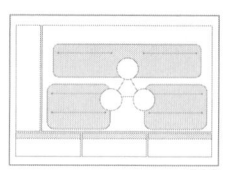

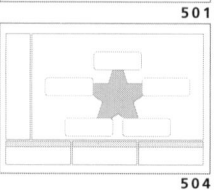

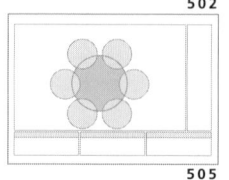

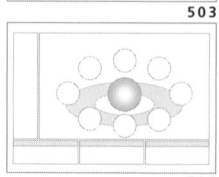

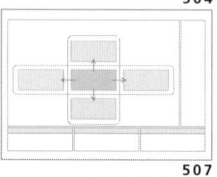

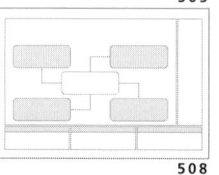

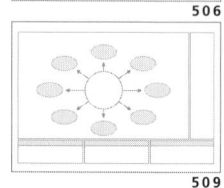

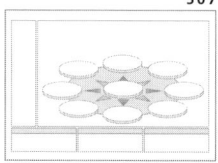

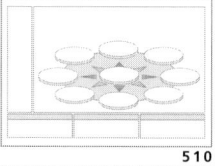

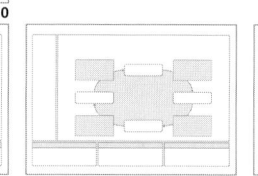

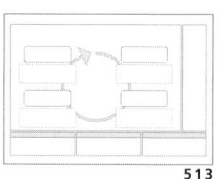

501 502 503 504 505 506 507 508 509 510

回転型図解入り

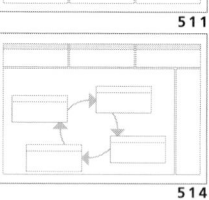

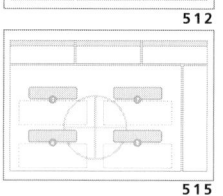

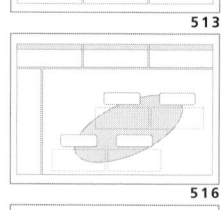

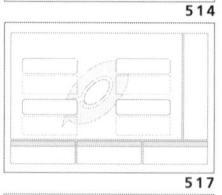

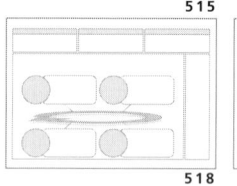

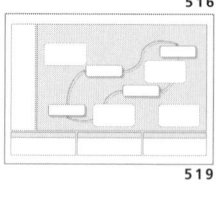

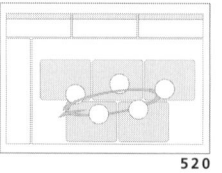

「外延」に存在する要素が、静的ではなく動的であるもの。周囲を回転することで何らかの意味を持つもので、もとに戻る「循環」や「フィードバック」などの意味も出せる。

511 512 513 514 515 516 517 518 519 520

分離型図解入り

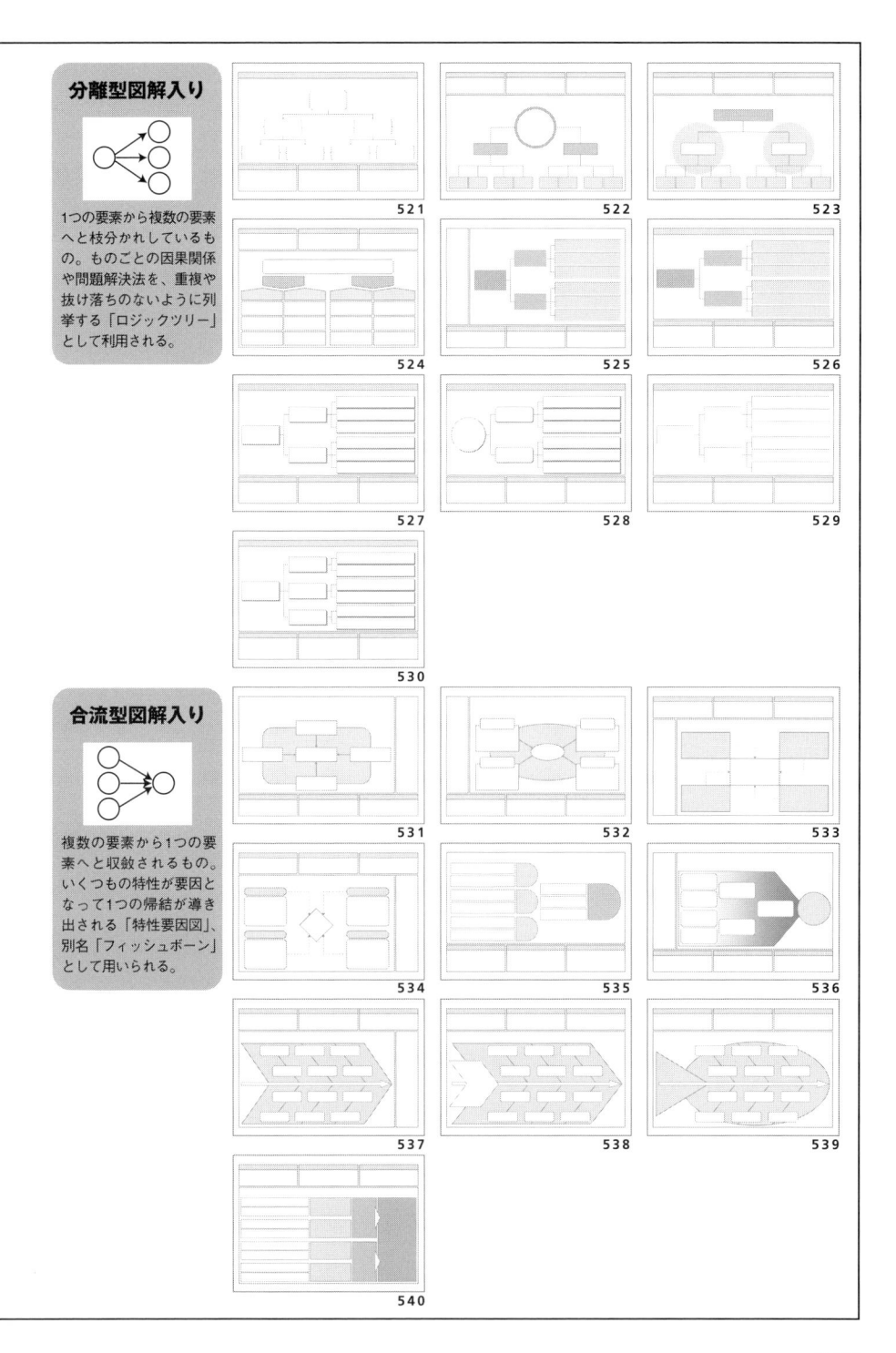

1つの要素から複数の要素へと枝分かれしているもの。ものごとの因果関係や問題解決法を、重複や抜け落ちのないように列挙する「ロジックツリー」として利用される。

合流型図解入り

複数の要素から1つの要素へと収斂されるもの。いくつもの特性が要因となって1つの帰結が導き出される「特性要因図」、別名「フィッシュボーン」として用いられる。

展開型図解入り

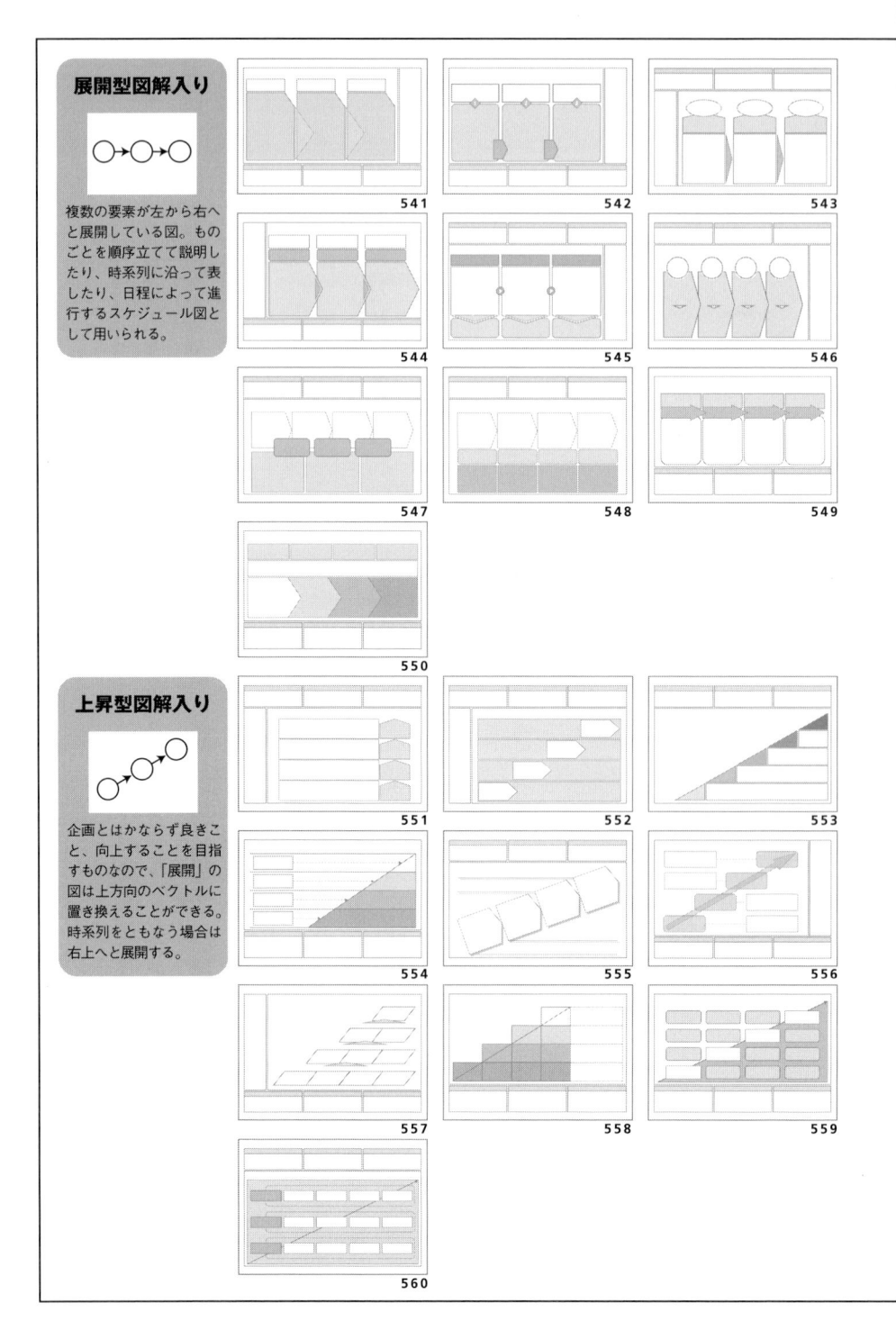

複数の要素が左から右へと展開している図。ものごとを順序立てて説明したり、時系列に沿って表したり、日程によって進行するスケジュール図として用いられる。

上昇型図解入り

企画とはかならず良きこと、向上することを目指すものなので、『展開』の図は上方向のベクトルに置き換えることができる。時系列をともなう場合は右上へと展開する。

階層型図解入り

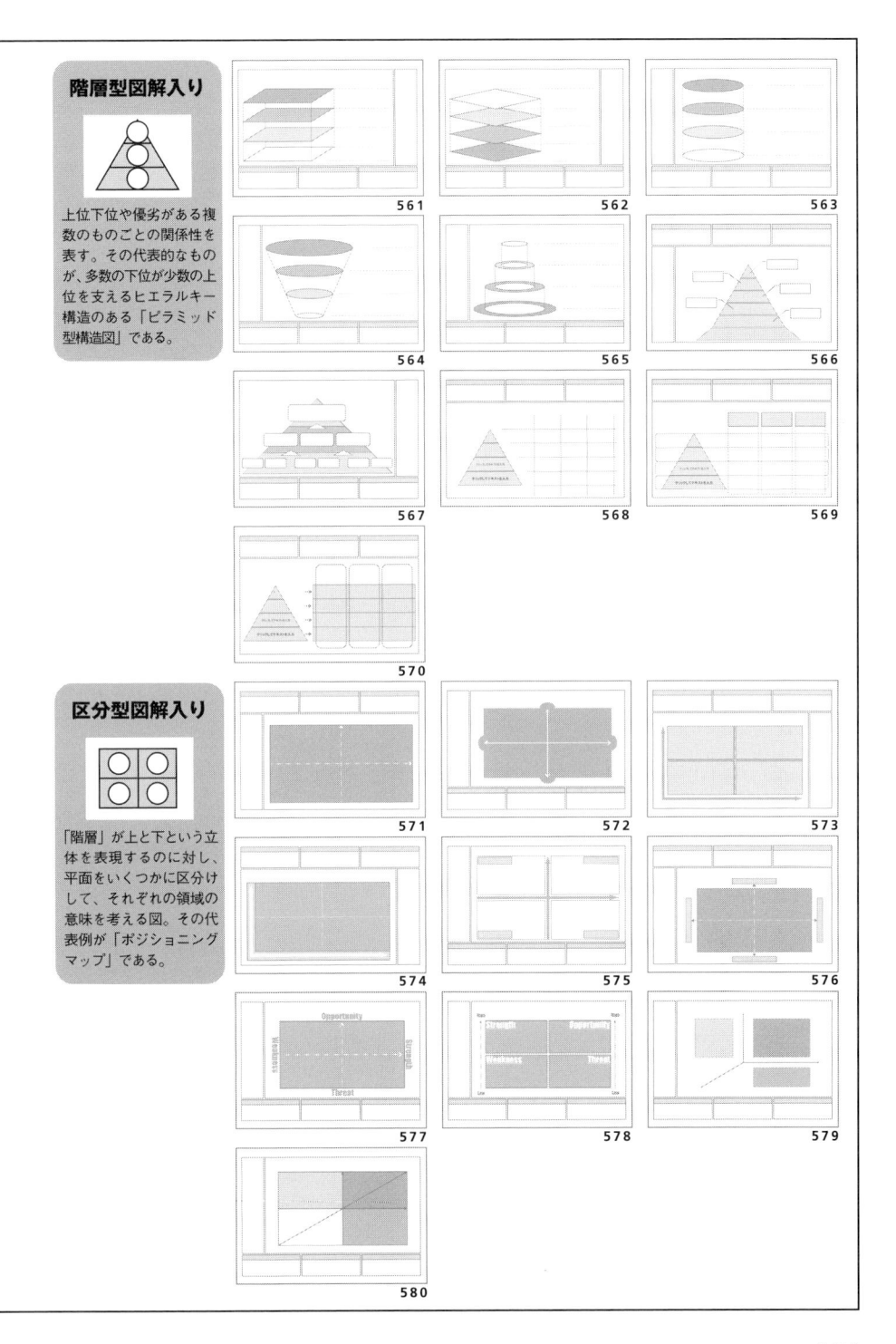

上位下位や優劣がある複数のものごとの関係性を表す。その代表的なものが、多数の下位が少数の上位を支えるヒエラルキー構造のある「ピラミッド型構造図」である。

区分型図解入り

「階層」が上と下という立体を表現するのに対し、平面をいくつかに区分けして、それぞれの領域の意味を考える図。その代表例が「ポジショニングマップ」である。

対比型図解入り

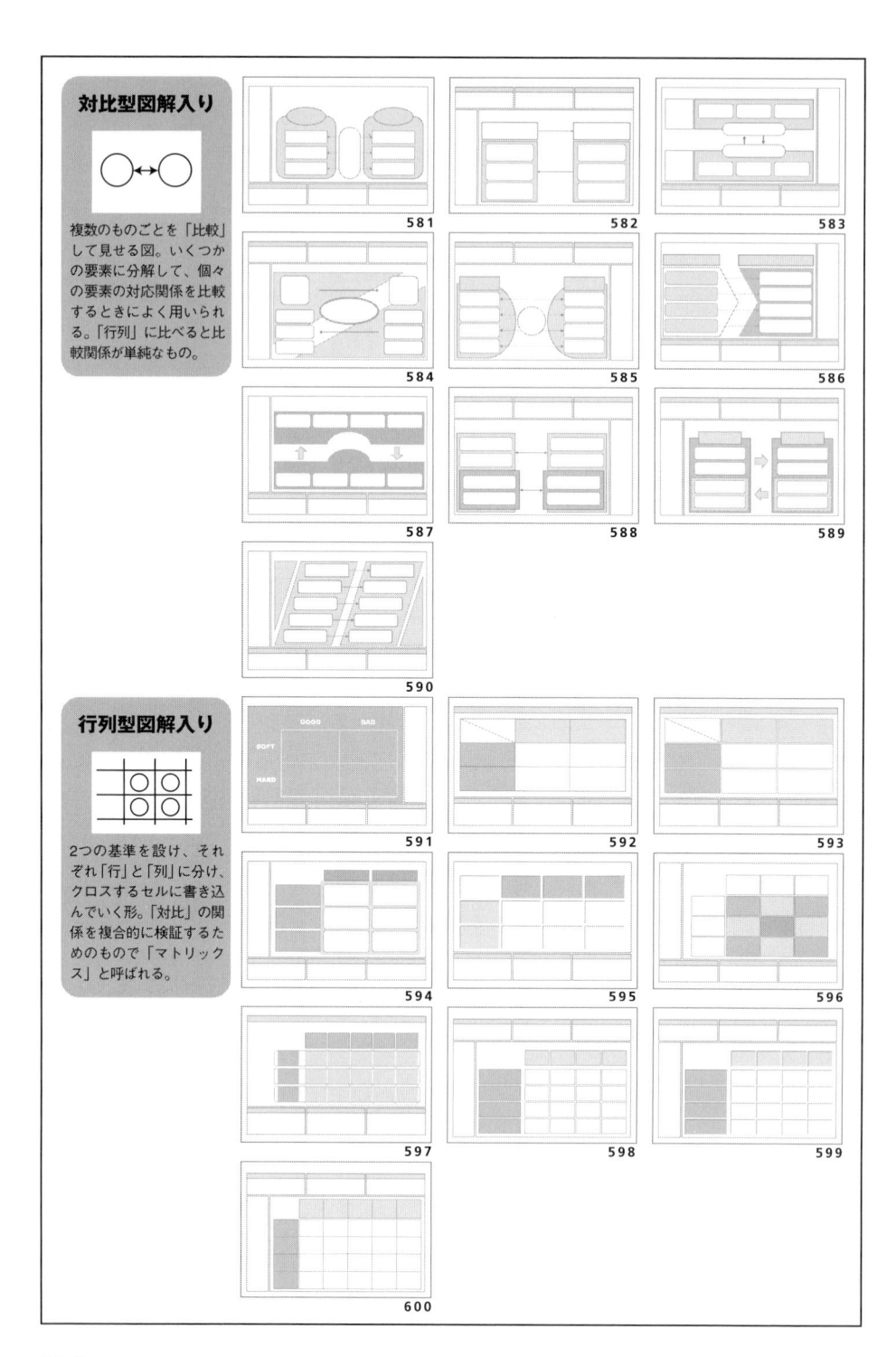

複数のものごとを「比較」して見せる図。いくつかの要素に分解して、個々の要素の対応関係を比較するときによく用いられる。「行列」に比べると比較関係が単純なもの。

行列型図解入り

2つの基準を設け、それぞれ「行」と「列」に分け、クロスするセルに書き込んでいく形。「対比」の関係を複合的に検証するためのもので「マトリックス」と呼ばれる。

「600例の企画書パターン」のダウンロードと使い方

本書に掲載した「600例の企画書パターン」は、小社のWebページよりダウンロードすることができます。以下の使い方をお読みになったうえで、ご利用ください。

■ご利用にあたっての注意事項

Webページで公開している作例ファイルは、株式会社アスキーが著作権者の許諾を受け、本書の読者に使用許諾するものです。ご利用にあたっては、下記の注意事項をお読みください。なお、一部加工を含む商用での転用、転載にあたっては、小社までご連絡ください。

(1) 作例ファイルは、個人利用の範囲内において使用できます。
(2) 利用者は、作例ファイルの全部、または一部を第三者に譲渡、貸与、自動公衆送信（送信可能化を含む）することはできません。
(3) 利用者が作例ファイルを運用した結果生じた損害については、株式会社アスキーおよび著作権者は、一切の責任を負いかねますのでご了承ください。
(4) 本サービスは、予告なく内容変更、中断、または中止する場合があります。あらかじめご了承ください。

■作例ファイルのダウンロード用Webページ

以下のWebページより、ダウンロードが行えます。Internet ExplorerなどのWebブラウザを使って、アクセスしてください。

http://www.ascii.co.jp/pb/ant/biz-gokui/ppg/

■ダウンロードの方法

作例ファイルは、すべてZIP形式で圧縮されていますので、ダウンロードを行う前に、ZIP形式のファイルを解凍するソフトをご用意ください（なお、Windows XP、およびWindows Meでは、標準の機能で解凍が行えます）。

作例ファイルのダウンロードには以下の2通りの方法があります。

【作例番号検索】
付録に記載された作例番号を入力して、該当するファイルをダウンロードする。

【一覧ダウンロード】
付録の分類（「II型フロー」など）を参照し、ファイルを一覧表示させて必要なファイルのみをダウンロードする。

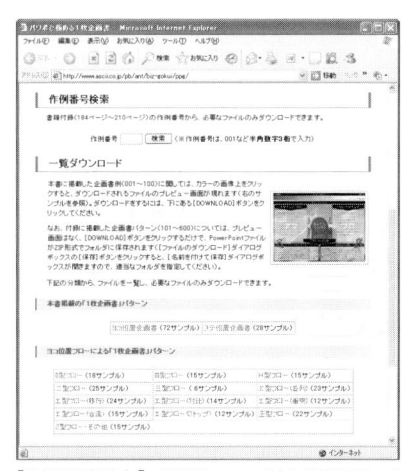

「作例番号検索」「一覧ダウンロード」の結果画面にて［DOWNLOAD］ボタンをクリックすると、［ファイルのダウンロード］ダイアログボックスが表示されるので、適当な［保存］場所を選ぶと、指示したフォルダに選択したファイルがダウンロードされる。

ダウンロードの方法（ＡＢ）と加工の仕方（ＣＤＥＦ）

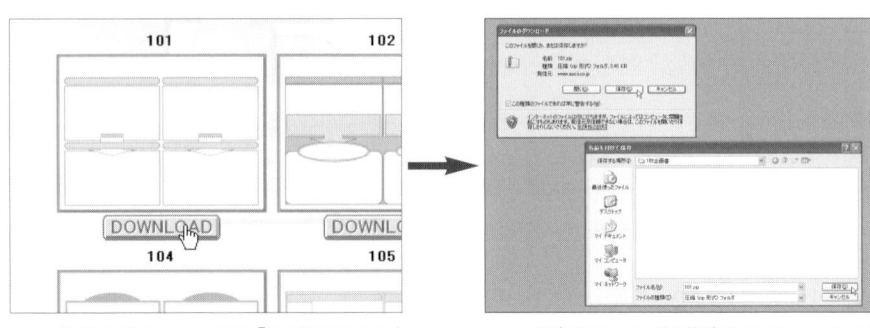

Ⓐ 通常のダウンロードは「DOWNLOAD」ボタンをクリックする。

Ⓑ 保存先フォルダを指定して、PowerPointファイルを保存する。

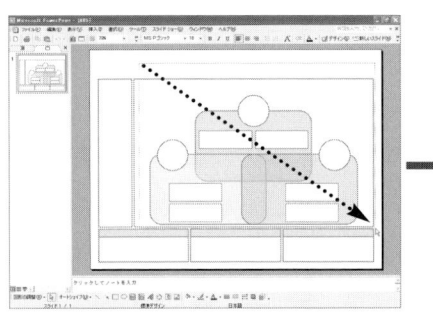

Ⓒ 本格的図解入り「1枚企画書」パターン（P205〜P210）のフレームだけを利用したい場合、不要な図解が含まれる範囲をドラッグして選択し、[Delete]キーを押して消去する。

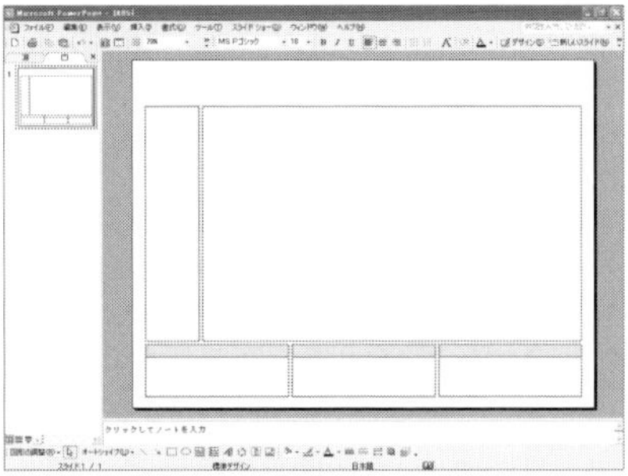

Ⓓ Ｃで本格的図解を消去したフレームを、Ｆで"台紙"代わりに用いる。

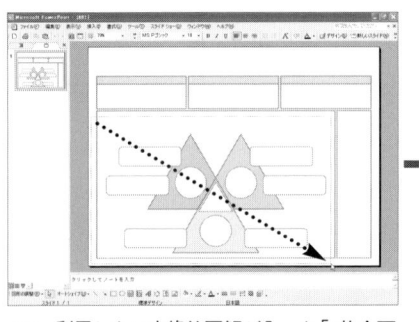

Ⓔ 利用したい本格的図解が入った「1枚企画書」パターンの該当する範囲をドラッグして選択し、[Ctrl]キー＋[C]キーを押してコピー（複製）する。

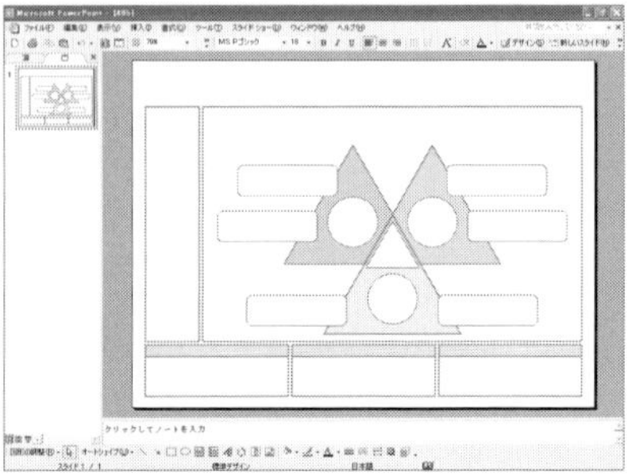

Ⓕ Ｅの本格的図解のみをＤのフレームの図解挿入位置に乗せる（組み合わせる）には、Ｄの"台紙"の上に[Ctrl]キー＋[V]キーを押してペースト（貼り付け）する。

竹島 愼一郎 Shinichiro Takeshima
コンセプチュアルデザイナー（プランナー）、チャートクリエイター

早稲田大学卒業。広告会社でコピーライターを経てコンセプトプランナー。グラフィックデザインをAdobe Illustratorでマスターし、ビジュアル企画書のフロントランナーとして数多くのプレゼンに勝つ。コミュニケーションデザインを研究するコンセプチュアルデザインラボラトリを1994年に設立。『PowerPointでマスターする 企画・プレゼン 図解の極意』（アスキー）がパソコンを使った図解企画書のバイブルとしてベストセラーとなり、"極意シリーズ"ほか6冊が韓国で、4冊が台湾でも出版される（中国でも3冊を出版予定）。『テレビはインターネットの夢を見るか』（アスキー）では第7回大川出版賞を受賞。企画書デザイン界のNo.1カリスマ。

■主な著書

『テレビはインターネットの夢を見るか』
　　（アスキー、1997年：第7回大川出版賞受賞作）

『PowerPointでマスターする 企画・プレゼン 図解の極意』
　　（アスキー、1999年／韓国版、2001年）

『Adobe Illustratorを使った コンセプト・デザイン』
　　（毎日コミュニケーションズ、2000年）

『Wordでマスターする 見せる企画書 作成の極意』
　　（アスキー、2001年／韓国版、2002年／台湾版、2005年）

『PowerPointでマスターする 攻めるプレゼン 図解の極意』
　　（アスキー、2002年／韓国版、2002年／台湾版、2005年）

『Excelでマスターする 伝わる企画書 グラフの極意』
　　（アスキー、2003年／韓国版、2004年／台湾版、2005年）

『速プレ／カリスマがこっそり教える企画＆プレゼン30の極意』
　　（アスキー、2004年／韓国版、2006年／台湾版、2006年）

『企画魂／プレゼン兄貴のかけこみ企画書相談室』
　　（アスキー、2005年／韓国版、2006年）

コンセプチュアルデザインラボラトリ（企画魂）
URL: http://www3.zero.ad.jp/lab/
E-mail : lab@zero.ad.jp
（お仕事のご依頼は事前にWebサイトをご覧ください）

■社内文書の宛名書きについて

本書ではすべての企画書例に「〈名前〉部長様」という宛名表記法を使用しています。これは、日本の会社組織では「〈名前〉＋〈役職名〉」はセットで上司個人を指す呼称として定着しているので、その方に「宛てる」という意味合いで「様」を付けるのがふさわしい、などの著者の見解によっています。一般的には「部長〈名前〉様」という表記も使われていますが、こうした使用法は「慣例」によるもので、表記の正否は一概には決められません。詳しくは下記のURLにあるFAQ情報をご覧いただいたうえで、所属する会社や組織で適切とされる表記法をお使いになることをお勧めします。

http://www.ascii.co.jp/books/support/4-7561-4753-4/faq/

●ウェブ読者アンケートのお願い
ウェブ読者アンケートにご協力ください。回答者の方に抽選でプレゼントを提供しています。
（http://mkt.uz.ascii.co.jp/）

●落丁・乱丁本は、送料弊社負担にてお取替えいたします。お手数ですが、弊社出版営業部までお送りください。

●お客様の個人情報の取扱等につきましては、弊社ホームページに掲載したプライバシーポリシー
（http://www.ascii.co.jp/privacy.html）をご参照ください。

●本書へのお問い合わせ方法は弊社ホームページ（http://www.ascii.co.jp/books/help/）に詳しいご案内がございます。なお本書の記述を超えるご質問にはお答えできかねますので、ご了承ください。

・お問い合わせメール　http://www.ascii.co.jp/books/help/
・FAX　03-6888-5962
・TEL　0570-003030（受付時間　平日10：00～12：00　13：00～17：00）

パワポで極める1枚企画書 PowerPoint 2002,2003対応

2006年6月1日　初版発行
2007年3月2日　第1版第5刷発行

著　者　竹島　愼一郎
発行人　福岡　俊弘
発行所　株式会社アスキー
　　　　〒102-8584　東京都千代田区九段北1-13-5 日本地所第一ビル
　　　　出版営業部　03-6888-5500（ダイヤルイン）

Copyright © 2006 Shinichiro Takeshima

本書（ソフトウェア／プログラム含む）は、法律に定めのある場合または権利者の承諾のある場合を除き、いかなる方法においても複製・複写することはできません。

表紙デザイン　　　ヒラノコウキ
本文デザイン／制作　磯辺加代子
編　集　　　　　　大西望代
印　刷　　　　　　凸版印刷株式会社

書籍編集部
ISBN4-7561-4753-4　　　　　　　　　　　　　　　　　　　Printed in Japan
・1191622